《胡同里的百家讲坛》编委会

顾　问：张泽根　毕淑琴　周建瓴
总策划：赵洪耀
主　任：侯京玲
编　委：张弓惊　邓星跃　程黛雄　姜睿　杜晓渡

"胡同里的百家讲坛"活动

支持单位：
中共北京市海淀区委宣传部
北京市海淀区文化委员会

主办单位：
中共海淀区委北下关街道工作委员会
北京市海淀区人民政府北下关街道办事处

承办单位：
北京市海淀区人民政府
北下关街道办事处公共事业管理科

执行单位：
社戏控股（北京）有限公司

胡同里的

胡同里的百家讲坛

张弓惊 主编

吴霜
刘兰芳
黄婉秋
陆树铭
李玲玉
克里木
邓玉华
谢芳
杜天清
李明启
丁荫楠
殷之光
刘大刚
程思寒
沈丹萍
马德华
卢奇
李文启
李光羲
王伍福
臧金生
方青卓
李绪良
姜嘉锵
陶玉玲
范圣琦
郑榕
孙桂田

天津社会科学院出版社

图书在版编目（CIP）数据

胡同里的百家讲坛/张弓惊主编 . --天津：天津社会科
学院出版社，2018.4（2021.5重印）

ISBN 978-7-5563-0453-0

Ⅰ.①胡…　Ⅱ.①张…　Ⅲ.①名人－生平事迹－中国
－现代　Ⅳ.①K820.7

中国版本图书馆 CIP 数据核字（2018）第 063226 号

胡同里的百家讲坛

Hutong li de baijia jiangtan

出 版 发 行：天津社会科学院出版社
出　版　人：张博
地　　　址：天津市南开区迎水道 7 号
邮　　　编：300191
电话/传真：（022）23360165（总编室）
　　　　　　（022）23075303（发行科）
网　　　址：www.tass-tj.org.cn
印　　　刷：永清县晔盛亚胶印有限公司

开　　本：787mm×1092 毫米　1/16
印　　张：16
字　　数：250 千字
版　　次：2018 年 4 月第 1 版　2021 年 5 月第 2 次印刷
定　　价：58.00 元

目　录

面对面的感动，我们越来越需要 ………………………… 张弓惊（1）

第一讲　父母的遗产（吴霜主讲） ………………………（1）

第二讲　和平年代与岳飞精神（刘兰芳主讲） ………（14）

第三讲　认认真真不容易（黄婉秋主讲） ……………（19）

第四讲　百事孝为先（陆树铭主讲） …………………（31）

第五讲　体会幸福（李玲玉主讲） ……………………（39）

第六讲　良心最重要（克里木主讲） …………………（49）

第七讲　歌声背后的故事（邓玉华主讲） ……………（54）

第八讲　乐于平凡（谢芳　张目主讲） ………………（63）

第九讲　靠近伟大（杜天清主讲） ……………………（70）

第十讲　不断去学（李明启主讲） ……………………（77）

第十一讲　我的导演之路（丁荫楠主讲） ……………（86）

第十二讲　吟诵经典的快意人生（殷之光主讲） ……（95）

第十三讲　"九九八十一难"是磨练（刘大刚主讲）……（104）

第十四讲　爱你的职业（程思寒主讲） ………………（112）

第十五讲　人生是努力，也是缘（沈丹萍主讲） ……（118）

第十六讲　乐趣来自对辛苦的回味（马德华主讲） …（129）

第十七讲　我怎样扮演邓小平（卢奇主讲） …………（137）

第十八讲　戏剧与生活（李文启主讲） ………………（142）

第十九讲　为事业要拒绝撒欢儿（李光羲主讲） ……（150）

第二十讲　扮演朱德元帅的情缘和感触（王伍福主讲）………（157）

第二十一讲　实际你没有什么了不起（臧金生主讲）………（166）

第二十二讲 感恩的心情（方青卓主讲） …………………（175）

第二十三讲 认真去玩儿（李绪良主讲） …………………（184）

第二十四讲 唱出中国的律动（姜嘉锵主讲） ……………（193）

第二十五讲 好心态才能拥有好人生（陶玉玲主讲） ………（201）

第二十六讲 奏出自己的旋律（范圣琦主讲） ……………（208）

第二十七讲 艺术与民族精神（郑榕主讲） ………………（214）

第二十八讲 摆脱苦难的方式是去帮助他人（孙桂田主讲） …（223）

胡同里开起了"百家讲坛"（代后记） ………………… 苏勤（233）

面对面的感动，我们越来越需要

张弓惊

当移动互联网技术越来越将人们拉进虚拟世界的时候，我们需要面对面的感动，越来越需要。从前一家人坐在一起看电视的时候，虽然这种状况已经初见端倪，但是不管怎么样一家人看同一个节目事前事后还能够交流一下。但是，到了移动互联网时代，事情就变得不太一样了。即使在春节这样万家团聚的日子里，一家人老老少少坐在一张象征团圆的桌子上，还免不了各自看各自的手机。

这就是我们的时代。

与远在千里的某个没有见过面的朋友打得火热，却对住在同一楼层的邻居置若罔闻。对某个万人迷网红的吃喝拉撒奇怪癖好如数家珍，却对坐在同一桌上的亲友视而不见……虚拟世界就像一个巨大的陷阱，让我们不知不觉陷进去，越陷越深，越来越无法自拔。视频通话、社交软件等等看似拉近了人与人之间的距离，其实却让人困在一块小小的屏幕里，如小鸟被关在笼子，一旦出来就不知所措。

这就是我们的时代？

在近现代以前的农村，有村庄的地方就有戏楼。那不仅仅是文化中心，其实也是全村庄的中心。和祠堂不一样：第一，富裕的地方才有祠堂；第二，同姓家族才进祠堂。所以，一个村庄可以没有祠堂，不能没有戏楼。有事没事不管张王李赵，大家都会聚在那里，谈天说地，指点乡里。道德的传承在这里进行，舆论的力量在这里伸张。这就是文化；有了文化，乡村不再是丛林，开始阳光明媚。

唱戏的日子，那更是大节日。一个家族一个家族都会聚齐，一起吃饭，一起看戏，一起聊天。十里八乡的乡亲们也会乘势聚在一起，呼朋引伴，吆五喝六，拉拉扯扯。上午一场，下午一场，晚上还有一场。

这段时间里,包括前后好多天,你就听吧,大家嘴里哼的全是戏上的调调。看戏里的世界,想自己的人生,听听别家况味,聊聊年景桑麻。重要的是好久不见十分想念,重要的是知根知底。

人是群居的动物。有人说,人群居的原因在于人多力量大,更容易获取食物,更容易得到安全感。但是,基本的食物需求和安全需求解决了呢,人们为什么还要群居,才会觉得舒服? 我认为,人需要群居,更重要的也许是人就是单纯地需要人、需要面对面。这种面对面,不仅仅是信息的交流,更重要的是一种互相之间的气息相投,互相之间的面对面的感动。这种感动,只有人才有,才需要。

对,就是一种单纯的需要。法国作家圣·埃克苏佩里脍炙人口的小说《小王子》里,狐狸对小王子说:"你就坐在那里,不要说话。语言是一切误解的根源。"如果人的面对面,单纯是为了交流,那么随着交流的途径越来越多,越来越方便,是否就无需见面啦? 上帝在造人的时候,将人的心穿了 个洞,只有和自己爱的人在一起,和自己的同类在一起,这个洞才会互相补上。我们需要面对面。

严格意义上,我现在是个戏剧人。很早做记者,然后创业做公关活动。之所以做戏剧,是因为当我们做晚会的时候,我发现晚会类似于一次性杯子,一晚上折腾结束就废掉了,不管你投入多大的人力物力打磨的、多么昂贵的一次性杯子! 太不环保了。于是就尝试将晚会做成戏剧,精心构思认真创作,然后希望不断地演,常演常新。然后,我发现我爱上戏剧了。这种与观众面对面的沟通,真让人感动。

好戏可以演一百年。好戏可以看一百遍。与其他艺术形式不一样,看戏,观众喜欢看经典戏,观众喜欢看好多遍。坐在剧院里看戏,绝对与看手机视频不一样,也与坐在家里看电视不一样,与坐在电影院看电影也不一样。真人在台上演,观众是能够感受到演员的体温的。"好演员,是在舞台上生活的",北京人艺著名演员,九十多岁高龄的郑榕老先生,在自己的演讲里,这样对社区群众非常动情地说。

还有,不像电影电视视频用镜头角度、远近固定了观众的视线,整台演出就在舞台上,不同的观众看完同一场戏出来,他们看到的是一台不一样的戏。实际上,同一个观众,一遍又一遍地看同一台戏,每次他看到的戏,都是不一样的。有演员在不同场次里发挥不一样的原因,也有观众在观看过程中注意力转移的原因。面对面,是平等的,不被限制的，被充分尊重的观众，是没有被异化为终端的人。

是的，异化。当我们日益离不开电子终端的时候，实际上人已经变成了电子终端的一部分。当人变成了电子终端的一部分的时候，属于人的一些东西在消失，文化在消失。早年电视机出现的时候，就出现了"电视土豆"现象。现在，宅男宅女现象越来越普遍，"自闭症"从儿童向成年人蔓延；网瘾不再是个别现象，实际上你我都在不知不觉中越来越严重。我认为这就是虚拟世界越来越发达结出的恶果。

"用社戏拯救'屏幕狗'"，这是我提出"社戏"品牌时想出的一句口号。应该说，很多人已经自觉不自觉意识到了这个问题的严重性。这几年，火了两件事情：一个是马拉松，据国家体育总局田径管理中心《中国马拉松大数据分析报告》统计，2017 年中国范围内规模赛事一千一百零两场，四百九十八万人次参赛。一个是戏剧，我们在年前预定2018 年剧场，发现全北京的剧场，2018 年周末时间基本已经没有档期。

在人享受了信息技术带来的无限便利的时候，人更加需要一些展现人性化的活动，人更加需要设置一些议程和节目，完成群居的构成。人类的光荣和梦想，只有在群居状态下才更有意义。不是吗？孤独让人疯狂；没有人不需要真真实实感到同类的呼吸心跳。没有。

名人也一样。活在电影电视手机里的名人，和活在舞台上的名人是不一样的。他们的一举一动，能够给人的感受更加立体，更加深刻。听君一席话、胜读十年书，仅仅属于语言交流的层面。但是，人之所以是人，人有表情，有各种肢体语言，只有在面对面的时候才能感受到。更重要的是，人是有气场的，尤其是带有光环的名人，只有他坐在你的对面，即使不说话，他的那种状态，也许就给你很多启发。

胡同需要名人；实际上，名人也需要胡同。几乎每一次，当名人们来到"胡同里的百家讲坛"，来到热情的社区群众中间的时候，他们说自己很感动。这些街坊邻居们，让他们觉得自己是他们中间的一员。不是吗？这些被邀请来参加讲坛的名人们，如果不是因为从事演艺行业，他们不也正是台下这些观众中的一员吗！实际上，观众们的家长里短、喜怒哀乐，和名人的喜怒哀乐，也大致没有什么不一样。

在北京市海淀区委宣传部，北京市海淀区文化委员会的指导和支持下，北京市海淀区北下关街道工委、办事处创立了"胡同里的百家讲坛"。社戏团队利用自身的娱乐圈人脉稍广的优势,作为策划方和承办方,操持了这个活动。从 2015 年世界读书日开始,三年时间,三十多期,三十多位德艺双馨的艺术家,敞开心扉和社区群众唠嗑。艺术家放下架子,听众们丢掉负担,热烈交流火花四溅。

一月一次的"讲坛",是社区群众的节日。大爷大妈大哥大姐弟弟妹妹小朋友们,大家早早来到社区活动中心,等候以前只能在电视电影视频里看到的艺术家走到自己的身边,走到台子上,娓娓道来自己的演艺之路,自己的人生感悟,自己的家长里短。会后的提问,一个接一个。原计划一个小时的讲座,很少不会持续一个半小时,甚至更多。会前邻里互相问好,会后热情交流,多像在村庄的戏楼下。

2018 年是改革开放四十周年。经过四十年的改革开放,中国人富起来啦,尤其是生活在城市中的居民。解决了温饱问题的人们,需要更多的精神生活。这种需求,一是作为群众的个体需要,"人民需要获得感",幸福不仅仅是吃饱穿暖,更是一种心理上的满足;另一个,是社群建设的需要,只有文化才能紧紧将一个社区、一个城市、一个国家、一个民族凝聚起来。一盘散沙,不仅虚弱,而且缺乏尊严。

公共文化服务体系示范区的创建正在全国各地展开。"胡同里的百家讲台"举办地所在的北京市海淀区,在这方面取得了很大的成就。尤其是北下关街道,这个活动仅仅是其一。以"北下关殷之光朗诵艺术团"等为代表的一系列的群众艺术团体矩阵,以这个讲坛和"世界朗读接力大会"为代表的社区特色活动品牌队列,越来越火热。当年上海世博会提出"城市,让生活更美好",在这里正在逐步实现。

每次讲坛结束,很多听众都拉住我给我谈感想。我们建立了一个"胡同里的百家讲坛"粉丝群,很多群众也将自己的感受发在群里。他们真心喜欢这个活动。艺术家们所说的故事,所谈的道理,他们能够真实感受到。艺术家们的风采,让他们深受感染。不一样就是不一样。自从参加了"胡同里的百家讲坛",很多老年人甚至说,他们感觉自己更年轻啦。像艺术家一样活着,自尊自爱,夕阳无限好。

这就是我们的时代。

从这个角度看,生活在这个时代里,我们都是幸运的。小康的实现,信息技术的发展,让我们有时间有精力来处理精神层面的需求。当人处于被异化边沿的时候,实际上也是人更有机会,思考"人,何以为人"的问题的时候。我们需要"合家欢"的家庭，我们需要社群的归属，我们需要国家的梦想，我们需要民族的光荣，我们需要人类的"命运共同体"，亦即：面对面的感动，我们越来越需要。

这就是我们的时代！

生活需要仪式感。仪式，实际上也是人区别于动物的重要标志。比如食物，动物见了就直接上去用嘴撕咬、用爪子抓；而人，要坐在餐桌旁，讲究点的还会点上蜡烛，放上音乐。所以，我们需要"胡同里的百家讲坛"，以及很多很多的属于社区的文化活动。我希望这个活动一直在有关部门的支持下办下去，成为一个品牌，一个节日，成为《小王子》里的一句台词所说的："让这一刻，区别于其他的时间"。

要感谢的领导和朋友有很多。要感谢中共北京市海淀区委常委、宣传部长张劲林、常务副部长黄英、副部长赵萍、文化组组长陈松柏、海淀区文化委员会主任陈静、副主任柳阑、文化科科长秦赤兵、副科长刘珊珊、海淀区北下关街道工委书记张泽根、办事处主任周建瓴、副主任赵洪耀、公共事业管理科科长侯京玲，以及北下关街道相关社区的干部们。感谢前海淀区委常委、宣传部长陈名杰，北下关街道办事处前主任毕淑琴、前副主任文思君，他们在前期亲自指导、支持、参与我们的节目，现在到了新的领导岗位。真不是客气话，没有以上这些领导的指导和支持，就一定没有这个活动。谢谢你们！我们只有更加努力地工作，才能回报领导和朋友们的厚爱。

我当然还要感谢我可爱的、社戏团队的同事们。杜晓渡、张鹏博、程黛雄、邓星跃、姜睿、范嗣聪、闫慧峰、许永力、曲悦，还有闻鹏、梁桢，等等等等。是你们的努力，让这个活动持续不断地完美执行，也有了这本书的出版。谢谢你们。

张弓惊，"胡同里的百家讲坛"主持人。社戏控股创始人。诗人、编剧、导演。资深传媒人、公益研究者。

大型实景演出《红楼与梦》制作人。歌舞剧《法宝2015》制作人、总导演。纪念中国人民抗日战争胜利暨世界反法西斯战争胜利七十周年献礼话剧《平西地下交通线》编剧、制作人。世界首部机器人舞台剧《小王子》编剧、总导演。大型史诗舞台剧《后稷》（第十一届中国艺术节展演剧目）编剧、总导演。青春励志普法话剧《五道口》编剧、总导演。改革开放四十周年暨中关村科技园建园三十周年献礼话剧《中关村往事》编剧、总导演。

曾任国内多家报社社长、总编辑等职。清华大学媒介管理研究中心《中国传媒产业报告 2005》(中国社科文献出版社)、《中国传媒产业报告 2006》(中国社科文献出版社)课题组成员。中国第一本完整梳理公益慈善捐赠情况的《中国慈善捐赠发展蓝皮书(2003－2007)》(中国社会出版社)副主编。

出版有个人诗集《伤诗止痛稿》(文汇出版社)。

第一讲 父母的遗产

主讲人：吴霜
时　间：2015 年 4 月 23 日上午
地　点：中国名优特农产品展示中心

吴霜，花腔女高音歌唱家、作家。

出身艺术世家，十六岁学习声乐。1977 年考入中央音乐学院。1981 年赴美国著名的印第安纳大学音乐学院学习，兼修戏剧，并获硕士学位。在国内外多次举办独唱音乐会、参演歌剧并数次获得声乐奖项。1990 年在中国台北举办个人独唱音乐会，开当时内地歌唱家赴当地演出的首例，并被誉为"突破西洋唱法中国瓶颈第一人"。近年以演唱中穿插即兴脱口秀的新形式，独创音乐会品牌"笑唱花腔"。

代表作有话剧"吴霜喜剧光明三部曲"以及《月牙》等，将好莱坞戏剧风格成功融入中国原创作品。话剧《别为你的相貌发愁》获 2003 年度"中国戏剧文学奖"。散文《我的舞台》一文入选人民教育出版社出版的中国小学生六年级语文教科书。

今天是读书日，是世界读书日。非常荣幸来到这个讲堂，作为咱们北下关街道"文化北下关·胡同里的百家讲坛"第一讲的开讲嘉宾，我非常荣幸，非常开心。感谢组织者北下关街道办事处和北下关街道工作委员会。

曾经有人问过我你是一个歌唱家，同时又是一个作家。你私下里希望人家真心称呼你是什么？因为我是歌唱家，从小喜欢上台表演，这是我的天性。但是从我心里讲,充斥一生的职业是一个作家,是读书者,也是一个读者。

组织者问我今天打算讲什么,我想了想:我们的父母留给我们的最宝贵的遗产应该是什么?大家都知道我的家庭似乎很有名气,尤其我的父亲和母亲离你们大家都不远。大家都记得我母亲的歌声,记得她的演唱。但是所谓有名气的家庭和普通的家庭没有任何两样,是一模一样的。我们所遇到的任何问题跟你们是一样的,比如说上有老,下有小,我们也有亲戚,我们有七大姑八大姨,有复杂的社会关系,有朋友和邻居。我们处理各种各样的问题,工作上的问题,生活上的问题,一切复杂的问题在我们家都会出现,一样的。

为什么我要说遗产?因为"遗产"这两个字在现在,尤其是近二三十年,自从咱们国家的经济状况向上升了以后,遗产问题就来到我们眼前了。不关乎遗产的拥有者是在世或者去世,现在连小孩,十几岁就懂得什么是遗产。其实这是很不好的一件事情,所谓遗产,大家概念当中可能会认为是一个物质的东西。比如说财产,固定财产。比如说房子,比如说车,比如说存款。你的财富是多少这叫遗产。我儿子有个同学,当时年龄可能是十七八岁,正上大学。有一次他们在聊天的时候,那个男孩子就说:"我妈最近办了一件事,她终于说服了我奶奶把那房子的名字移到我身上了,转给我了。"我就听见了,我这人喜欢听家长里短,因为我是搞创作的,脑子里有各种各样的事情,老百姓生活相关的我都爱听,属于比较八卦的人。

我注意到这个孩子说什么,应该正在读书的年龄,向上的年龄,单纯的年龄。他说他妈妈的这件事情,意思是他们家"落停"了。奶奶的房子,老人在世的时候把房产转到孙子身上,这件事对不对?从我的观念上来讲,非常的不对,问题是为什么他母亲要不停地在争取呢?这件事情必须在奶奶活着的时候,奶奶得同意了,大家都住在这里,但是名字改成孩子的。我就看出来了,他们家还有叔叔,除了这个孩子的父亲,还有奶奶另外一个儿子存在。这个房子可能是家里唯一的一个产业,奶奶还在世。这个母亲担心的是,万一有一天奶奶不在了,房子归谁?我们还能住在这儿吗?叔叔要怎么办?叔叔还有孩子,这都是一些问题。

这个小孩受到这种影响,父母肯定议论特别多,他也很关心。有一天这个房子归他了,他放心了。一个十七八岁的男孩子是不是应该处在这样一个状态?我觉得说实在的是一种病态,非常不好的一件事。我就听着,但是我不能说什么,这是人家的事情。

我相信每个人家里遇到这些问题,比如说年轻的人谈恋爱了,要结婚了。父亲、母亲跟着搅和,人家小孩恋爱的事情让人家去进行,让人家去体会,不一定就是婚姻。恋爱和婚姻是两回事,尤其是女孩子的母亲跟着搅和,她就完全投入了。各种指导、各种影响、各种意见加注进去。然后最直接的问题,男方必须有房子,女儿才跟你结婚,变成了家长之间的对话,最后争执,乱七八糟,男孩女孩不知道该怎么办好了。大煞风景,因为又产生了财产的事情。

物质财产在我们观念里面特别重,其实你女儿的生活用着你管吗?能不能把注意力放在她的创造力上面?你让她自己去产生创造力之后,她自己去创造她应该拥有的一些财富,这样多好。当然,这是一个重要的课题,怎么样挖掘?我希望能把我的亲身经历给大家讲一下。

我们家怎么影响我来着?大家可能会认为我们家是一个挺成功的家庭,家族。因为我的爸爸是剧作家,我还有一个叔叔是音乐家。《红色娘子军》的芭蕾舞音乐是他写的。他那个时候四十多岁,最具创作力的时候。我妈妈又是名演员,到我们这一辈有几个表姐、表弟、堂弟,我作曲家叔叔的儿子是现在中央戏剧学院钢琴系主任,我表姐是全国知名的编辑。

我们家有一个巨大的特点,就是读书人家。我们家绝不是大富大贵的人家,不是那种很有钱,钱多得堆成山了,买十栋房子,海外也有房子,哪里买游艇或是买一架私人飞机。我们家对这个东西绝对不看重。因为这种东西它不太重要,没那么重要。为什么?你想想一个人他需要五栋房子吗?一个人他需要六辆车吗?三辆车?有必要吗?那是一种显富、显贵。

我们要避免这个东西,什么东西是最让人产生敬佩感的?我告诉大家就是独立创造,这四个字,这是我认为父母应该教给儿女的是这个东西,这个财产自然就来了,他们的财富自然就来了。

这种教育方式还有一个很糟糕的副作用,你把东西准备好给这个孩子,这个孩子想着我已经有了,我不用再自己去琢磨这事了,我已经有了。他变成了一个无能的人。所以我认为财产是谁的就是谁的,那个东西不要说我给谁,你先留给你自己行不行? 俗话讲"儿孙自有儿孙福"。

什么叫文化? 什么叫读书? 我拿我妈妈举例子,我妈妈是一个著名的大美人,表演好,戏唱得好。但是巨大的先天优点是她长得特别漂亮,美是大家赏心悦目的东西,大家喜欢看她,恰恰我母亲生得美又是演员。而且她非常幸运是发展在中华人民共和国成立之后,她的位置和整个社会地位空前地提高,所以造就了我们后来概念当中的新凤霞。可是真正造就新凤霞的,有一个特别重要的因素——我妈妈嫁对了一个人,这人是我老爸。

这件事情是我妈妈自己的一个主动行为过程,是我妈这个人她在二十多岁时候的清晰追求,这基于她的生活经历。我妈1927年出生,成人后,因为家庭贫穷要去养家,开始唱戏,在天津唱红。后来有要求了,天津装不下新凤霞,要发展。所以在1949年后进入北京,这个时候由于她的初级成功吸引了众多的目光,各种各样人的目光,尤其是很多男性、异性的目光。这是一朵最美的花,看谁能摘下来,就是这种感觉。

我妈妈二十几岁能够把持住是很少有的,有很多人介绍(男朋友),到北京以后更红了,她演了《刘巧儿》,让她红遍了整个大地,红得发紫,很年轻,没有嫁人。

男朋友有过,但是不能随便嫁,年轻人谈恋爱多交往几次,有挑选,决定了再嫁这个人,以后就不离婚了,这才是最好的决定。

我妈妈为什么和我父亲有结果? 我父亲比她大九岁,主要原因我妈妈想要嫁一个有文化的人,这是她最主要的目的。所以那个时候很多人给她介绍,比如说给她介绍当官的、有钱的,都介绍过,军队的将军都有,我妈妈说她有一个办法,如果哪位高官显贵对她有这个意思了,她就特别聪明,她看这人不是她要的,一开口就是"刘叔叔您好""大爷好",她经常拿这个说话。

当时有一位重要的人物是老舍,老舍就好像是我母亲和父亲的介绍人似的。当时我妈妈在天桥演出已经非常非常火了,贫穷人家的一个演员,一个小演员从天津到北京来,根本就进不了大剧院,于是就在天桥开唱。这个演员一出来就引人注目，各方面好，而且年轻。所以北京市的文化处，当时不叫文化局。文化处的领导说，这个演员很好，评剧又是普通话，让观众听得懂、看得懂，观众面那么多，我们得利用这个剧种。于是和我妈妈接触商量之后，由北京市文化处的一位女干部拿来了一个素材叫《刘巧儿告状》，这个素材来自陕北农村，当时解放区的。跟新《婚姻法》的宣传正好结合在一起，我母亲就是这个主演，一演就一炮而红，而且是"红遍天下"的那种红法。

当时老舍先生从国外回来，老舍是老北京，而且出身极度贫困。他爱转天桥，他逛天桥的时候到戏园子里听我妈妈唱戏，他觉得这个演员很好，就到后台和我妈妈认识，启发她，给她教育。他说你得认字，不认字不行，将来做文盲可不好。将来没准你还能写文章，你以后自己写戏自己演多好。我妈妈当时就笑了，别开玩笑了，二十多岁的演员写戏和写文章？"不过我脑子特别好，教我就背住了，词、唱词都没有问题，我还自己可以现编。"

但是没想到这话一语成真，后来她开始读书。她戏演得特别好，观众也多。但是她想再提升的时候会遇到各种问题，她发现她提不上去了。比如说比较深一点的作品原著没法看，读不了，听人讲也讲不对。后来她越来越发现，各种文件看不懂，大领导和专家们讲的话也听不太明白。她越来越觉得没文化太要命了，无法再往上走，上不得大台了。这个时候我母亲年龄大约是在二十五岁左右，肯定要谈婚论嫁了。她自己心里有一个目标："我嫁一个文化人。钱我也有，我是一个最好的演员，我自己可以挣钱。"她有美貌，有天才天分，有名气，自己也有财产，她缺的是什么大家说，她缺的是文化。她缺的是文化与辨别能力，而且文化能产生创造能力，这是最重要的。就是我刚才说的，咱们要给子女留的是让他（她）有创造力，这是好孩子。而不是我留两个房子给孩子，孩子成无能儿了，自己为什么不能买房？如果是好孩子自己创造，凭什么永远跟父母要？白要白伸手多没出息，这是我们很多老人需要改变的观念。你自己的财产自己留着用，让孩子出去工作。一个工作不行，两个工作不行十个，总有一天这个孩子成熟了，这是好的教育方法，我说的是这个事情。

我们家就是这样，我到现在对名牌没有任何概念，名不名无所谓，有时候碰上了恰恰这是名牌，说吴老师你拿这个挺好，我才问一问这是什么名牌。因为那个东西没有用,没有必要。这是家里边灌输我的多年来的一个教育,我记得我在五六岁的时候,我还有两个哥哥,给我们三个人绣花的绷子,把布在中间绷着。把袜子拿剪子在脚根儿剪一个窟窿,弄一块布在上面绷着补袜子。然后给我弄一个白手绢,我喜欢画画,我在上面画了一个小美人,我小时候喜欢画一个小美人。我妈妈说你把它绣出来,于是我拿了一堆彩线绣花,手工是我妈教给我的。

我属于有点女汉子那感觉,但是我会绣花,而且我会做饭,下得厨房,上得厅堂,这都是我妈教育的。最重要的是我妈妈嫁给我父亲之后她所得到的第一件礼物,我父亲为她准备的第一件礼物是一个书架子,书架上有各种书。我妈妈在嫁给我爸爸之前就进入扫盲班了,有她的同事。比如说郭兰英、赵丽蓉也在里面,那时候文艺的精英人物许多人都没有文化。但是我妈妈最后认认真真读了,最重要的是喜欢看书了,她愿意看成功演员的传记,很多。虽然是名著,但是不太复杂的那种书,还有国外的。不认识的字我爸爸告诉她。我妈妈手里有一本特别老的字典,一辈子在身边,去世前还在身边翻。所以说读书特别重要,幼年没有读书的时候,二十多岁再读有的就读不了,不可能完成全程的教材,只能解决临时的。

但是我妈妈聪明,读的书够她写文章了。我妈妈生病之后不能登台,怎么跨过这个坎儿呢?用手写字。那个时候没有电脑。我爸爸说你妈妈那笔鬼字,只有我认识,编辑可怎么办?编辑不认识。但是后来编辑都认识了,因为他老看我妈妈的文章,知道我妈妈怎么写字。书法练成,也是要功夫的。

……

我父亲家是书香之家,我爸爸读书,爸爸的父亲也读书。我们家从来不是大富之家,不是特别有钱,但是特别有书,所以读书变成了我们家的习惯行为,我从小就读书了。

我读了一辈子的书是《红楼梦》,现在拿起来还(觉得)好看。最早读的是时候九岁,"文革"开始了。"文革"开始了我们家的书没有人管了,我打开门看书,坐在地上。我爸爸和妈妈挨批挨斗不在屋子里,我就看书。我就发现了一本绿皮的《红楼梦》,三本,我感觉那个书好看。但是打开一看,九岁,竖版的繁体字不认识,但是我愣往下啃,一点一点。前几段讲的云山雾绕的，虚无缥渺。

从第二三回开始，故事来了，有贾宝玉、林黛玉，好看。从那个时候开始看《红楼梦》，一直看到现在，里面很多细节我都耳熟能详。

后来我的表姐（现在是《读书》杂志的编辑，从小和我在一块生活，她现在快六十岁了），她跟我说了一句话，她说小霜你看《红楼梦》可以，但是你必须养成喜欢看评论《红楼梦》的那些文章的时候，你才能懂得《红楼梦》。

所以从《红楼梦》到慢慢看别的书，很多书。但是你要知道这个时候是"文革"了，实际上是对文化的大破坏运动，悠悠十年。那我在这十年当中长成了青年，从小孩长成青年在"文革"当中。怎么办？我恰恰是在这十年当中学会两件事情，一件事是面对压力怎么样？继续生存，很乐观地生存下去。

第二就是怎么样读书，读书成了我精神食粮了，因为我们家书多。虽然被抄走了一些，但是还有很多。于是我就开始读书，开始一边念书，一边读书，一边对付这个社会压力……

我觉得读书那么好，后来我生命当中再也没有哪段时间那么美好：就坐着，弄一个椅子，就在家里边，弄杯水，我就开始一本一本读书。我爸爸当时也变成了闲散人员，"文革"后期已经没有什么运动，不整人了，大家等待运动过去。我爸爸发现我这个女儿喜欢念书，于是找来了一个老师。一个叔叔，是我爸爸的朋友。他们家有幸没有被大抄家，书偷偷都留着。

这个叔叔很厉害，他给我读传记，这一个月。下一个月读小说，什么张爱玲我都是那个时候接触到的，可好看了，我特喜欢张爱玲的小说。有些是讲爱情故事讲得是入木三分，讲得太好了。还有什么各种各样的名人传记，女演员传记，著名的小说，全读了。

然后我爸爸说你再多读点，你读《三国演义》《水浒传》《西游记》，那些我不太爱看，但是也读了，我还是爱看《红楼梦》。有那么几年读了很多书，可以说奠定了一生的基础。可能我没有理工科基础，数理化不好，不擅长。但是读书太重要了，我建议咱们家长们，我建议你们小孩很小的时候，你就想办法让他（她）将来变成一个爱读书的人，不论做什么只要爱读书就行。它节省你的时间，节省你的教育时间，而且安安静静。你弄一点图画书，小孩的时候。然后来点儿什么彩色的,有点文字的,带点拼音的,你让他(她)看这个。你尽量让他(她)变成一个爱念书的人之后,你就省大心了,你各方面都省了事了。

小孩的成绩不一定非得是第一、第二、第三,真的不必要。因为孩子太累了,孩子精力用得太多的时候,会忽略了其他东西,变得自私。小孩变自私是非常可怕的事情,父母就惨了。反正我是这么告诉我儿子,弄一个中等偏上的成绩就可以了,将来也能考上大学。最重要的是念书强的时候,让他中等偏上也能考前几名。因为他可以控制自己,从书里读到的(知识),将来对这个小孩是绝对性的好处。

我自己是这么成长起来,我自己家的孩子也是这样长大的。后来我发现我不用督促他读书,小孩五六岁的时候拿一本《机器猫》(《哆啦A梦》)的书。五六岁的小孩嘴里会说很多话,什么火箭起飞那些词,还有什么埃及的故事,埃及法老,还有什么莎士比亚。我说谁告诉你的? 你怎么知道这些东西?"机器猫说的。"这些是从书里得到的,小孩念这些就可以了。自己就会了,慢慢会自然发展,甚至于妈妈我想买哪个书,我想看哪个书,孩子多么理想的一个成长状态! 我们开始用一点心,后来他自己往这边走,和种树一样。这是我的经验,我知道大家有时候会有很多麻烦,自己的孩子、孙辈甚至于更小一点的孩子,各种各样的麻烦。因为他到社会上攀比就惨了,他一攀比,这名牌、那名牌,什么都不明白。当然,这是社会关系造成的结果,但是教育最重要的是家长,家里边的教育是多于学校的教育。

我曾经在幼年时候和少年时期受到很沉重的社会压力,小孩子忧虑很不好。但是我们那个时候生活不是很好,学校里没有教过什么好东西,学校不太好,社会关系非常复杂,充满了不信任,那时候充满了猜疑,充满了互相揭短,互相去迫害特别多,人性的丑恶显现得很充分。小孩子在这种状况成长不是什么好事,但是我觉得是书本救了我。然后我就学会了如何面对这些事。你想一个小孩,不让你上学,不让你读书怎么办? 而且那个时候我开始学唱歌,十六七岁开始学唱歌。我大约在二十岁左右开始考各种的文工团体,我想做专业的演员,因为我学了几年唱歌。结果人家不要我,考哪里都不要我。现在有人经历过考大学考不上,连续考三年都有。那个时候我考过多个地方都不要我,因为我的出身不好。你能想象新凤霞的女儿是出身不好吗? 她遇到的全是钉子和坎坷,这个小孩就没法弄了,没法存在。为什么我妈妈后来得了半身不遂了？压力压的，各种压力。我妈妈1975年10月得的半身不遂，1976年"文革"结束。

我妈妈在舞台上特别欢快，声音那么亮丽，那么新鲜。实际上她是一个非常紧张的人，遇事就害怕。我爸爸不是，我爸爸是很沉着应对的性格，我妈妈遇事就开始哆嗦，血压就是高的。所以我妈妈"文革"中后期血压就高了，导致脑血栓。1975年10月，当时我在家里看到我妈妈发病。因为她原来就血压高，经常要吃药。那天早晨非得下乡劳动，她已经被"解放"了，身份被解除了，已经变成了普通人民群众，可以一块儿活动了。我妈妈特别好强，什么苦都能吃。我妈妈早晨起来说今天我这个头怎么那么疼？这个头特别的疼，突然间疼。我爸爸说你赶紧躺下，吃止疼药。结果吃的时候拿药片的手拿不动了，药片掉地上了，赶紧扶到床上。

我说怎么回事？我爸爸说赶紧上我们家对门，我们家住302，301是一个大夫，协和医院心内科非常棒的大夫，我们的邻居。我赶紧敲门把人家叫来了，叫过来之后他进来一看，我就听他跟我爸说她这可能是脑溢血，说你放心，马上叫救护车。结果去叫救护车，然后我爸爸就小声问脑溢血是怎么回事？就说脑子里面有血管破裂，我爸说会造成什么结果？大夫说有可能会半身不遂，其实这是非常可怕的一件事情。我妈妈年纪不大，不到五十岁，四十九岁这样一个年龄段，比我还年轻。

我妈妈在四十九岁左右的年龄像三十几岁一样，发病前期，特别漂亮，根本不是那个岁数的状态。她还练功，还想演戏，她是有这种想法的，没想到发病了。那个时候家里没有电话，公用电话，大约跑了千米，上公用电话打电话。接电话的人说："是吗？我知道了，马上派人去看你妈妈。"一会儿谁来了呢？张德福来了，《刘巧儿》里面演赵柱儿的。进门我妈躺着还有意识，意识蛮清楚，但是左半边不能动了。如果现在的话，当时一输液就好了，那时候不行。所以生病就赶上那个时期了，后来我妈妈住院了，变成了一个病人，经历了很痛苦的心理斗争阶段。你想想新凤霞突然间病了，她不能演戏了，而"文革"又结束了，她是一个什么状态？

我爸爸全力以赴地做一件事情就是调整我母亲的心态，我亲眼看见我爸爸怎么引导我母亲走向一个正途。有时候人们经常说上帝给你关上了一扇门，还会再给你开一扇窗。对，我妈妈从此真的是不能演戏了，当她意识到不能演戏的时候，这个时候怎么办？右手拿起笔来了，她把笔拿起来了。她后来变成一个非常成功的艺人作家，到现在来讲可能没有一个艺人超过她，在文学创作方面没有人超过她。

因为她心情特别不好，极端地不好，有时候会哭，有时候会闹。我们全家宠着，老宝贝，让着她。她心情不好，大家各种安慰她，各种编辑找我爸爸约稿，我爸爸说找新凤霞。我妈妈第一篇发表，第二篇发表。那时候各种报纸、杂志全都蜂拥而至。我妈妈突然感觉到她的光荣感和成就感回来了，是从书面上回来的。于是我妈妈完全恢复了活力，性格全部回来了，我妈妈其实平时挺爱开玩笑，爱逗的。后来又会了，还是原来的爱开玩笑、爱逗的新凤霞。虽然她不上舞台，但是她依然过得非常灿烂。

妈妈第一本书是谁出的？中国香港的出版商，应该算是编辑。说新老师我给你出本书，我妈一听，出书？我不知道她当时想没想起先前老舍跟她说的话，"你将来能写剧本，能出书"。她虽然是一个病人，但是能出书，特别满意。其实她一生追求文化，最后她变成了一个文化人。第一本书特别好玩，封面设计用的是我画的一张画，是我小时候看着我妈妈演戏的一个美人头。这本书出来之后销量很好，因为是新凤霞的书，读者看她是怎么回事，都写的是小时候的回忆。叫《新凤霞回忆录》，后来再版，不停地出。她想起一件事情就写，果然印证了她当年的记忆力好，小时候各种各样的事她都记着。怎么学纳鞋底，怎么做东西，谁怎么教她唱戏，都是写成一个一个的小故事，特别耳熟能详。普通人来读特别适应，一千两千字一篇文章，就这样拥有了广大的读者，等到她出了第三本书的时候，中国作家协会就吸收她成为会员了，我妈当年是一个文盲，后来变成作家之后，是作协会员了，这个是很厉害了。

我那时候开始上大学，我很幸运了，赶上大学恢复招生，我顺利考上了中央音乐学院声乐系，正式学唱歌。又过了两三年，拿到了美国奖学金的机会，我就出国了。之后在美国生活，又读书，又打工，什么都干过。骑自行车上餐馆干活儿打工，给剧场地面当服务生，可以蹭票、蹭戏看歌剧——因为我是给人家服务，拉大幕等等。

我四年没有回国，四年之后满口英文，感觉非常好。回到国内的时候,我感觉美国有好多东西国内没有,美国的好多事物国内人不知道。我就产生了一个欲望,想把美国的东西介绍到国内来,让他们知道。用什么? 还是用笔。我妈妈特逗,她说你一定要像我一样多写点,你肯定比我强,文字好,受教育比我完整,你都得写。拿到国内妈妈给你找地方发表。

我妈妈最喜欢我,因为我是小女儿。本来一度以为我是她的继承人,很奇怪我唱歌多于唱戏,虽然她那个戏我也能唱。但是我们家我爸爸是文化人,尊重儿女选择,气氛比较自由。不像有些文艺世家的家长会强制某一个孩子必须要继承。侯宝林的儿子,梅兰芳的儿子,很多很多的后代都是继承他们父母,叫传承。但是我们家的戏没传承了,你知道为什么呢? 其实有一个原因,是我私底下的原因,我心里知道,要唱评戏我唱不过我妈。我唱评戏肯定永远都是新凤霞的女儿,"她不太像她妈"或者"没她妈漂亮",这个得听一辈子,我不要这个。

我要做自己,我妈不反对,不强迫我非得唱她的戏。其实我很负责地说,我要唱那个戏比她的任何一个学生都要好。我觉得太费劲了,从"新凤霞"变成"吴霜"太费劲了。于是我另辟蹊径,我去唱歌。

唱歌也有问题,我们学的是最技巧的美声,去美国就是为了读这个。后来读来读去我又发现我们音乐体系、表演体系已经是几百年的定式了,你很难改了,你没法改。那些大歌唱家像帕瓦罗蒂大家都知道,什么"世界十大"女高音、男高音都已经定式了,不改能唱得过人家吗? 肯定唱不过。人家是开山鼻祖,你想超过他只有一条道,你把他"破"了。只有胆大到你把他"破"了,你跟他不一样,而且是离经叛道地"破"。

有一段时间我为这件事情很头疼,我决定不唱了。我这个人个性比较强,我不唱了,我写戏去了。因为在美国我变成了一个电影迷,看了多少年的好莱坞电影,它的电影真好看。而且我跟大家说,讲的都是真善美,主题都是真善美,确实是这样,跟我们要求是一样的。看多了以后我发现我会写戏了,于是在有一段时间之内我变成了一个剧作家。1996、1997 年大多数时间我基本回国,在美国的时间短了。我做了很多话剧,开始给人家写电视剧本,因为我是一个喜欢讲故事的人。而且我读了大量的剧作,我小时候在家里读过大量的剧作,我对戏曲结构有很深了解,其中一个戏得了中国戏剧文学奖。这个事情我觉得挺成功,我感觉不错,比唱歌不差。

后来又过了一段时间之后,我发现我唱歌唱得太好了,我必须得回到舞台上去。我在十几年做戏的时间里寻找到了一个招儿,能够破掉我原来所学的老规矩。怎么"破"呢?我把做戏的程序化表演搬到演唱上,我形成一个新的结果。就是我唱歌,还是唱的那些歌,还是那样充满了技巧,充满了阳春白雪。但是我唱得和别人不一样,里面充满了欢乐的元素。

这样的话,我就变得有信心了,这样唱能让剧场热烈起来,而且我能让剧场氛围像我当年看我妈演戏一样——它是我制造的,不是我追随我妈妈的老路制造的。这才是我要的,这和我读书有关系,小时候多年的积累,你自然而然你吸取很多东西。突然之间另辟蹊径走一个偏道做戏剧了,当然我不是演员,是主要的创作、制作者。

但是我写喜剧,我这个人喜欢开玩笑。我把喜剧的东西放在我这个歌里肯定好,我觉得我这个招儿挺棒的。我在大约是2006年我写了最后一个话剧,老舍先生的《月牙儿》,应上海话剧院邀请写了一个《月牙儿》的剧本。

我妈妈是1998年去世的。当时她非常支持我,我爸爸也支持我,这是我的先天条件。但是话说回来,剧本不好也不行,谁帮也不行。这和我在国外生活的几年养成的胆大包天的习惯有关,我唱歌把传统的给破了。普通人喜欢听,是因为我在台上玩,不是唱一个特别美的美声,让观众觉得在接受教育,我觉得那样人家会受不了。

我用了有三四年时间设计了一台音乐会,我自己的,跟别人没关系的一场音乐会,我自己在设计。三四年时间每一个曲子我选好了以后,这个歌怎么设计,里面的东西怎么变。让从来没有听过歌剧的人喜欢听,想办法。这个时候机我遇到了北京保利演艺经济公司老总,那个人比我小一点,一个男士。他就跟我聊天,他说吴霜我知道你是一个花腔女高音,大家知道花腔女高音这个词吗?它是女高音当中的一种,特别高,特别充满了亮丽的技术,炫技的演唱。他说我知道你是花腔女高音,你怎么不唱?你干什么?我说谁说我不唱,我现在准备唱了,唱起来一鸣惊人,吓死你们。

怎么回事?你跟我讲讲,我就聊了,聊了十几分钟,他就说我找你这种演员找了好几年了,咱们国内没有。你赶紧,我跟你签约。我当然说太好了。当一个人做一个事情成熟了之后，这个机会就来了，它会来的，不是谁安排的，肯定每个人有这种机会，只不过是看你准备好了没有。

所以我在家里美着准备这个，天天练，开始写过程。突然给我来一个电话，他说吴霜你能不能在这两天来一趟，你给我唱了听听，我们找一些人听一下。他有点"二虎"，回去一兴奋，突然印文件的时候想到吴霜到底怎么回事？我总得听，不能光听她说。我说太好了，我正要给人家唱。我本来是舞台上的形式为什么不上舞台呢？我就去了，保利剧院有琴房，我带了一个伴奏就去了高级化妆室，一边唱一边耍，融会贯通各种形式。他看完了以后赶紧签约，说什么时候演？我说什么时候你说，2011 年的 10 月是我的第一场花腔音乐会，叫"笑唱花腔音乐会"推出了我的第一场，很火爆。

我很幸运。他们提前做了很多宣传，包括在地铁上的一些大的海报，从那以后，2011 年之后到现在，我恢复了我的演员身份，我在台上表演，已经演了好几十场在全国各地。但是我依然要说明一件事情，我怎么会有把不同的东西放在一起的意识呢？怎么来的呢？怎么把我的音乐变成跟别人的不一样？因为我读了特别多的书，看了特别多的东西之后自然而然冒出来的，不是愣来的，都是积累而来的。你条件具备了，但是你需要好几十年需要具备这些东西，它肯定不是一下就来了。

我想告诉朋友们，你们家生了下一代的时候，或者说你们家就有下一代，正在半大不小的状态时，想办法让孩子念书。不是说念学校的书，我的意思是读书，肯定帮助你解决教育问题，百分之三百成功。只不过大家不知道，因为你自己不读，上辈儿也不知道这种事情，你总是拿钱给他，什么好车给他等等的。

今天是读书日，先告诉大家读书有多么重要。你们觉得是不是应该回家培养你们的子女开始读书了呢？

第二讲　和平年代与岳飞精神

主讲人：刘兰芳

时　　间：2015 年 7 月 22 日上午

地　　点：北京开放大学

刘兰芳，1944 年生于辽宁省辽阳市。表演艺术家，著名评书表演艺术家，国家一级演员，享受国务院特殊津贴。曾任中国曲艺家协会分党组书记、名誉主席，中国网络音乐协会名誉主席，中国文联副主席，全国政协委员，中国人民对外友好协会理事，中华民族团结进步协会副会长，中华全国妇联八届执委等职务。六岁学唱东北大鼓，后拜师学说评书。中国文学艺术界联合会第十届荣誉委员。

1979 年开始，先后有百余家电台播出她播讲的长篇评书《岳飞传》，轰动全国，影响海外。后又编写播出《杨家将》《红楼梦》等三十多部评书，多次获国家级文艺大奖及全国"五一劳动奖章""三八红旗手"等称号。

能到这里来是吴霜把我介绍来的，开始答应，答应完了有点犯傻。因为我一般讲艺术课，评书怎么来的、评书的发展、评书的现状和我说的评书……张口就来。和街道兄弟姐妹讲什么呢？有点顾虑。后来说是"胡同里的百家讲坛"，大家都知道百家讲坛都是在电视上，教授和博导讲。在胡同里最接地气，我讲最合适。

我是辽阳人，从小父母唱大鼓，怎么说书说到今天呢？穷，家里太穷。中华人民共和国成立之初，国家太穷，国际上那边卡我们的脖子，叫我们还债。苹果得放圈上，漏下去的他不要。咱们科技那时候不发达，都吃不饱。我们是单亲家庭，一大帮孩子。老大就创业了，当时母亲唱东北大鼓，我也是唱东北大鼓出身，全国获奖都是唱来的。后来歪打正着，说书比我唱有名了。

从打十六岁起，我在辽阳书馆听书，遇到了伯乐，这个人叫杨成天（音）。他就到我家跟我母亲说，让我考鞍山曲艺学校，少一个人吃饭，家里乐坏了。1959年正式入曲艺团，那时候家无隔夜粮，好几口人。

当时我单位的学员，都是爹妈在里头，叔叔大爷二十六口都在这里，有人照顾。我当时没有人照顾。挣十五块钱给我妈五块，我剩十块，一个月生活费，牙膏、牙刷、穿戴……没有给师傅买过一颗豆，没有花过钱。也说明那时候人的关系单纯。老师也确实觉得你是个材料。学习更主要的是听，别人都是教的，我是听来的……伯乐把我引进门，拜的老师是女老师（我老师有本事，没有孩子）。杨成天教的《岳飞传》。不是教一个人，一班十几个人别人都不会说，我会了。为什么？家里穷，学不容易。如果不好好学回家没饭吃，那是继父，又留了一大堆孩子，谁养活谁？我挣十几块钱要养家，我要回家怎么办？只有一个——努力奋斗，孤单、孤独而且也孤立。你业务好，没有后台，没有支柱，没有钱，就孤独。但是只有一点，不管什么环境，微笑对待一切，心胸豁达，会达到胜利的彼岸。

"文化大革命"我下放干峪沟，那时候我怀二胎，八个月上山种谷子。骑自行车摔倒在地上，那时候都不敢动。人家说把羊水摔破怎么办？我说什么叫羊水？都不懂。

第二次再去那个地方是和中央电视台的人去的，人家问我："中间睡觉拉帘吗？"在我们那代不懂。吃饭都是大锅，大锅饭和大锅菜，住了一年多。那时候我怀第二个孩子七个多月，（到）九个月还到处走。那个地方现在还那样，什么都没有。

哪里有吃的？吃那种厕所爬出来的螃蟹。得病没有得病是后话。今天看是阅历和经验，那时候是遭罪。真的穷，屁股补着补丁，夫妻两个对面坐炕上都不敢。

我的老师挨斗了，但是她也活过来了。最后到工厂下放，我也到工厂。逆境中生存，我干了十五年，很不错的演员。观众把我捧红了，结果说你回家，给四十块钱回家围锅台转去了。太困难了，先生挣四十二块五，那时候两个孩子怎么办？上革委会去找，天天抱着孩子……

我没有送过孩子上幼儿园，没有开过家长会。确实亏欠我的孩子，但是他们也长大了，现在也凑合。当然，孩子们也有不足之处，我教育得不够。但是现在（人们）对孩子这样，有时候（我也）不理解。家贫出孝子，我有今天，就是（因为当初）穷，没有地方吃饭。是说书的你记住了，（包括）说相声的，没有市委书记的孩子，一个都没有。人家都念大学了。老百姓的孩子送（去）学徒，先带出一张嘴，完了挣钱养活家，都是这样出来的。覆盖（式教育）孩子有出息吗？大专院校，考上博士和博士后，有出息。但是一般的家庭不要过分惯，想吃美国的樱桃，我说你凑合活。三千块钱工资还要那样？人家说要求那样。不吃那玩意你不活吗？一样长大。

现在（带孩子）太（注意）干净不行，没有一点抵抗能力。不是说我这个就对，我同意四个老人带一个孩子，可以。但是别溺爱，这就讲到了岳飞，说岳飞的原因我占了天时地利。

为什么说《岳飞传》？我都已经下放工厂了，有一回搞汇演（我老伴也是搞曲艺的），写了《红星巧手拉单晶》，这女的哪里的？无线电四厂的，文化部门下放。改造得不错，调回来了。

回来入毛泽东思想宣传队讲革命故事《五分钱》。电台提出来，录一点新书，挺好。1979年提出来录一个传统书，这才说的《岳飞传》。

我也没有想到说红了。为什么？占了天时地利。占天时——"四人帮"打倒之后，（大家）一着急（演节目）就是"手提红灯……"突然说《岳飞传》，文武带打、招亲娶媳妇都有，一下子占了天时。《岳飞传》说出去了，说中了。更主要的也是巧合，"四人帮"三男一女最后判决，我们《岳飞传》是三男一女最后跪在岳王坟前。

老百姓来信每天最高五十多封，岳飞是谁？岳飞是流芳百世的大英雄，岳飞之死是千古冤案，秦桧奸臣和赵构，两个人勾结。一个是别让我爹和我哥哥回来，回来天无二日，世无二主。我当不当皇上？当不了。再一个秦桧沟通北国，害死了岳飞。人们抱打不平，大家觉得同情岳飞，借说书之口，人同此心，心同此理。四五岁的时候妈妈给我买小人书，精忠报国、岳母刺字……

岳飞精神是我们中华民族之光，孙中山先生首先提倡"岳飞魂"。

1952年毛泽东主席视察黄河路过岳飞家乡汤阴县。毛主席说岳飞是大好人。邓小平是1982年12月2日参观岳庙唱起了《满江红》，教育他的外孙和随行人员要像岳飞那样精忠报国。许多名人都到杭州岳庙和岳墓参拜过。在全国各地建了数百个祠堂庙宇，我国台湾也有十几个。

"志在岳飞背，技在华佗手"。说明中国人都拿岳飞精神精忠报国，你是中国人吗？必须要爱国，爱岗敬业，诚实守信，中华民族的美德。岳飞占了几样。不光说这个，"还我河山，保卫家园"。岳飞从小受教育懂得爱国，岳母教孩子念书、习字。细沙当纸，柳条当笔。岳飞二十岁当兵入伍。因为给皇上上奏文，就是给皇上提意见，回家了。后来二次入伍，岳母在岳飞背上刺上"精忠报国"，为抗金立下了汗马功劳。

忠孝有很多例子，现在有钱有名了，有钱孩子没有什么可干。不是说教育不好，有时候路走得不对。吸毒的，被判了多少年的，特别是（个别）公众人物。我特别着急。我觉得谁犯错，（大家）先别把他爹妈拎出来。所以，教育孩子从小时候抓起，别接触坏人。

钱适可而止，多了就胡用。岳飞当兵之后，也不爱干了，（周围和上面）动不动就欺负他。等级观念哪个社会都有，岳飞就回家了。洞庭湖杨幺义军专门派了王佐来请他。可岳飞忠于的是大宋朝的赵构。

"孩子你做得对"，时刻不忘，岳母给他刺字。岳母身体不好，岳飞赶紧把母亲接到了军中，端水、熬药都做到了，最后母亲故去，扶灵葬在九华山。

那时候打仗能带军属。岳飞（感情上）受过打击，岳飞前妻刘氏生下岳云、岳雷，（因为岳飞常年在外，家里生活又困窘）不愿跟他（受苦），就改嫁了一个下级军官。（岳飞）后来才娶的李氏。

杨再兴大家都知道，英勇无比。战场上交战把岳飞弟弟岳翻给整死了，这是历史真事。牛皋等人眼睛都红了，抓住杨再兴之后要杀他，结果杨再兴说你让我去见岳飞。只要咱们共同抗金，归顺大宋，家仇不算。那个年代有这种精神，谁能办到？没有因为私仇把国恨给忘了。岳飞就留下了杨再兴，杨再兴真的是感激涕零。

后来杨再兴去（与金兵）交战。（牺牲后）把他（遗体）带上来一看，射得像刺猬一样，拔不过来了，就火葬了，岳飞哭得不行。

岳飞提出来清正廉明,要堂堂正正做人。文官不爱钱,武将不怕死,天下太平。成了千古名言,他是这么说,也是这么做。战场上身先士卒,奋勇杀敌,不怕伤不怕死。多次战斗,最后取得朱仙镇大捷。《岳飞传》里面的内容可不都是虚构的。

另外,他告诫士卒们爱护百姓,不要扰民。先公后私,爱憎分明。这样的严明纪律,也和后来我们的"三大纪律"都有联系,不是凭空想一想。有一个军官,那时候的房子矮,马饿了,一口一口把人家草房给吃了。结果马给杀了,军官也给打了。一视同仁,为什么?牛皋、张宪、王贵,包括张保、王横,誓死追随他。会带人,仁义。和我们处邻居一样,我们要学会理解,您的知己会越来越多。学会适应,学会欣赏,学会包含。

岳飞能包容,岳云从小从军,攻城夺寨。岳飞说他还小,立功的机会有得是。这次是巧了,后面有的是机会,大家比他干得多,就这一点大家非常服。很服,能团结人。

王贵家里有钱,岳飞学徒的时候是在王贵家里学的,王贵是小财主,有钱不好好学。王贵的父亲发现岳飞这孩子有志气,挨金是金,挨玉是玉,让岳飞陪着一块学习,走一条正路。(周围的人)家里都不穷,就岳飞穷。岳飞有志气,带着大家勇敢杀敌,名垂千古。主要原因是爱岗敬业,我既然干了就努力。岳飞当过副手,(上司)张俊对他不好,但是为了报国、保卫疆土,忍了让了。弟兄们不让,他压着。所以说能忍、自爱,邻里之间发生一点事情,退一步海阔天空。

岳飞的感人经历和《满江红》的词句激励着一代又一代人,激励着青少年克服掉追求享受、读书无用的思想,成为对国家、对人民有益的人才。在战争年代,《满江红》是中国人民的"动员令"和"进军号"。我师傅那个岁数的他们都会唱。

现在是和平年代,我们该怎么办?还是要尽忠、报国、爱岗、敬业。团结稳定,做好本职工作,建设好祖国,这是我们最大的忠和孝。

最后,我想用编写的对联结束我的汇报——

岳飞精神传万代,浩然正气贯千秋。

第三讲 认认真真不容易

主讲人：黄婉秋

时　间：2015 年 8 月 18 日

地　点：北京开放大学

黄婉秋，电影《刘三姐》扮演者，国家一级演员、首批享受国务院特殊津贴专家。

1943 年出生，祖籍广东梅县，生长于桂林。1956 年考入桂林市桂剧团，1959 年后正式登上舞台，演出过《水漫金山》等戏剧。1961 年，年仅十七岁的黄婉秋因主演电影《刘三姐》受到中外观众的喜爱和赞赏，至今盛誉不衰。1984 年平反后，活跃于歌剧、舞剧、彩调、文场、歌舞剧的创作和演出。

中华人民共和国第七、八、九、十届全国政协委员、中国戏剧家协会理事、中国电影家协会会员、中国民族声乐研究会理事、中国民族文化促进会理事、中国国际文化交流中心广西理事、广西海外友协理事、广西文联副主席、原桂林市文化局副局长、刘三姐艺术团团长。

今晚我要去央视拍七夕晚会，就是牛郎织女的晚会，趁着现在有空，就和大家聊一聊，我觉得机会非常难得，而且我也是非常珍惜的。我今年已经七十二岁了，我拍电影的时候才十七岁。我觉得这么一个漫长的道路我走过来，活到七十多岁也是很不容易了，很荣幸，今年大年初五，我获得了文化部颁发给艺术界人士的终身成就奖，这也是对我从艺六十周年的一个纪念和奖励。

　　我在小学读五年级的时候,有一天我走在街上,听说要招收桂剧团的学生,我那时候就喜欢跳舞,可能是喝着漓江的水,我们漓江的水非常清澈,享受着大自然的洗礼,所以从骨子里就想唱歌,想演戏。我叫上一个同学和我一起报名,(招生的)老师说,"我们要十四岁的,你们才十三岁,我们不要。"我们表演了节目,就唱啊,跳啊,把主考老师唱晕了,就让我们不要唱了,"好了好了,我们收你们了"。

　　回去以后和家里人说,但是家里人不同意,因为那时候1956年,以前学文艺,父母都不愿意,觉得养家糊口很难才把自己孩子送去学戏,就是这么一个瞧不起的行业。但是没有想到已经解放了五六年了,演员的地位已经提高了,爸爸妈妈还是不理解。不过我们还是偷了家里的户口本去报了名,剧团批准我们当学员了。

　　我们剧团是科班剧团,是私人的,不是国家的。今天生意好了就发双薪,明天生意不好一分钱就没有。学习了三年,那时候非常艰苦,我们这一拨,科班是"艺"字科,因为名字太多,大家就抓阄,我抓了一个"群艺",很不高兴,想哭鼻子。我们那些有名的老师(名字里)都有一个"仙"字,我就想,我和老师(名字里)的字一样的话,以后肯定(也会)有名。就是这么想得很单纯。就在我哭鼻子的时候,老师让我过去,我说我抓了一个"群",群众的"群",老师说在起名字的时候,心里想如果这个"群"被黄婉秋抓了就好了,我说有什么好,这么老土,很难听。"你就不懂了,我们这个('群')讲的是艺术超群。"我听了以后我很高兴,就说:"我要,我要!"老师说,"我们都希望你以后艺术超群。"

　　我们学戏真的是很听话,很努力,条件不好我们自己练,我的手是比较硬的,后来我为了把手练得软一点,我睡午觉的时候就把手挑起来,那时候很疼,但是我就想练出来。戏曲要手这样子才好看(兰花指),如果硬邦邦的就不好看,所以我自尊心比较强,我看其他同学都很软,就是我的手很硬,我就采用了这样的手法练得很软,那时候我们的手都可以扳在这里的,现在七十几岁,掰断了也到不了。不像现在的学生,那么好的条件就是不好好学习。我记得有一个老师,他说,"艺群啊,你不知道,我们那时候教你根本不用喊的,自己真的就去找老师学。'老师老师,我唱给你听''老师老师,我表演给你看''老师,我已经把这一段学好了,让我上台演吧'……"那时候我们都是这样的。

　　教育小孩在现在来讲是非常困难的。我有一个团队,跟我一起演出有十五年了，还算可以，但跟我们那时候没有办法比的。我们吃完饭马上就在舞台练，唱、跳、滚，总是做这方面的事情。他们吃完饭、演完戏，东西一放就走人了，什么都没有想过，好像就是走过场、为了那一点点工资来的，而不是说为了艺术，怎么来接这个班。

学习三年以后，我的运气比较好，我们省里举办了《刘三姐》汇演，就像现在的艺术节一样，每个团每一个剧种都可以把好的演出集中起来表演，大家一起过来竞赛，再评选哪一个金奖，哪一个银奖。我们评选不同，不管是什么剧种都要演《刘三姐》，那就很烦了，一演下去两个月，天天看《刘三姐》大同小异就没有什么意思了。我当时演戏的时候，很荣幸是桂林代表团的《刘三姐》，到省里汇报演出。

有一天我们抓阄，大家都不想在后面演，因为看着看着就烦了，为了这样我们就抓阄，桂林代表团抓了第十场，演完之后我接了一封信，让我去长春拍电影试镜头，当时有人找过我，说是文化局的，有导演过来选演员，你们带一个小的黑白照片，当时所以给导演看过以后就忘记了这个事情了。收到信以后，我简直不敢相信自己的眼睛，以为眼花了，后来发现是真的让我去长春演《刘三姐》试镜头。我二话没说就从南宁回到桂林收拾行李了。那时候有三四百个《刘三姐》的表演者，不知道导演为什么选中我了，因为当时拍的这个电影，是广西很难得的好剧本，要搬上银幕的话，就需要培养自己的演员。

上火车了，我的局长、科长都送我，我没有好衣服，就帮助我做了一个西装，是毛料的，我那时候才十几岁，我怎么能穿毛料的西装，几十年都没有穿过。最好的衣服是那个花格子的，我觉得挺舒服的，还说补助我二十块钱买一件毛衣，那时候很冷。因为要到长春，我觉得很害怕，领导说你别怕，有演员会找你们的，都是大哥哥、大姐姐。有电影制片厂的人一起过来。我小时候看过电影里的江姐穿着一件红外套，我就照着江姐的衣服买了一件红外套。那时候衣服便宜，就二十块，很漂亮的，也没有穿过，我只是觉得是江姐的衣服，觉得挺有意义的。我们拿到分镜头剧本就像看天书，什么近景、中景、远景。导演说近景是这么近的镜头，中景就远一点，全景就是这样的。你们就把剧本记熟了就可以了，但是是不是那么容易？当时选我去的话，我是演电影里的"小周妹"，我们两个演员一起竞争，"刘三姐"（的候选）有四个老演员，是省里挑的，他们四个人竞选"刘三姐"，然后每个人拍一个小片段唱两剧而已。

开始走到摄影机前,真的很拘束,我们舞台戏不是这样的,是从第一场演到最后一场,那个台词,感情都是很连贯的,慢慢演完的。电影不行,比如说就这么一个礼堂,不管第一场也好,第六场也好,凡是电影里有这个镜头,不管是哪一场的戏,就是在这几天里拍完。一会儿让你哭,一会儿让你笑,一会儿让你坐……就是这样的,我们都不懂。我们舞台上有人唱,你给我刺激,我给你提高,反正两个人感情是很连贯的,很容易进入角色,电影是不行的,看着这个方向阿牛哥,看着那个方向莫老爷,没有人配戏,自己(想)怎么演就怎么演。他们觉得(这样演)很难,我觉得这样很好,免得别人看着我演,没有人看,我就很自然了。

学戏曲的时候有很多动作约束我们,比如说这样的动作,导演说你在演什么,我说我在演戏,刘三姐是这样的。"刘三姐是来源于生活,要高于生活,不要像你在戏曲中笑不露齿,手出来就是兰花指,多别扭。"毕竟是年轻人,讲一下就明白了,我就该怎么笑就怎么笑,该怎么指就怎么指就行了,有时手一过来就挡住镜头了,一下来就又出画面了,我说真难掌握,导演说不难你就用心就行了,后来我就一下子学会了,自我感觉挺好。

走出画面的时候,下面有轨道还有电线很粗的,满地都是,我们肯定怕走错,摔跤,我就小心走,他说你们就小心吧,这样就直接走也没有关系的,我就走过去了,后来感觉很容易。演电影之前感觉很难,但是进入角色以后不要有很多杂念,不要觉得我这个镜头好不好看——那时候还好我们不懂,现在有很多演员都懂,这个角度好看的话就找这个镜头,导演说你是演你这个人物,不是演你自己,你要听我们导演的,让你朝着哪边就朝着哪边。

我们去的时候不让穿自己的衣服,(要求)穿戏里服装,因为电影打上光,如果衣服太新就不符合剧本里的年代,刘三姐本来是穷苦人,不能穿发亮的衣服。那时候长春很冷,五六月份去的时候雪下得挺大。我们刚刚去的时候都买一双皮鞋,从厂里出来没有车送我们的,自己坐电车去宿舍,让你拍戏就坐电车回厂里。下雨的时候我们买的新皮鞋怕踩坏了,就把鞋拿起来。我们到车上以后别人就笑我们,我说笑我们干什么,我们穿的都是拍电影的军装,问别人笑什么,说笑我们光脚丫。我们就光脚丫，因为怕鞋坏了。长春当地人很好奇，说你们南方人光脚平时穿不穿我们这样的衣服，梳不梳我们这样的头发。他以为我们像刘三姐一样穿的是那样的衣服，穿草鞋，也不会穿布鞋。我说不，我们都是和你们一样的打扮，只不过我们在这里拍电影而已。

在那里化妆有人帮助我们做，服装有人制作，头饰也有人。我们以前学戏就是伺候老师，老师要化妆我们就贴，都是拿头花弄完以后一个一个地帮助老师弄好。到那里以后，什么都是人家伺候我们，真是不习惯。那些工作的人讲，"小三姐，我们是工作你不要客气，我们应该做的。"我说我知道是你们应该做的，但是我慢慢习惯吧，只能这样说了，真的！他们那种敬业精神，那些搞道具的，导演说今天下午五点钟要一群鸭子，你看过《刘三姐》知道，阿牛哥把船一踢，鸭子就在叫，说几点钟要，你就几点钟找过来。没有人说找不到的，就得完成。有一次阿牛哥捡一条鲜鱼跑过来，然后拿着鱼听我和周妹在讲话，"要是你能当我嫂子就好了"，阿牛哥一高兴把鱼掉下来了，后来鱼跑了，就那一条鱼我们搞道具的人非常辛苦。那时候不像现在，塑料袋什么都有，我们演老渔翁的家什么都没有，那天没有说拿一个盆过来把鱼养一下，因为一个镜头不是一次就拍好的。要拍几次就看演员配合了，演员来得快一条就过，演不好的话拍两三条也有。没有办法，道具就把鱼放在门口的河里，然后预备拿过来，没有演好就又放在河里。一到开始，阿牛哥（状态）又不行，偏偏和道具作对，跑三四趟才完成这个镜头。所以我看那是夏天，桂林的夏天你们没有见过，热得不得了，山上蚊虫就像芝麻那么大，咬得全身小泡连大泡，满身缠着纱布流着血都是这么工作的，已经五十五年了，这个记忆还在我脑子里。

……

老演员都是有经验的，他们有时候一条过，我们就想，不要拖后腿，我们不能拍十条八条的，那多丢人。所以我们很用心听导演的启发，听导演让我们怎么样做，我们也很争气，也是一条，最多两条就这么拍来。因为拍过舞台剧，形式虽然不一样，但是基本上刘三姐性格和各个方面我们都能掌握了，要哭就哭要笑就笑。有一段戏，刘二拿钱扔在地上，让三姐跟他走，不要受地主老财的气，然后她说天底下哪里能让我们穷人安心，我接下来唱一个"不是生来就贫寒，不是生来就命苦"……我唱这句，想想身世，眼泪就流下来了。导演说停，我说为什么停？导演说你知道吗，虽然刘三姐受了这么多苦，但是她非常坚强，如果不坚强的话怎么能和恶势力做斗争呢？如果哭哭啼啼的怎么像刘三姐？我说我明白了，他说你的眼泪只能含在眼睛里不能让它流下来。我说好吧，再来一条，我就控制一下自己的感情，也想到刘三姐是坚强的人，虽然有弱的一面，但是毕竟还是一个强者，那么我就忍住了，眼泪就在眼眶里。导演说这样就行了，既有感情，也有刘三姐的这种性格的突出。

这个片子出来以后老演员告诫我，"三妹，不管这个片子怎么样，打不打得响，观众肯定给你写很多信，求爱的、鼓励你的、向你学习的都有。你不要骄傲，你要有区别的对待。"那时候不像现在有手机，有微博，在网上发一条就可以感谢大家了，那时候不行，都是写信的，你不可能一一回信，你要有选择的，学生、干部、工人、解放军。我就听他们话，碰到这种情况就回一些信。后来"文化大革命"要烧，这都是"罪证"啊，如果给红卫兵造反派拿过去肯定被打死，我妈妈就烧，烧两三个钟头才没有了这些信。

还没有来得及享受鲜花、掌声，就到了1966年，"文化大革命"，铺天盖地的大字报来了，批判刘三姐是和毛主席唱反调的，毛主席讲枪杆子出政权，刘三姐用山歌，这不是唱反调了吗。这两大罪名加在我身上了，那时候广西没有什么成名的演员，就是我了，数来数去就是我了，大牌子写上"修真主义的黑苗子""地主阶级的一分子"，就靠边站了，那时候我才二十一岁。我挨了十五年，从1966年开始到七几年才解放，那几年是我最漂亮的时候，拍电影的时候才十七岁，还没有长好，那几年真的是青春，又漂亮，是我演戏最好的时间，十几岁演戏就靠本色，剧本、导演各个方面的，综合地陪衬你，把人物突出来，真的说演戏成熟了，要一直到二十五六岁，很遗憾没有戏演……每天早上起来挂着牌子扫大街，回到房间以后才可以把牌子摘下来，该你吃饭你就吃饭。要批斗哪一个领导，我们就得陪着，跪在旁边。陪完以后挂着牌子又走回家。一段路很长的，反正老百姓谁都可以让你站住，训你两句，骂你两句，就得听着，谁让你演《刘三姐》的，这么一个"大毒草"你还演？

我实在忍不住了："领导让你演你不演吗？"后来一巴掌就打过来了，后来我就乖了，再怎么说我就不说了，我免得挨打了，我好汉不吃眼前亏，就是做孙子了。十几年把我磨得脸皮厚了，当初有一个香港来的记者说要采访刘三姐，我都没有怎么敢讲话，都是同事、文化干事帮助我回答采访，十五年以后，第一次去香港，下面全部都是摄像机，讲什么我都对答如流，什么都敢说了，因为经历不同，人成熟了。虽然受过磨难，但是我觉得这个磨难更让我完善，我懂得了很多道理。乔老爷（注：指乔羽）说，"你看你演的电影那么多人认识你，就把你当成刘三姐化身了。黄婉秋什么样刘三姐就什么样，刘三姐什么样黄婉秋就什么样，作为一个演员这是很难的一个高度。"

我一生的荣辱兴衰、悲欢离合都紧紧和刘三姐联系在一起了，我忘记自己叫黄婉秋了，走在哪里别人都叫我刘三姐。有人说艺名不好听，导演就让我改过来还叫黄婉秋了，我很长时间都以为我是刘三姐，现在这么多年（大家）还把我叫"三姐"，比我大的叫"三姐"，比我小的叫"三姐"。就像刘晓庆讲的一样，"你值了，你演一个戏吃了一辈子，我演这么多，戏导演才记得我……"

其实导演（苏里）也没有想到，导演当初觉得拍这个戏没有意思，后来乔老爷做导演工作，乔老爷写，苏导来导，越搞越上轨道，就是没有想到这么火，打得这么响，许多国家都演了。新加坡的国庆节还是选《刘三姐》来放的，全世界每一个国家选一个片子，他们选的是《刘三姐》，所以《刘三姐》真的是影响了好几代人。

有一个马来西亚的企业董事长姚美良，看了十几次。他到了桂林以后讲，"我谁都不想见，就想见刘三姐。"然后就把我请去了，跟我讲，"你不知道，刘三姐，我十岁的时候就暗恋你了……你真的是中国最大的统战部部长。"我们领导说此话怎讲，你看我们以前马来西亚的人不团结，华人有不少都做生意，你做你的我做我的，在马来西亚总是没有很高的地位，自从看了电影《刘三姐》，我们那个邻居，还有海外华人都团结起来了，马来西亚政府对我们另眼相看，国内政治风云和国外是很关联的。你们好了，我们这边就更好了，我们有底气了，我们光有钱没有用的，我们要团结起来为祖国做贡献。培养下一代，他们培养下一代都用一些乐器，不要电声的，不要现代曲子，他们都很传统，很注意培养他们自己的后代，虽然在马来西亚，但是根还在中国，还是中国人，所以他们都搞民族乐队。

我们去演出的时候，以为到人家那里唱通俗歌很高兴，后来说请你们不要唱了，你们再唱也唱不过我们。我们就要看《刘三姐》这样的东西……在新加坡影院都是私人的，不像我们这里有政府文化机构（管理和支持），他们放片子都是自己拿钱买，自己投资去买的。他们就把自己的家当卖出去也要买一套《刘三姐》拷贝去放。有一个粉丝，几十岁了，是一个漫画家，他就买了放了，赚了很多钱，到"文化大革命"以后，又想还放不放？这么多年了，后来就接着放，又赚了一些钱。听说我去演出了，就买了一个金表想送给我，但是总没有机会。到1998年的时候，他得重病奄奄一息了，他儿子是麻醉师，他说刘三姐要来，你能好一点吗？去看这个演出，不行怎么也去不了。他的儿子给我们主办方打了一个电话，说我爸爸几十年了，都是好喜欢《刘三姐》的，现在他已经奄奄一息了，希望能够见她最后一面。那我肯定就去了。我也很感动，我去了，病人瘦得很小，一点点，原来是（个子）很高的一个画家，我见到他以后说了一些安慰的话，他一点力气都没有，就用眼睛表示听清话了，我走了以后不到二十分钟，他就安然去世了。他儿子打过来电话说，"谢谢你，你让我爸安心走了。"一个电影，牵动了很多人的心。新加坡把《刘三姐》当成中华民族艺术瑰宝，"山歌片王之王"，那些广告打起来简直是没有办法比。汽车上有灯光亮着，那些车子开起来就是这么壮观，很多人围着让我签字。

头一天晚上我不知道，和我先生吃夜餐，（外面）还是黑压压的没有人走。第二天我和先生商量，我们不吃晚餐了，用吃晚餐的两个钟头帮助他们签名，这样可以签很多人，他们很感动，我们也很欣慰。看了《刘三姐》以后他们觉得不够，还要留下来名字。我们的汽车还没有到下榻的饭店，他们一窝蜂到了饭店门口了，前几天就知道我们来了，有的做了蛋糕，有的熬鸡汤。听说我"文化大革命"腰被打折了，就送给我东西吃，我根本话都说不出来，就知道哭了。

当时我们工资不高，我退休以后现在五千多，现在能到六千块钱。我工龄都六十年了，我也很知足，因为我觉得精神上很富有，我有大家，我有观众的认可。

……

我们在桂林组了一个团，演了十五年，天天晚上演，只要我不出来，不到其他地方工作，不上电视，我天天都坚持演。最先出场唱一个《山歌好比春江水》，最后谢幕再唱一个，我心情是很高兴的。特别是五一黄金周七天，演得不知道上午还是下午了，一天演七场。演完一场我就和大家照相。本来我没有照合影的（任务），新闻界朋友就提建议，乱七八糟上台照效果不好，不如买一个一次性的快照，这样大家排队，适当收一点费用。去掉相纸和相机的钱，还能交钱给剧场。后来真这样做了，效果真的很好，大家排得很好，一个一个照完高高兴兴拿着就走了。

有一天一个先生看完一场和我照相，我有印象的，我说先生你早晨不是看了，也照相了，你下午为什么还照？他说刘三姐不瞒你说，我是北京大学教授，你很平易近人，我要支持你的工作。有一天来了一个"将军团"，说想和"刘三姐"照相，导游和我讲，说将军们想和你照相，问你收费吗？我说不收，江山都是他们打下来的，我能收费吗，他们很激动，几十个人，一个个和我照相，回去以后洗好了，过塑了，每个人后面写一首诗给我，我说这连钱都买不到的。

沈阳有观众帮着我（建了）一个纪念馆，我把有关的东西全部无偿捐给他们了，我放在家里没有用，放在那里教育后代，让他们都知道《刘三姐》是怎么样的一个片子，作为中国历史的汇报，怎么样流传这么久，把我游街的凤冠、牌子，大件的扫把都拿过去了，那个馆很大的。还有广西的山洞，钟乳石，布置得漂漂亮亮，有几千个刘三姐绣球放在那里，而且做的名人章，还有很多造型放在那里，而且水都可以流动的，那个馆做得很漂亮，有一个大大的塑像是刘三姐景观园的，六万块钱做的，刘三姐戴草帽的。这边是我从艺多少年，这边是电影拍摄多少年，这边是我演出多少年，这边就是我跟我先生结婚多少年，这四面很有纪念意义，中间是乔老爷写《刘三姐》的题词。全国人去那里参观都要照相，都要参观刘三姐的，能到今天这样，我觉得很满足了。

最后我讲一个故事。我和我先生两个是患难之交，他比我小六岁。他（家庭出身）是贫雇农，这在当时是最红最红的。他和我一个团，他是1960年进去的。"文化大革命"没有好好深造就赶上运动了。他看到我虽然有名气，但是跟大家都一样的，什么活都干，什么戏都演，不演戏的时候，就帮着去撕票、验票……后来我靠边站了，久而之，他心里面对我产生了一种同情和好感。他觉得这么一个好的老师为什么大字报说她这些，说得那么坏呢？那时候单位分学习小组，组织大家发言学习。他正好和我是一个小组，他有时候给我写字条，说黄老师你要想得开,要坚强。有一天他跟我讲,黄老师我想给你介绍一个对象,我说我想都没有想过,这种时候对象谁给我介绍啊,"反革命"的名声这么坏,团里以前追求我的很多人都跟我划清界限了,你介绍谁要啊。

我心里是那么想的,我想算了吧。他说,不过这个人比你小一点,我说免谈,这不行。南方都是女的小,男的大多一点。我现在没有那个心情,又过一两个月,他说黄老师,我跟你说的那个事情你还记得吗?我说记得什么,他说帮助你介绍对象,他说其实我说的就是我!我说是你啊,我说不行,你比我小六岁了,小一天我就觉得难为情,别说是六岁了,那要吃多少粮食,我说真的不行,真的不愿意。他说你试试看,我们先交朋友,谈得来就来,谈不来就算了。那时候我真是没有什么人聊天,也没有知己,心里有苦处不能跟父母说,怕加深他们心理负担、造成压力,老人身体不好,我姐姐哥哥都在部队,都在外地,身边没有人说话的。这个时候了也没有选择了,我说那就试试吧,我一定要向领导汇报。他说什么时候了你还向领导汇报,领导也不会理你这个"反革命分子"。我说再怎么说,组织惯例还是有的,领导说东就东说西就西。

所以第二天我汇报给领导听,我说我想和何有才交个朋友。什么?!你一点都不促进你的灵魂,都什么时候了,你是反革命你还想着谈恋爱,你真想得出来,你真是没有碰到厉害,游街还游不够!你这个反革命想得这么天真,跟一个比你小的人谈恋爱!

第二天起来以后,满院子里都是大字报,什么"十八世纪的恋爱""互相玩弄"……怎么有这样的,写了很多。我愁死了。他们又叫了何有才去问:"今天两条路你选择,一个是要革命,一个是要老婆,领导那么培养你,找一个比你大的有什么好,我们可以帮助你找十六岁的,那多好,你要这么大的干什么?"何有才很为难,到底要老婆还是要革命?很难了,找不着人请教,根本没有给机会,就想了半天说:"领导,我能不能两样都要?""两样都要? 好! 等着!"过几天下放到工厂当工人去劳动,最难最难的活给他去做。

何有才胆子很大,敢去找领导。后来他找到革命委员会,他下放去的那个地方的二青局帮忙批,后来就问我们革命委员会领导:"婚姻法没有说男的比女的小不可以结婚,反正都超过了结婚年龄了,共产党以执行党的政策服人心的,你们不批我们批。""刘三姐"结婚还需要市革委会批,本来团里面批就算了,还不敢批,就吵到革命委员会,批了。文化局还下了通知:"所有文艺界的人不需参加黄婉秋的婚礼。"不批就不批,反正我们胜利了。(何有才)他们家住的是郊区,有很大一块农田。(婚礼)有他爸爸的朋友就够了,有十几桌,外面的田都踩烂了,我们团不让参加,也有人过来了,有人拿着大脸盆,什么都有人拿进来,我很感动。我只发了两张请柬,不敢给他们添麻烦。领导不让他们来,你让他们来,万一被批判怎么办? 他们还是来了,有人传了消息,说何医生(公公是医生),听说外面来了两条船的人,从下游开来了。准备过来闹洞房,但是具体是什么人我们都不知道,因为那时候社会上派系很多,他爸爸周围人很多,他爸爸的徒弟,还有民兵。何有才告诉民兵,他爸爸在治病,于是都自告奋勇维护现场,保护我们参加婚礼。

婚礼举行一半的时候(我不知道,他没有跟我说),进来两个人,鬼头鬼脑地进来以后,他爸爸徒弟看完以后说,"二叔,这两个人有一些不对,两船人只来两三个人探路……"那就开始吧,他爸爸叫徒弟们耍功夫,这么大的石头,砸。还有他爸爸拿着烟斗,就把桌子弄坏了,那几个人赶快溜走了。告诉那些人去不得,他们有硬功夫的。我们这个婚礼也挺传奇的,我开始是不知道的,所以还是有那么多好人在保护我们,这都是刘三姐的粉丝和影迷。

我三十岁生的孩子,很好很顺利。医院说还以为演员很娇气,没有想到人那么好,那么配合,孩子这么顺利就生出来了,很高兴。我就说口干了我要喝水,医生说只能喝热水,不能喝凉水。然后他爸爸煮了三个鸡蛋,我一下子吃进去,说还要吃,后来又煮了三个鸡蛋。那一下子不得了,我的胃口就开了,吃了很多,每一顿一只鸡,然后一碗饭,装二两米的饭碗,一天十四个鸡蛋,我把"文化大革命"受的苦全部补回来了,多吃一点补好身体,下农村干活。我吃完鸡以后跟他妈妈讲,我觉得吃鸡不解馋,我想吃猪脚。妈妈说现在不能吃,小孩会拉稀的,因为太油腻了。我就说要吃。那时候才五十天,出来以后我衣服没有一件能穿得下,胖了四十斤,我生孩子时候才一百二十八斤,生完孩子一百三十八斤。没有办法了,衣服也不舍得做,做完以后瘦了话就浪费了,现在将就一点穿。后来又有了机会,可以争取回到舞台,那时候就减肥，就吃苹果，一个礼拜就瘦了二三十斤，这样就又能演出了。

……

现在我们是四代同堂，虽然事业上我很有成就了，但是也是大家给的成就，都是观众给的成就。在婚姻上也有一个患难之交，十几年对我也不错非常好，他和记者总是这么说，"黄婉秋永远是太阳，我永远是月亮，我的光芒怎么也照不过太阳。"我们之间很平等，都能摆正自己的位置，能够把我们家庭处理得非常和谐。有时候有小小的矛盾，我们从来不当儿女和父母的面争执，就是关在房间里两个人讲讲，他脾气非常好，我脾气也不错！

在座很多前辈，你们的家庭肯定也很美满，所以你们才有活到老、学到老的心情，走到这个讲台前，也希望大家有更多的正能量，把我们家庭做得更加和谐。感谢观众朋友对我的厚爱。我觉得就是一句话，清清白白做人，认认真真演戏，做一个人人喜欢的演员，说得容易，做着不容易，我做到了。

第四讲　百事孝为先

主讲人：陆树铭

地　点：北京国际大厦

时　间：2015 年 12 月 30 日　下午

陆树铭，影视表演艺术家。

1956 年生于山东青岛。十岁前在青岛成长，后随其父支援西北建设，定居陕西省渭南市、西安市。1980 年考入陕西省话剧团。

1992 年陆树铭因在电视剧《三国演义》中扮演关羽走红。1994 年出席央视春兰杯春节晚会颁奖演出。1997 年出演电视剧《孙武》中的伍子胥。2003 年在电视剧《汉武大帝》中扮演李广。2005 年《阻击罪恶》中首次在电视剧中饰演反派角色安柯；2007 年参与电视剧《忠义千秋》拍摄；2010 年演出小品《东游记》。2011 年出演电视剧《香山奇缘》中的妙庄王。2012 年担任 CCTV《星光大道》评委，2014 年担任民间"武财神"——关公的形象代言人。

非常高兴来到北下关，以前经常路过这，没想到今天来这里座谈。本来我以为在礼堂，今天来到电影院，很熟悉了，看电影什么的。我 1986 年拍了一个电影叫《湘西剿匪记》，那是我有生以来第一部片子。第二部片子是《古今大战秦俑情》，有张艺谋、巩俐，我演的秦始皇。我估计在座的先生们、女士们可能看过，还有《大话西游》，和周星驰拍的，我演的是牛魔王，一般认不出来，演员什么都得演。

过去没有小电影院，都是大电影院，甚至两千多人，门票也便宜，年龄大一点的人知道过去看电影五分钱、一毛钱，北京不知道是不是这样,陕西西安是这样,(后来)两毛五看电影,也不便宜了。那个时候我们也都年轻,转眼三十多年过去了。

我是山东青岛人,你要问山东青岛人跑到陕西干什么去了,咱们这个年龄五十岁、六十岁往上的人,都知道六几年国家号召富裕点儿的地区支援三线。我老爹1966年5月的时候,带着我们全家老小八口人,六个孩子到陕西省渭南。大家知道渭南在哪儿吗?西安旁边。华山知道吗?华山就属于渭南的一个县,现在到华山去,可能会看到高速公路什么的,1966年去的时候没别的,就是一片黄土高坡。没有柏油路,车过去就是烟尘滚滚,从青岛去到那儿,那个时候我只有十岁,我是1956年生人,属猴的。

全家人到了陕西渭南,当时我小,不知道怎么回事,还非常开心,觉得出去玩了,火车开呀开,一开始有点山,有点水,有点树木,越往西越开越荒凉。当时我妈妈三十六岁。整整一个车皮,一帮妇女带着孩子,我十岁,我是老四,上边还有三个,两个姐姐一个哥,大姐十八岁,二姐十六岁,哥哥十二岁,底下还有两个妹妹,在怀里抱着。

我记忆特别深刻,越走越荒凉,妈妈和我那些阿姨——有的阿姨都已经在那个地方长眠了。一去了以后,我记得妈妈没别的,几个妇女坐在一块儿开始学抽烟了,不到四十岁,那个时候不带过滤嘴。去了以后我们那个房子是土房,都是凉席,麦草插着凉席,一家挨一家,凉席上边老鼠跑来跑去,印象特别深刻,没有别的。但是那个地方有一个好处,1966年的时候,北京应该每人供给30％细粮,渭南40％,白面可以多10％,我母亲胃不好,多一点儿白面,少吃点儿地瓜干,永远忘不掉的。

为什么到渭南去?因为去了以后,可以安排一个(工作)指标,就是我十八岁的大姐,可以让她工作,挣十八块钱,可以帮助我爸爸带我们这些兄弟姊妹,我十来岁一米六,十六岁一米八六,像白杨树长得特别快,又不懂事,小时候吃饭狼吞虎咽,因为肚子饿,桌子底下没别的,红薯——地瓜,不到一个月结束,地瓜就没了。我哥哥比我大两岁,哥哥六年级的时候我四年级,能吃,抱着篮球,我哥哥比我还高,他就抓了一把地瓜干,趁我妈弄缝纫机,抓了一把。我妈回头一看儿子抓地瓜干,当时口粮都是定量的,赶紧转过头来,抹眼泪。我妈妈叼着烟卷,问她怎么不吃,她说你们吃,她是怕我们饭不够,她等剩下来吃一点儿。我是在这样的工人家庭成长起来的。这个年代我觉得需要我们回忆一下过去，日子过好了，大家都富裕了，现在大肉大鱼放在桌上没人那么稀罕。

但是从另外一个角度，我们的妈妈，我们的爸爸老了，尤其我们的妈妈。我的妈妈今年是八十七周岁，属小龙的，我们所欣慰的就是这十多年来，十五六年，过了一些好日子，我带着她东跑跑，西看看，我演戏都带着我妈，我姐也六十八了，我哥哥六十二，给我打电话，说咱们去哪儿，说可以，外孙不看了，让他们看，就这样的事情，我说给你买票带着老娘，老娘行不行也带她去，在哥哥这儿，只要没事必须去。"老太太，黄果树去不去？""就那个瀑布，我得去。""我说你行吗？""我行。""你在轮椅上怎么能行？""不是有你们嘛。"她毫不客气。我说往山上爬，把轮椅推上去，能上多少是多少，特别爱玩，就是性格开朗，哪怕吃不了饭也得玩，就是爱玩。今年、去年、前年，桂林都去了，那条江一直往前走，都带老娘去，我到桂林演出，"妈你想去吗？""去！"我说你怎么哪儿都去，"不去干什么，在家待着没有意思。"八十多岁了，就算身体好，可不知道麻烦孩子，她觉得理所应当的，从来没有客气话。山东女人就这样，我养你就这样，一把屎一把尿怎么不说呢。

今年年初（查出）老娘已经六年肺癌。我老娘咳嗽，怎么回事？后来拍个片子，CT，更深一层的检查，是肺癌。癌症现在就这么多，报纸上，或者我亲戚朋友，或者同事，很多人有这个癌，那个癌，觉得难过，但是真正这个事发生在自己的身上感觉是不一样的，就跟刀在自己身上割一样，就是天塌一样，做各种检查，做手术，301的主治医生，等于是主任，就管肺方面的。他跟我说也就半年到七个月，能带她玩想吃啥就弄吧，就那么着吧，钱都交了，全部做，我和我哥就傻了，一屁股坐在凳子上，一个来小时谁都没说话，他看我，我看他，没啥说的，那个时候老娘八十二了，什么事都没有，打麻将打得好，怎么是肺癌呢，而且确诊。

然后送回家，明天去手术，我开我的车，西四环、南四环、东四环就这么转，我也不知道到哪儿了，只要前边没车我就开，一边走一边想，要没娘了，没娘多没意思，家里就是靠个娘过年，哪怕骂咱，她是娘，她在家就在，岁数再大你还是个儿子，你一进门，"娘，给你带点啥，你爱吃的……"多有意思，原来没钱不说，回家了，我们单位分点米，扛回去,分点茶叶拿回去,分条毛巾,拿回去,自己不用拿回去,总觉着吃苦过来的妈,为了咱真是吃了一辈子苦,咱还年轻,有机会享受,突然之间肺癌。我开车就转,打电话,问问东,问问西,老娘的情况怎么弄,后来得出的结论不能做手术,保守治疗,但是癌不好治,治了标治不了本。半夜十二点开着车,没油了,我说找哥哥去,我父亲去世二十多年,家里哥哥说了算,长兄为父。我说老娘这个事不做了,大夫也说了,很多朋友了解了一下,不要做,我们就带她玩,有什么好吃的给她弄。我哥说这怎么能行,万一有什么事要负责任呢,姐姐、妹妹他们都盯着呢,我说咱俩是儿子,咱们定了和她们没关系,我哥说好,你唱黑脸,我唱红脸……

后来又通过一番调查,肺上没毛病,但是串了,老娘两三年把我们弄得都成了医生了,到医院做 X 光,做 CT 什么的……我妈说让我走吧,太受不了了,尤其犯病的时候,自己抽过去都不知道,身边必须有人,大姐、二姐我妹妹,我们媳妇儿,当儿子不能天天守,这几个人这么轮换,一个人两个月,现在没有别的事,就是把老人弄好,我们家有这么一点孝道,一直延续下去,也传给我们的儿子、孙子,每当奶奶有病,不用打招呼,全部上阵,谁熬夜,谁弄药怎么样的,特别欣慰。

人在做,天在看,百事孝为先,也是百善孝为先,你对你的老人怎么样,你的孩子一定学你怎么样。我看北京的生活频道王芳他们弄的一些节目,有的时候看的挺受启发,有的时候又有点反感,又不同意,光拿个别现象,比如北京人分房,老房搬迁,分房,几个孩子来打架,妹妹向着哥哥,兄弟姊妹之间扯成几个,这个都是少数,姊妹之间有没有矛盾,有矛盾,太正常,可我不相信姊妹都那样。你家条件差点儿多给你点儿,我相信在座的朋友分房没有问题也不大可能,有点儿问题善意解决,都是好兄弟姐妹。

《我遇关公》这本书也写了,人这一辈子不容易,不要留下遗憾,老娘这个岁数了,我哪怕少吃点儿,我哪怕辛苦一点,我和我姐姐妹妹抬着她,背着她,我们都胖,上山也很累,上了毛主席去的一个地方——"天生一个仙人洞",老娘那个开心,发自内心笑,人活七十古来稀,现在人活八十古来稀,老娘百年那一天不后悔,图什么,什么也不图,什么也不落,就落一个儿子应该做的这么一点事,我儿子也跟着,这就是中华民族的传承。

这点传承西方国家还真不如咱们，他们没有这个概念，亲情是有的，爱情也是有的，但是这种传承比咱们中国人真的很差，五千年文明史，一代接一代，一辈接一辈，扶老携幼，你现在还年轻，别忘了有老的那一天，看着你的妈妈或者别的母亲、父亲，摔在了路上，不要害怕，我们勇敢上去扶起来打 120，人间正道是沧桑，他们认为是正面宣传，起了负面效应，现在七十多岁人摔倒了，很多，大家要小心。我姐姐六十七八了，摔倒了，就是一点水，腿就肿得非常粗，什么事都干不了，你别小看六十多岁，腿脚就是不行了，一个是我们自己小心，再一个我们年轻碰到那个情况真的不要怕，你碰到了吗？从迷信来讲都是一种天意，一个是对人生的考验，你一伸手，内心的力量就强大了，于是这个福气就跟你来了，因为你在做善事。这步不往前跨，坏事就找你。这个我是永远相信的。

　　……

话又说回来了，关公为什么这样红？不是两千年以前红，真正红起来是在五百年左右到现在，包括现在，你到南方去，你到福建、广州，你到东南亚看看，关公的生日我去了，我还化好妆，就那一天，十点一开始，家家户户桌子上摆着贡品，全部推出来，成千上万，买的苹果，买的蛋糕，烧着香。我是前两年去的，福建、泉州、东山，都很讲究，因为他们的人走南闯北，在海边，他们就信这个，关公在这个地方保护着他们，出海安全地回来，这个就是关公文化。

还有为什么说晋商？晋商在哪里？山西，山西的晋商什么精神，晋商精神就是关公精神。为什么说关公精神，山西人到内蒙古也好，通辽那一代做生意，看上什么东西说好了就拉走，先不给钱，回来以后有专门送汇票的，骑着马就去送了，这个就叫诚信。一来二往，山西在内蒙古，在河南，再往北，东北三省还没有像现在这么发达，这一带做起了生意。比如羊绒拉走就拉走了，一车多少钱说好了，十天以内，你放心，一定把汇票送过来，时间长了，于是山西商人越做越大，为什么做得大，因为关公精神——诚信、信任。

去年是我五十八岁。多少年以前我就想了，我如果能活到五十八岁，我给关公过过五十八周岁，为什么，回馈。我演关羽，我是第三十七个，北京好演员多了去了，个头儿都不比我低，什么原因，就差那么一点事，眼神里的东西，现在搞关公像找我，我说你们太死板了，要生动,刀刃要在背后,不是白来的,那得研究。包括练刀,普通演员那是耍,还有骑马,一开始骑摔下来了,摔了我六回,我身块比较大,一头栽下去,鹅卵石硌了胯了,喘不上气。后来一个月没动,到延庆,有一家部队,大夫比较厉害,那就去吧。"关老爷呀,趴这儿吧,"按住,找个棍,咬上,把裤子脱下来,这都是我的经验、体会,酒精擦,我说你干什么,这么长的针进去了,管有一尺,进去以后抽出来满满一管的血和脓,这个你吸收不了能不疼吗,又一管拿起来了。太有经验了,把针管扎到骨头缝里了,又一管拔下来了,说提裤子吧,我还不敢下床,谁扶我,扶什么扶,下床走。第二天就拍戏了,这个都是我的经历,但是下雨天,睡觉老这样睡还是有点麻,你想干一件大的事情,伤其肌肤,劳其筋骨,古人说的还是对的。

······

做人要做正派的人,做一个正经八百的人,做一个讲信用、有道德、有敬畏心地人,同时要懂得感恩。不知道感恩的人,你不知道感恩父母,不知道感恩你的兄弟姐妹,你工作时有那么多好朋友帮过你,你这个人就有问题了,所以我们一定要知道感恩我们身边的人,感恩你曾经为我披上一件衣服,在我生病的时候拿着水果看我,在我困难的时候打过一个电话,在我挫折的时候拍了拍我的肩膀,也感恩你我腿受伤的时候,你曾经把手放在我这个位置按摩了两下······这样我们的人生真的会很美好,因为有亲情,因为我和你都是亲人,因为我们有生能够相遇,包括今天你们挨着坐都是缘分,也许一年没有见面了,也许从来没有见过,但是通过今天你们相识了,你们通过今天成为了朋友,你们今天就是这个生命中的有缘人。让这种爱充满我们的心灵,让这种情感充满快乐里的感念,我说做一个简单的人,让我们的周围铺满阳光,让我们做一个纯粹的人,做一个简单的人不要追逐名利,不要希图这辈子还想怎么样,你顺其自然,你相信命运,只要你善心地,认真地对待自己,对待别人,什么事都会过去。

我的身体不是太好,血压不太好,心脏也不太好,爸爸也是那样,活到七十岁,我关心妈妈的同时,她今天早晨还给我打电话,"树铭你要注意身体,我知道你是忘我的,干起工作什么都不顾的人,你要注意自己的身体。"我说你把你自己看好吧,我好着呢,妈说我什么不担心,就担心你的身体,现在有微信视频,非要看看我,就这样看,我说行了,你把你儿子看不好意思了，六十岁了。六十岁也愿意看你，我就高兴，我说你高兴就好，我希望你永远高兴，我希望你永远是今天。

前半年，哥哥和我姐姐给妈妈打点滴，外边护士、保安给我照相，我就进去看看，点滴打完了没有，我妈说，树铭你辛苦了，你看看还跟着我打点滴打几个小时，你累了吧，我进去以后，我哥哥说，"他辛苦了，我们俩不辛苦，为什么老就他辛苦，"我妈说，"没有别的意思，他不是要给别人照相嘛……"就是这样，人生有好多好玩儿的事，你把那些苦难变成好玩儿，我妈妈有病的时候，我们连续一二十天不睡觉的，偶尔睡一觉，因为要轮换，等危险过去了，一下子变成你的快乐，你们说是不是。我相信美好的生活在我们面前都是一样的。人生就那么一世，生也百年，死也百年，不要那么仔细，越仔细等于越不仔细，把东压下去西起来了，自然让它平衡，你的头脑，你的身体平衡，适当的运动、锻炼，不要过大运动量，不能过多在家里老那么瘫着，让自己心情愉悦起来，欢快起来，没有高兴事找高兴事，打开收音机听听京剧，没有的话出去找老伴儿、老朋友聊聊天。

我在公园认识很多跟我这个年龄的人，也有比我年轻的人，我写《我遇关公》，他们都来了，我送给他们还不行，一定要买，表示对我的尊重。我和我的朋友搞了一个平台，叫"全民悦读"，可以在手机打开，我是创始人，我想号召所有人增加阅读量，读不了深刻的，可以读简单的，在书本上得到一点力量，我现在经常坐飞机，在飞机上看到了外国人拿着一本书，没有人拿着手机，所有中国人都拿着手机，包括我，这是一个民族性的问题，如果再这样下去，真的要命了，那是非常可怕的，所以要增加阅读量，在好的书里头得到正能量。我的书里就写了我刚才说的一部分，有更多的是感恩，感恩第一个让我演戏的人，感恩我的老师，教我说第一句台词的人，说你好好练，你的形象，你的才华，音乐的才华，你一定成为将来舞台上的台柱子。当时不懂台柱子，他举了一个例子，就是家里房子的大梁。我可以跟你们说我做到了，我演了很多男一号，而且我今天特别想告诉你们我没有文凭，我的文凭就是高中没上完，但我现在站在你们面前可以这样表达我的感受，表达我生活的阅历，表达我对人生的热爱。

2008年奥运会代表关帝庙运送火炬，对着火炬的一瞬间，我眼泪流的，不知道为什么，那个时候你感受到什么？感受到的是一个中国人的自豪感,感到中国人能在北京办奥运会了,在五六十年以前是不可能的,你的国家没有那个实力,我是它的代言人,举着火炬跑,那一瞬间真的感觉到中国人强大起来了,要珍惜眼下的生活,感激这个国家,要感激我们每一个人。

第五讲　体会幸福

主讲人：李玲玉

时　　间：2016 年 3 月 25 日

地　　点：北下关街道大柳树社区

李玲玉，著名歌手、演员。

1963 年出生于上海。曾在越剧《红楼梦》中饰演贾宝玉。1984 年考入东方歌舞团。

1985 年发行第一张专辑《东方新秀李玲玉》。1987 年第一次拍摄《西游记》并扮演玉兔精，同年，《甜甜甜》磁带专辑销量突破八百万，1987 年至 1992 年，录制过《甜歌皇后》《甜妹子》等八十八张个人专辑，1992 年获文化部颁发的"金唱片"奖。2012 年在北京展览剧场举办第一场个人演唱会，2013 年 1 月 5 日在上海大剧院举办演唱会。

幸福点每个人都不同，我今天非常高兴能坐在这里跟大家分析一下，或者让大家来分享一下我对幸福的体会。很多人都知道我在二十世纪八十年代末、九十年代初录制过很多专辑，大家给我起了很多好听的名字——"甜歌皇后""甜甜甜""甜妹子"。几年中，我录制的个人专辑有八十多张，还不算中间的"拼盘"（合辑）。唱过很多歌，以至于很多我现在都已经记不清楚了。在我的博客里，歌迷把我唱过的歌传给我，我一听确实是我唱的，但是我都忘记了，因为那个年代成名太早了。在那几年里一下子被大家称为"甜歌皇后"，像很多这种社会活动，特别是很多桂冠奔着它来，心里没有准备，那个年纪里头接受这么多,我感觉非常不舒服的东西,心里觉得很虚、很慌。所以那段时间里,虽然事业很辉煌,但心情特别低落,甚至有一段时间低落得在家里不敢出门,因为我觉得"甜歌皇后"这个美称我接受不了。

1980 年底的时候,我从上海考到北京,成为了一名越剧小生演员。在这几年中,我的脾气、性格已经养成了假小子,就是性格很独立,我行我素。

考到东方歌舞团的时候,因为我的形象可能比较讨巧,很多人觉得这个女孩长得很甜,很好看,就觉得我性格、各方面一定是很乖,很温顺,但事实上我的脾气性格跟北方人特别像。那个时候也是很叛逆,觉得甜歌跟我的性格根本就不像,所以很拒绝。很多人那样叫我,我反映出来的就是——不喜欢。

在东方歌舞团的时候,王昆老师包括我们团的艺术方面的指导,希望我能在歌舞形象上有一些突破。那个时候,我们的教育方式是要把我培养成一个向上的,要求严格的那么一位艺术家。所以,跟我在外面唱的甜歌完全是两个风格。有时候一个人在家还会想,既然这个甜歌我自己觉得那么不健康,为什么还会有这么多人喜欢,甚至比我的歌舞形象还要喜欢。很多观众提议一定让我唱《粉红色的回忆》《你潇洒我漂亮》,当年演出的时候只要观众要求我唱这种歌曲的时候,我感觉我们老师对我有一种不太满意的眼神,我心里也很别扭。

后来想想,改革开放以后,这些甜歌为什么那么受大家喜欢,因为之前那个年代里,人们的思想已经是很压抑了,正好有这样一个女孩子唱这种欢天喜地的、嘻嘻哈哈的、没心没肺的歌曲,好像春风吹进了心里。按理说是很健康的,很好的事情,但那个时候我的教育方式不一样,因为跟东方歌舞团的要求差得很大,所以心里有一种抵触。那段时间,其实我是抑郁了。唱歌是 1980 年底,1990 年初的时候,所有的唱片公司找我的时候希望我唱甜歌,我都回绝了,我不再录制甜歌系列的个人专辑,就想改变风格。

1992 年我终于和香港一家公司签约,想改变风格,正好他们也想在中国扎根,想用我们的名,我正好想利用他们的资金。我说你跟我签约行,但是一定改变风格,不能唱甜歌,这个公司也同意了。签完之后,我们在七八个月当中,所有的歌曲重新给我写,跟甜歌一点关系都没有,那个专辑我记得是在 1993 年初,在中山公园和观众朋友见面的,我签了有四个多小时。我自认为那张专辑很成功,是我改变风格后第一张这么精心、这么量身订作、质量这么高的专辑,我认为毫无瑕疵,观众一定喜欢,喜欢我的歌迷一定喜欢。但是我错了,在那次签售专辑的场面里,我几乎有点失控,因为很多观众朋友过来都说你为什么要改变风格,你改变风格太快了,你让我们接受不了,你太自私了,你太不负责任了。一半以上我听到的都是这个。也有(歌迷)可能考虑我的情绪,说没什么,没关系,你唱什么我们都接受,当时心里特别难受。四个小时后,我自己关在屋里痛哭一场,我说改变风格怎么会有这么多人不喜欢。

1993年秋开始一直到1995年,得了抑郁。也不吃,也不喝,也不愿出门,就是觉得特别情绪低落,那段时间情感也失落了。1992年底打报告离开了东方歌舞团,我在想我可能跟东方歌舞团的要求唱了反调了,觉得特别对不起他们,所以还不如自己出来,不想给他们丢脸。两年后才批准,因为那时候部里的领导,就是文化部的,也希望我能够留下来,但是我觉得既然离开了,也就不想回去了。终于说服了局长批了我,我终于下岗了,我觉得当年胆子挺大的。"一级演员"的称号不要了,房子也不要了,所有的一切福利都不要了,我拎了两个箱子离开了东方歌舞团,那一年我就觉得我肯定因为这个专辑能火,我肯定能闯出另一番事业。结果那一天之后我什么都没有了,工作没有了,房子什么都没有了,人就变得特别抑郁。自己天天不吃不喝,没法入睡,真的是得了精神病一样。

我现在走过来了,经常看电视,有时候看电视里面一个人抑郁了,有很多人不理解,但是我理解,我那段时间就是这样。但是每次特别想不开的时候,我就突然想到了我父母。我父母都在上海,我在想他们希望我出息,希望我健康。而且我这个人是报喜不报忧,万一我出了差错我走了,父母怎么办?经常一想到他们,又强打精神过来了,这样持续坚持了一年半。我没有朋友,也不愿意交朋友,去哪里都喜欢缩在角落里,没有笑容,很多人问我你怎么没有笑容,觉得我这个人太傲。其实不是,那段时间我得病了,笑不出来了。朋友没有了,事业也没有了,我就不知道怎么再开始我的事业。我只会唱歌,我只会唱戏,一夜之间没有了,你说我应该怎么办?

后来,我把自己关在一个房间里,买了很多矿泉水,买了很多饼干、面条。我对自己说，如果这些东西吃完了，我的精神还没有好的话，我就在这里死。

突然有一天，我觉得这样做是为什么？如果这样走了，别人就会觉得我是个逃避现实的人，过去的一切努力都白费了。我父母怎么办？疑难的问题都来了。我说我一定要健康，一定要坚强，李玲玉就是李玲玉。那天北京的天特别好，阳光明媚，我骑着单车。那个时候住在六里屯附近，在农田堤坝上走的时候，阳光明媚的，像小鸟出笼了，突然之间豁然开朗，觉得这是我要的生活，人只要健康，只要高兴，没有什么可以做不到的。

从那天开始，我就给自己重新规范了。我说所有过去给我的一些殊荣都不是我的，都是虚的，我又离不开熟悉我的观众朋友，老是李玲玉、甜妹子这样叫我，我心里就会一颤，出去戴着帽子，戴着墨镜，很不真实，很不喜欢那种感觉。1995年，正好有机会我去了国外，到了加拿大，一落地就觉得谁也不认识我。我下飞机的时候还戴着墨镜和帽子，我一想这不是中国，干嘛戴眼镜，都拿掉就出去了。这时的我太高兴了，太自然了。我就天天在外面走，我自己上学，自己背着包，谁也不认识我。我觉得纯自然的生活才是这样，我喜欢这样，我喜欢这种快乐。

那个时候还没有结婚，在国外很孤独，有这么一个人天天问候，天天送花、问暖。有这么一个阳光的人天天给你笑容，就觉得世界很美好，我接受了这份爱。那段时间我还跟朋友打电话，说如果有一个异国恋会怎么样，"可千万不要！"——全是这样的。后来索性我不说了，我害怕，朋友都不同意，我父母肯定不能同意。1997年中间回来一趟，我间接跟我那些朋友说，没有一个人同意。就在这几年当中往返，我也不敢跟父母和朋友说。

1998年又回来一次，那次回来，我先生追到北京来了，说跟你父母说了吗？能不能接受我？他很着急，结果我的那些朋友，我还偷偷摸摸不让他出现在我朋友身边。他就以各种方式出现在我面前，给我的朋友倒酒，抢着买单。我们说笑话的时候，他跟着一起笑，我朋友很惊呆，他懂中文吗？我说不懂，那他为什么笑得那么高兴。我问他了，因为你们笑了，我也笑了，因为你们高兴，我也高兴。他的几次接触，给我朋友的印象非常好。每次抢着买单，请朋友吃饭，但是我朋友经常给他出难题，说她是中国的明星，你不配她，想把他挤走，他说没关系。我以我的方式爱她，最终打动我了。我身边的朋友没有一个不说他好的。所以，1999年的时候有了孩子，那一次我们说要一个小孩，结果这个孩子有了，我们还没有结婚呢。然后我们回到北京，回到上海，办了一个婚礼。

在这个过程中，所有朋友感觉我的笑容又回来了，又是一个特别健康、阳光的李玲玉，大家跟我的距离越来越近了。因为有了我的儿子，我的性格跟之前完全是两个人。所以，我觉得儿子是我的福星，我在养育他的过程当中，他的每一步成长我都没有错过。因为我觉得我这一生可能就要这一个孩子，因为要孩子太晚了，三十六岁要的，又是剖腹产——这个孩子"巨"大，九斤，而且不足月，提前剖出来。所以，这个孩子出来以后，我就觉得我应该把我全部的爱给他。

有了他之后，我的世界观，我对周遭的一切看法都改变了，我学会了人退一步真的可以海阔天空，心胸变得很宽广。我跟我儿子发誓，在你一到十岁过程中一步不离开。说溺爱有溺爱，但是什么溺爱我清楚，我给儿子塑造一个榜样，在生活中都会以身作则。我觉得人一定要有责任，工作、生活、社会都有他的责任，儿子成长过程当中会耳濡目染。

父母也在我身边帮我照顾他。孩子被宠坏了，一生气会跟我父母发脾气、喊叫什么的，我就特别生气，我就让他跟我父母赔礼道歉。父母还会觉得我对孩子太严格了，我说这是规矩。人家说三岁看大，七岁看老，如果小时候不给他规矩，长大根本形成不了。现在，我儿子的一言一行非常规范，非常出息。我所说的出息就是非常善良，有责任心，也非常尊重老人。我的父母都在上海，我儿子隔三差五替我打电话给他们，问问外公外婆吃得怎么样，身体怎么样。我妈说你这儿子真懂事，又给我打电话了，这让我觉得儿子不容易；孩子说，"没事，我应该做的。"

演出不多的时候，我会丰富自己的生活。平时生活中有很多好朋友。我经常对朋友说我是一个两肋插刀的人，我朋友经常说你不是两肋插刀，你是肩膀上、腰上全是刀，一有事，不管多晚，我都会帮忙。我一说话很多人都会出面，可能也是平时的一言一行让我赢得这么多好朋友。我觉得平时除了朋友，我们还有一些小活动，经常在一起喝茶、聊天。我们一起看书，看书的心得大家一起交流，谈到一个话题的时候大家都会非常开心，因为我们都是唱歌的，用唱歌的形式表现自己，又唱又跳的。喝茶的人不理解，说这些可能是疯子吧，演员就是疯子，正能量的东西，我相信会相互感染。

我们经常会谈心得，交流彼此之间对事物的看法。很多朋友可能会觉得时间久了以后没有什么可以做的，有时候会形成一种压抑，因为生活方方面面有很多压力，但是我们几个朋友在一起聊聊天，用心去体会对方的喜怒哀乐，这种方式是可以把自己平时不舒服的东西宣泄出来的。有这样一个渠道，有朋友听你聊天，相互之间这种交流是非常必要的，这可能也是我平时生活中追求的特别健康的方式。

我不太回避年龄，1963年出生，因为我现在这种心态，很多人会说你怎么那么年轻，我不做任何的整形、美容。倒不是不好，我觉得没必要，一个健康的人，平时的生活起居，健康的谈吐，健康的生活方式、饮食和适当的户外运动，都可以让你保持非常好的体态。当然，我们不能暴饮暴食，所以这是我保持体态最大的要求。

我喜欢早睡早起，十点半睡，六点起床，我发几个短信，我经常会以特温馨的方式发玫瑰的小表情，一杯咖啡，早上好，我希望我的朋友早上起来看到我的玫瑰花朵和问候，希望他们有一个好心情。然后去我们旁边的公园，有一个环岛，一公里，我绕五圈，每天会走七公里左右，快走。刚走第一天哪儿都疼，但是一定要坚持，我已经坚持很长时间了，我发现我特别健康，而且早晨起来公园里的鸟、花，让你心情特别好，回去洗个澡，喝杯咖啡，一天都特别好。所以我希望大家跟我一样迈开你的步伐，也希望朋友像我一样有一个健康的身体。

国际有一个新的概念，六十岁的人，实际上现在是四十岁的，世界都是老龄化，所以六七十岁的人感觉岁数很大，但身体的状况还是四五十的人。大家一定要像我一样，你很年轻，没有必要想着我老了，不老，真的一点不老，心态年轻就一定年轻，希望大家一定跟我一样，因为我今年也五十多岁了，我像吗？

生活中，我做过很多慈善的事，做完就做完了，我也不说，因为我觉得是用心做的一件事情，没必要跟人家说，当你付出后，你得到的回报，你的心里是高兴得不得了。我很喜欢一句话，"赠人玫瑰，手有余香。"你帮助的一个人已经好转了，那个时候你会觉得比什么都重要。

去年教育基金会找到我，跟我商量有一个小孩得了白血病，第一次手术没成功，希望你能够资助一下。因为这种活动我每天可能会收到这样的短信，但是那天他们一说以后，第二天我就去了儿童医院。我到病房的时候，那个小孩在无菌舱里头，很瘦，两只眼睛无奈地看着我，我心里一酸。这种直接看病人我很少，这是第一次，我问他多大，他说十四，比我儿子小两岁，可能当时也是出于母爱，我就说阿姨帮你，你一定要跟我们医生一起配合，一定要坚强。那个孩子说真的吗？我说我一定会帮你。回来跟教育基金会的同事们很快筹集了一个小组，去给这个孩子找赞助，两天之内我们找到了五十多万的赞助费，等于把这个孩子白血病第二次做骨髓移植的手术费挣来了。这两三天当中大家没有怎么睡觉，我们去山东拍卖画，拍卖基金会比较迷人的字画，这事是要用嘴巴说的。我要唱歌的，我在台上又唱、又呼吁、又鼓掌，从头至尾。这个孩子也跟我有缘，我们很快筹集了五十万善款，送到医院给他，这个手术很成功，我去医院看他，我真的掉眼泪了。

这个过程中我们遇到很多困难，有朋友也告诉我你为什么那么傻，怎么做这样的慈善，你完全可以做另外一种慈善，比如帮助孩子受教育，一年花不了多少钱，帮助一个学校也花不了多少钱，可是你要帮助一个病人，一个无望的病人，或者根本不知道他今后的走向是什么，也许几百万下去，这个孩子的生命就没有了。当时我听了以后心里挺纠结，挺难受的，因为我看到这个生命，这个年轻的生命，所以我一定要救活他。年前，我去医院接他的时候，心里真的高兴不得了，真的做了一件善事，一个孩子，拯救了一个家庭，一个孩子，拯救了一个山村，他们村里所有的人为了这个孩子，把自己家里积蓄的钱全部给了这个孩子。所以，你说这么纯朴的村民，一个村庄，大家都做了，你有什么理由不做，即便我受了很多苦，有很多冷言冷语，但是我觉得这个事我做的是对的，如果今后有这样的事我可能还会去做。

过去我唱过很多歌，改变风格之后自己也觉得不伦不类，大家还依然叫我"甜妹子"，到现在见到我还是叫我"甜歌皇后"，我现在已经欣然接受了——大家喜欢我就喜欢，心态不一样，所以我就会觉得叫我任何称呼都是幸福的感觉。在2008年的时候，我拍了一个电视剧叫《孝庄秘史》，导演叫我唱主题歌，后来说形象这么好怎么不演戏，我说什么角色，就给我一个搅屎棍这么一个角色。很多人说怎么演这么一个坏角色，煽风点火的，也因为这个角色，也让我这首主题歌变得非常受欢迎。

经过这么多年，我现在唱的任何歌曲，不管甜还是苦，美称还在。一个演员不管在做什么，基础非常重要。我的基础是"甜歌皇后"，所以我到老了，我到七八十岁还是"甜歌皇后"，我是一直要把这个路子走下去，到一天我不唱为止，我挺幸福的。这么多年有这么多朋友给予我支持，在任何时候都会第一时间鼓励我。李玲玉的贴吧，李玲玉的歌迷会，我的很多歌迷从全国各地，甚至从国外赶过来看我，给我提很多建议，跟我一起分享痛苦和快乐。那个时候我觉得我不是一个人，所以我现在有时候做事都会考虑跟大家商量一下，这步应该怎么走，行还是不行。现在的我更能够考虑大家的感受了，我是白羊座的人，做事在前，思考在后，吃一堑都不长一智的人，脾气性格非常倔，但是现在软多了。我原来认为孝、顺是分开的，我很孝，但是不顺（从），我给父母钱，给父母买房子，但是我不顺（从）他们。

在一个采访录像的时候，我也说我是一个"孝，不顺"的孩子。一个长者就起来跟我说，"不能这样，孝和顺一定要在一起，咱们国家讲孝顺，所以你不能分开。"我回家想一想，是啊，父母现在都已经七八十岁了，如果你光孝，不顺，对父母来说就是一个缺陷，那次之后就变得特别孝顺，凡事不管父母说什么，我心里不同意，但是我说行，我父母就特别高兴，因为年纪大了，他可能需的不多，就需要子女给他的一个肯定，这点我觉得我们当子女的，孝顺是一定要做的。也因为我自己以身作则，我儿子变得特别孝顺，在我没时间给父母打电话的时候，晚上跟我说他给外公外婆打电话了，他们都非常好，你就放心吧。

儿子比我当年好得多，非常懂事。有一段时间我对我儿子还是有内疚的。他在十岁的时候，有一次我刚好录像回来，晚上很晚了，到北京是最晚一趟飞机。回来发现他的头很烫，吃了退烧药，然后出汗，到了半夜烧又起来了，当时我就着急了。有一年北京很早就下雪了，下得很大，我就把他叫醒，我说孩子看病去，他说不去，他说妈妈我不去，其实我已经很累了，累的人有时候脾气就不太好，我说你必须去，他说妈妈我不去，你很累了不去了，我说必须去，给他穿衣服穿裤子。我们旁边有医院，拉着手就去医院，他说，"妈妈对不起，你那么累了还带着我看病，"我说，"你闭嘴，别说话。"结果到了医院之后，打完点滴吃完药,已经是早晨五六点钟了,我拉着他的手回到家的时候,给他放在床上让他睡觉。我觉得真的是身心疲惫,但是孩子拉着我的手,"妈妈对不起,你那么累了,我还让你为我担心。"那一刹那你的心里有一股暖流,孩子很懂事。我说宝贝你睡吧,妈妈没事,转过身后,我在沙发哭了一个多小时。

有的时候,我觉得父母在养育孩子的时候受了很多艰辛,包括剖腹产,很痛苦,但是在养育他的过程当中,我想他肯定带给你的欢乐比痛苦多得多。一个成功的孩子,如果不是父母前期给他铺垫,给他良好教育的话,我觉得孩子肯定会受到很多不好的影响。所以,从一开始我们的一言一行,我也一直告诫我身边的很多朋友,父母的一言一行,会让孩子从小耳濡目染。至今为止,他快十七岁了,我觉得在各方面非常出色,让我非常骄傲。虽然他的功课不是那么优秀,可能这一点没有给他很多压力,但我觉得他是一个有责任心的人就行,功课好不好没有关系,以后学会了责任心,一步一步都会改善的。所以这是我生活的经验,也是我这么多年沉淀下来的幸福。

······

人除了生活以外,可以用心体会周遭的一切,只要用心都会给你很多惊喜。比如做一道菜也是。我闲暇之余喜欢烹饪,我不需要任何人帮忙,我喜欢品尝红酒,我听着音乐,一桌菜做完了厨房也是干干净净,做完之后家人说特好吃——因为我用心做了。

不管做菜还是唱歌,所有东西只要用心去做,感觉是完全不一样的。我的朋友说我现在唱歌比以前都好了。为什么? 因为我用心了,而且每次在舞台上演唱的时候,我眼里放着光,我希望用眼神交流,因为眼神是心灵的窗户,我心灵很健康,身体很健康,所以有明亮的眼睛。虽然有一点点老花,但是我不戴老花镜,我教大家轻松的一个技巧,当你在家累的时候,你就把眼睛闭上,提一下再放下来,特别舒服。

很多朋友给我起名字,说我是"大家拿",你可以帮大家解决很多问题。朋友给我打电话我都愿意帮忙,而且不计任何报酬。说心里话就是一种享受,大家幸福我也幸福。再过十年二十年,朋友之间相会,可能又是另外一个场景,但是这种幸福的感觉我希望一直保持下去。之前东方歌舞团有很多演员出国了,我们有机会见面的时候,很多人都说我的性格变得跟以前不一样,完全是另外一个人。当然,每个人、每个家可能都有一本难念的经,多往好处想。不要用别人的错惩罚自己,学会自己调适自己。这个可能说起来比较容易,做起来比较难,但是大家学着做。如果心情不舒服,出去走一圈可能就好了,我就是这样过的。

不知道说得对不对,这就是我的幸福和我的歌声。谢谢。

第六讲　良心最重要

主讲人：克里木
时　间：2016 年 4 月 25 日上午
地　点：嘉园社区

克里木，维吾尔族著名男高音歌唱家、舞蹈家，影视演员。

1940 年出生于新疆吐鲁番，中国共产党党员、全国政协委员、总政歌舞团国家一级演员。文职三级，总政歌舞团维吾尔族表演艺术家，享受正军级待遇。

克里木在长期的艺术实践中，创作并演唱了大量富有民族特色、诙谐风趣的表演歌曲。他的代表曲目《库尔班大叔你上哪儿》《阿凡提之歌》《塔里木河，故乡的河》《颂歌献给亲爱的党》等脍炙人口，在全军、全国多次获奖，曾参加 1998、2008 年央视春节联欢晚会。2010 年克里木参与了贺岁片《约尔特奏鸣曲》的拍摄。2016 年荣获第十届百花奖艺术大会 顶级艺术家 荣誉称号。

亲爱的朋友们，来到咱们北下关，我注意到我小时候来这里玩过，我是 1951 年十一岁时当的兵，中国人民解放军新疆军区。当时是一个舞蹈学员，很艰苦。那个时候汽车也没有，马也没有，就是两条腿，虽然我们不像现在的文艺兵，唱歌就是唱歌的，跳舞就是跳舞的，我们那个时候是集中起来的。

但是那时候年龄太小。我们当时部队出发的时候，一天都找不到老百姓，就在戈壁滩上，一说这个我就掉眼泪。当时有的战士抱着我走，他们都很喜欢我。

我童年的军营生活，没有儿童，都是大人，我是儿童。可是这些哥哥、姐姐、叔叔、大爷们，把我疼得像他们自己的孩子一样，到食堂、上厕所领着我，晚上也拿被子包着我。我们是穿着军服，吃着军粮长大的孩子。当时我们部队里汉族、维吾尔族、俄罗斯族，什么族都有，就是一个大家庭，一起吃饭，一起生活，一起演出。演出什么都没有，当时演出费什么都没有，就吃两毛钱的餐费。

我的父亲和我妈妈都是老革命。我们这种家庭成长的孩子，那个年代不像现在有钱怎么样、没有钱怎么样了。小时候我们家很苦，有的时候有吃的，有的时候没有吃的。我 1941 年出生，我爷爷是吐鲁番人，打铁的铁匠。央视《艺术人生》给我拍过一个节目，朱军问我："克里木老师你是不是莫斯科音乐学院毕业的。"我就大笑，那是我想，我是吐鲁番音乐学院毕业的。大家就笑了，其实吐鲁番一直都没有音乐学院。确实我很向往，一直到现在我都没有上过大学，我是靠自学努力做到的。我自己创作的歌曲 1960 年就获奖，在座的朋友都知道，但是不知道这个歌是谁写的，克里木很低调，我自己干什么自己明白，写上名字就可以了。比如说《阿凡提之歌》也是我写的。最早 1964 年《库尔班大叔你上哪儿》是我唱的。1959 年我到北京，十八岁见到毛主席，他看中了我，我们说这个歌肯定红。大家都知道和田有一个可爱的、叫"库尔班大叔"的老爷爷，现在小学课本里有没有我不知道，七八十年代的书中有。这个老头翻身了以后，要从和田到北京见毛主席，可是如果骑驴，一年都到不了。

后来这个老头急了，给毛主席写了一封信，我特别想见您，您给了我地，给了我一切，我永远忘不了，给主席写一封信。主席回信了，我们肯定能见到，你努力地工作，成为劳动模范，我们肯定在北京见面。老爷子最后成了劳动模范。1958 年的 10 月，国庆典礼，到北京见到了毛主席，老爷爷见到毛主席之后回来就赶快写了歌，然后就给了我让我唱。

歌曲是什么意思呢？就是我想你，我爱你，我怀念你，我尊重你。早上好、晚上好、中午好、我爱你、我喜欢你……演唱完了以后就获奖了，当时也高兴，没想到一下子就上去了，而且有些比我大的同志都叫我"老师"，我都有点不好意思。后来在中南海受到主席接见，那个时候主席握着我的手，"好孩子，好好学习。"当时我也听不懂，我连汉语都听不懂，他说的湖南话。看着主席的脸，高大的个子，红红的脸，我抓着不放。当时回到五棵松那里，有一个解放军的军政学院，有一个小礼堂，我在那里演出。后来我觉得手就不洗了，我出去买了一个白手套戴着，起码一个月没有洗。后来到新疆的时候，爸爸、妈妈、妹妹和朋友都握我的手——你都见到毛主席了。

当时总政歌舞团是全军的老大，我们新疆军区文工团五百多人，合唱队一百多人，不是一般的，很厉害，大部分是大学生。我到这里的时候，只是浑身羊肉味儿的孩子，怎么办？晚上我把被子盖到头上哭，跟不上，压力太大。怎么办呢？天天学汉语、学汉字，脑子里没事儿干就要学习，1964年的时候又开始全军的第三届文艺会，领导逼着我为自己写一个歌曲，写出来以后，全军获得了一等奖，演唱和表演在内。

从那个时候我们就"翻身"了，不是低着脑袋走，可以把胸脯挺得高高的，这不是骄傲。是因为人民的艺术才是艺术，我从戈壁滩来，我唱出了人民需要什么，我心里明白。我也不能写太洋气的东西，我就听到了新疆人的声音，我脑子里有这些东西，吸收了这些东西。

有朋友因为我唱过《达坂城的姑娘》，一说就说去达坂城找姑娘，结果去了，没有。"你说那里有漂亮的姑娘，我们就去了。"我说对不起。达坂城这个地方和吐鲁番挨着，之间八十公里左右，又是和乌鲁木齐挨着，之间也是一百公里左右，它在中间。老刮风的地方，大豆和花生可以种，其他什么都没有。那个地方原本没有什么人，有人也是从东疆、西疆来的，融合在那里成为一家，这是各个民族地方出来的。（我最早听）《达坂城的姑娘》是我爸爸唱、我妈妈跳的，有一句歌词是"你要嫁人不要嫁给别人，一定要嫁给我"什么的，比如说姐姐带走了，还把妹妹一起带着，其实没有这个事情，这成了流氓了。现在达坂城你可以去，也变了，新疆和田、南疆的姑娘很漂亮，把达坂城的印象改变一下，达坂城没姑娘。

我儿子在北京，我结婚也在北京，我的一切是北京给我的。我的成长，我的努力，我成为将军，我成为一个艺术家都是在北京。因此，我常说我的故乡在北京，我的夫人给我生了儿子，属马的，今年是五十岁了。像外国人的模样，挺帅的，一米九八，他妈妈是我们总政歌舞团的舞蹈者，人好，很直爽。

当时我二十四岁，她是二十二岁，但是我们有规定是不允许结婚的，男的三十岁，女的二十五岁，必须是连级以上的干部。那个时候我刚到连级，是上尉，她是二十二岁。我们中央首长很高兴，1963 年 7 月 21 日党的生日，说克里木结婚，就这样我就莫名其妙结婚了。总政歌舞团每个人五毛钱，我就结婚了。

当时我们在中南海演出，当时伴舞的时候是我夫人，我是唱歌的。有一位首长看出了我们的关系，他问明天是什么日子，当时下面人问："首长什么日子？""党的生日，好日子。"指示必须是我们团（演），其他都一律不能进。"给克里木他们办婚礼。"我回去的时候，新的双人床等等，什么都弄好了，第二天就结婚了。所以说为什么我说我爱北京呢？就是这样一个意思，克里木从十八岁来到北京，成为现在的克里木，是国家给的，人民给的，党给的。

有朋友问怎么让家庭一直这么幸福？很简单，爱情没有永远，但是和谐互爱是永远的。我从谈恋爱、结婚到现在五十三年了，一直是互相的，我早回家了我做饭，她早回家了她做饭。其实就是你爱我，我爱你。我年轻的时候很帅，很漂亮，很多姑娘爱过我。因为我是一个新疆人，汉族姑娘也追过我，很多姑娘也漂亮，特别好，我也不说怎么样，但是我的良心在，五十多年就爱一个姑娘，想过其他吗？想过，不想是假的，我现在七十多岁了，还有人爱我。但是我要对得起我的夫人，她十七岁就爱上我了，她的青春给了我，我们两个一直到现在。在家里时有矛盾，谁都有脾气，能不能压一下？夫人得了更年期，脾气更大，那个时候压一点，不能一起打架，那样就坏了。如果她不对了，她会掉眼泪，但是也不会承认，爱面子。

我为什么爱我的夫人呢？没有钱、有钱的时候都陪着我，直到现在，她把我当成她的哥哥，女人都是一样的，为什么换第二个姑娘呢？这就没有意思了。为什么我现在这么健康？就是没有人骚扰我，挺好的。

我的儿媳妇是外国人，我儿子出国留学爱上了一个爱尔兰姑娘，爱得不行，也不好意思跟我们说就结婚了。结婚以后带了两个小孩回来，都是"波丝猫"，蓝眼睛，也是北京养的，在澳大利亚上大学了。

刚才咱们提到"学习"，学习确实好。如果我不学的时候，我在那里卖羊肉串就可以了。现在坐着和你们聊天，谈心，解放军的话叫谈心，今天我确实很高兴。朋友们可以提问我，我愿意回答，我的儿子是中央音乐学院毕业的，说爸爸你这个东西在课本里没有。我有表演、有唱、也有跳，在音乐学院毕业的人只有声音，表演不会，我是三位一体的文化。

声乐很复杂，现在我们中国有三种，一个是美声唱法，嗷嗷叫的。民族就是我们这种唱法，还有一种通俗的唱法，在座的都可以唱。声音的变化是在你自己掌握。比如说邓丽君的歌曲为什么受到全中国欢迎呢？因为她是民族唱法接近通俗的一个姑娘，最受欢迎的地方是她会唱歌，不（爱）哭的人听了都掉眼泪，没有爱情的人有爱情了。她唱歌的时候，老头都坐不住。1970年我头一次听到邓丽君的歌，花钱买都买不到，一百块钱买了一盘邓丽君的带子，为什么要听？她受老百姓喜欢。感觉很酸，像把你的心往外拉一样。比如说李双江同志唱的，早已经进了通俗了，到了高音的时候，一下子就上去了，受到广大人民的欢迎。我唱歌，就是和你说话一样，让你感动。

在文艺界里面，可以说我是一个干净的人。因为那个年代我是毛主席培养的，一直把弦绷得很紧。我见过很多的领导，我腐败也很容易，要什么都可以给我。但是我没有这么做，有人逼我的时候我也没有做。有一个演员跟我同时去和田演出，拿了老乡很多鱼，老乡送给他的，我说你别要，这样不好，回来以后就再见了。什么原因呢？该拿的就拿，不该拿就别拿，你不要太贪了，克里木去过七十多个国家，再好吃的我也吃过，许多国家的总统我都见过。但是最可爱的地方是我们中国，最可爱的地方是我的家乡新疆。

前一个阶段我打过官司。三四年以前，我夫人突然得了股骨头坏死，不跳舞了，晚上睡不着觉就哭。听说中医好，我们在北海有一个专治股骨头坏死的医院，我夫人在那里待了一个礼拜，花了十五万，天天给你按摩，吃中药。回来就照相，二十多个电视台都播出克里木的夫人在我们这里治好了。但是我当时就火了，根本就没有好，社会影响很不好，（会误导）有些不富裕的病人去。我就骂了一句，（把他们）干的这些坏事都说了，赔了我十万块钱，我当时就捐给了得这些病的（病人）。说明一个什么事情呢？人活着你给别人做一点事情很好，如果说骗人的话，那是不行的。

演员要低调，你唱歌，人民爱你，你不要把钱太当回事，我们要提高艺术的价码，不能拿钱衡量。不要把钱看得太重，你拿不走……我克里木七十六岁的时候能够和北下关的朋友在一起聊天，我很荣幸。

第七讲　歌声背后的故事

主讲人:邓玉华

时　间:2016 年 5 月 19 日

地　点:北下关街道皂君庙社区

邓玉华,女高音歌唱家,国家一级演员。

中国音乐学院声乐系进修毕业。曾从师歌唱家教育家魏鸣泉、曾渭肾、卢德武等教授。

先后担任全国音代会代表、全国文代会代表、全国妇代会代表等。中国音乐家协会理事,中国煤矿音乐家协会主席,中国煤矿文工团原总团副团长,享受国务院政府特殊津贴,曾获得中国金唱片奖、中国百年电影歌曲优秀演唱奖、央视春晚观众最喜爱的节目二等奖、"星光杯"三等奖。曾被评为全国煤炭战线劳动模范、优秀中共党员。

代表作有《情深谊长》《毛主席的话儿记心上》《革命熔炉火最红》《映山红》《毛主席来到咱农庄》等。并曾赴美国、法国、德国、意大利、朝鲜、越南、阿尔及利亚、埃及、突尼斯、摩洛哥等几十个国家访问演出。

接到邀请后,我特别高兴,因为我就是北京本地人。给大家先简单介绍一下经历:我 1942 年 11 月出生在宣武区,五岁前一直在姥姥家生活,我就生长在西城区,然后在西城区上学——广宁伯街小学,在北京三十八中读初中。我最大的特点就是爱唱歌,性格非常开朗,胆子很大,不管谁让我唱歌,我站起来就唱。

　　我爸爸在中央人民广播电台工作，他是一个技术员，为我们家组装了一台话匣子——就是现在的收音机。除去上学以外，我就打开话匣子专门听唱歌。但是也喜欢听一些戏曲，比如说评剧，特别喜欢听评剧。

　　1952年，在话匣子里突然听到很多小孩的歌。原来在一年前，中央人民广播电台成立了一支少年广播合唱团，我抑制不住自己的心情，给少年广播合唱团的老师写了封信："老师好！我叫邓玉华，我今年十岁，我上四年级了，我是北京广宁伯街小学的学生。我特别喜欢你们唱歌，我能考你们的团吗？"

　　有一天刚下课，校长就让同学叫我去他的办公室，到了办公室之后，校长说，"邓玉华，你是不是给少年广播合唱团的老师写过信呢？"我突然想起这件事情，对校长说："我写过一封信。"校长说，"你看，这就是少年广播合唱团的老师接到你的信以后，到咱们学校来了，想听咱们学校的同学来唱歌、来考试，他们团正在招新学员。"过了一段时间，我就接到了录取通知书，成为了一名小小的歌唱演员。

　　一晃五年过去了，我初中毕业了。当时咱们北京各个大的院、团都在招生，我的同学告诉我，小邓你赶快去报考吧。当时我还犹豫，我想上学，想考音乐学院。后来，他们说你看你家里生活也不是很富裕（因为我们家里兄弟姐妹五个，我行大。我爸爸虽然工资比较高，但是一个人的工资养活全家也确实不是很富裕）。如果你考到一个艺术院团，你又可以学唱歌，又可以挣钱，然后还可以演出，何乐而不为呢？

　　我说我长得那么难看，人家能要我吗？他们说你还小，可能长长就好看了，你去试一试吧。我们对门的一个街坊的阿姨，我知道她是一个唱歌的演员，我毛遂自荐地敲开了这位阿姨家的门，我说："阿姨，我在你家对面住，我叫邓玉华，我特别爱唱歌，您团里招生吗？我能不能到您团里去考一考？"阿姨说："那你知道我是哪个团的吗？"我说，"您是歌剧舞剧院的"，阿姨说，"我不是，我是中国煤矿文工团的。"阿姨说，"我打个电话，约个时间你就去考试。"很快，阿姨就通知我某月某天什么时间。我很顺利，一下子就被团长看中了。

　　1959年6月10日，我到中国煤矿文工团上班了，团里确实对我非常非常好，给我请了专业的声乐老师。我们第一个声乐老师是中国著名抒情男高音歌唱家魏鸣泉，留学保加利亚的。十六岁跟他学，所有的艺术院校应该有的课程都给我上,当然不是我一个人,因为煤矿文工团当时招了整整一个班,几十个人,后来扩大到一百多人,学员班。因为要组建一个新的歌剧团,后来我就被留到了歌舞团,从十六岁开始就担任了独唱,很多媒体讲:在1959年,中国煤矿文工团的邓玉华是当时中国舞台上最小的独唱演员,十六岁。

到了煤矿文工团真的很幸福,不只是下基层给工人演出,先给大家说说给工人演出。我到了抚顺,当时是煤都,出煤出得最多的一个矿。我们的第一个任务就是去参观抚顺阶级斗争的展览,那个时候是对我们思想的教育。

什么展览呢?当时日本人统治抚顺煤矿的时候,把工人不当人,更不用说安全和生产的一些正常的资料、设备都没有,人拉肩扛,下到矿井底下就是一盏煤油灯。有了病、有了伤就扔到万人坑活活饿死。第一个教育就是这个教育。

第二个教育是让我们这些学员下井到工人劳动的地方,煤矿叫"掌子面"(音)。大家都坐电梯,我们下到井下,有八百米深,坐的不叫电梯,叫"罐"(音)。这个罐四面是没有壁的,没有挡头,大铁链子挂的大钢板,八百米,"唰"就下去了。坐这个罐子就把大家吓得够呛,到了井底四面漆黑,头上戴一个矿灯,四面全是水,"哗啦哗啦"往下流,挖煤的地方走很远的路才能到掌子面。我们参观的是比较好的,比较高,工人可以踩在上面。当时先打一个窟窿,把炸药往煤眼里一放,煤就下来了,工人就拿着铁锹铲煤放在运输的皮带上,然后到地面放进车里,筛选、生产、运输到钢厂,就是这样一个劳动过程。

这次到煤矿慰问工人演出,觉得工人太伟大了,太了不起了,从来没有看到过那么艰苦的劳动作业场面。煤矿工人很乐观,非常非常快乐。我们去了之后,都说我们是代表毛主席,代表党中央去慰问他们的,他们高呼"毛主席万岁,共产党万岁,我们要超额生产"。一个矿工一个班是八个小时,我们煤矿文工团下去以后一鼓动,有工人提出我要上两个班,有工人说我要上三个班,真的有工人连着两个班之后上井,有的是上三个班之后再上井。工人真可爱,我们看到他们上井之后,换衣服时,把靴子一脱,"哗啦"倒出了很多水。后来他们跟我们说这不是水,是汗。工人采煤出的汗在靴子里都积成了水。

到了煤矿文工团以后,还有一个幸福的事情——我们这个团受到了周恩来总理格外的支持和关怀。我们只要在北京，每一周国务院都有联欢会，我们能到紫光阁或是毛主席办公的地方怀仁堂，我们去"执行任务"——给他们演小节目，有舞会，那个年代还跳交谊舞。

我年纪小，不会跳舞，但十七岁我已经能唱一些比较好听的民歌了，那时候团里的老师带着我去陕西、山西、内蒙古一带采风过，学过当地的民歌。团长就让我参加这个任务，跟着老同志们一起到国务院见敬爱的周恩来总理。

我第一次、第二次、第三次，大概有十几次，我都是唱完歌以后坐在乐队的后面，高高兴兴地看着总理、副总理、首长们和我们的演员跳舞、聊天。后来我的小心眼儿就活了，悄悄地学跳舞。团里有舞蹈队演员教我跳舞，三拍心里面就得数着一二三，四拍就得数一二三四，数着数。

有一天我唱完了歌又坐在了乐队后面。周恩来总理正在和别人一边聊天，一边随着音乐在跳舞。走到了乐队，然后眼睛看着，让我出来一下。我心跳加快了，是不是总理要让我跟他跳舞呢？我赶紧站起来走到总理经常坐的沙发边上，一支舞结束了，总理就和我说话了，总理说你叫什么名字？我很紧张，也很害怕，我说我叫邓玉华，声音应该很小。

总理说你姓邓，嗯。邓大姐也姓邓，五百年前是一家。我马上就不紧张了。然后，总理就跟我聊起了家常。后来音乐又响起时，总理一伸手，"跳个舞。"我心想我还不会跳，我要踩着总理的脚怎么办？后来我就数着数跟着总理跳了一场舞。心里一直数着一二三四，总理在跳舞的过程中还问了我一些下基层时煤矿工人的情况，我心里一边数数，一边回答总理的问题。

1959年我第一次见总理，一直到1969年，十年内在北京的情况下能经常见到总理，一周一次或者两次。总理见到我就谈两件事情。第一件是问煤矿工人的情况。"小邓你们下基层了吗？"我说我们刚回来，"到哪里去了？"比如说我去了山西西山矿务局。然后总理说那个地方我知道，西山矿务局他们是产什么样的煤，他们年产量是多少，他们的煤是运到哪个钢厂，总理了如指掌。

然后，总理问煤矿工人上井以后能洗上热水澡吗？我说可以的。你们去他们大食堂吃过饭吗？他们食堂搞得怎么样？开始，我还真是回答不出来,因为我们从来没有到大食堂吃饭,我们到那里演出都是吃招待饭,集体十个人吃一个大圆桌的招待饭。总理看我回答不出来挺尴尬,说没有关系,我知道肯定是单给你们做着吃,以后你们下基层去大食堂吃几顿,了解一下他们的工人吃得怎么样。我后来赶紧把这个情况汇报给了团长,以后下基层就安排我们到大食堂排队和工人一起吃饭,总理再问的时候就知道搞得怎么样了。

总理问矿工的孩子有没有托儿所?他们现在看什么电影?有图书馆吗?了解得特别仔细。所以,我们煤矿文工团下基层不但要演出,而且要做社会调查,这是总理给我们的任务。

再跟大家讲一件事,在国家困难的时期,非生产单位的艺术团体解散了很多,当时煤矿文工团也在解散之列。后来周总理说煤矿工人很辛苦,他们常年都见不到太阳,他们要有一支专门为他们服务的文艺团体。虽然咱们中国文艺团体很多,但是顾不过来,必须要有一支专门为煤矿工人服务的文工团,中国煤矿文工团要留下来,不解散。

1964年东方歌舞团成立,把我借调到那里跟他们一起出国演出了三年。三年之后,中国东方歌舞团团长说小邓你调到我们这里来,不要回煤矿文工团。因为我知道总理关心煤矿文工团,不一定放。他说没有关系,我们去找总理。后来又一次在北京饭店的晚会上演出,总理去了,我唱完歌以后有一个演员说总理叫你,你赶快去。我从后台走在前面,在北京饭店前面的圆桌坐着一边喝茶一边看演出。总理看到我过来说,"小邓你过来,这是东方歌舞团的团长,他们要你,而煤矿文工团团长不放你,你什么意见?"我很为难,从我的小心眼里来讲我是愿意去"东方"的,大家能理解,但是我没敢说。我就跟总理说,"总理我听您的,您说让我上哪儿,我就上哪儿。"

总理说你现在哪里?我说在东方歌舞团,准备去抗美援越,准备马上去越南给咱们中国人民解放军支援越南的部队演出。总理说这样,东方的任务完了以后回煤矿,以后东方有任务你再去东方,我一听就是不让我去"东方"了,心里头也有一点失望。总理看出了我的心情,说:"小邓,煤矿工人很需要你,你要好好为煤矿工人唱歌。"

我跟总理说您放心,我一定好好地为煤矿工人服务。就这样,一待就是几十年。后来样板戏团、中央乐团唱《红灯记》也希望我去,总政、空政都调我演《江姐》,就是因为总理把我派到了煤矿文工团,所以我哪里也去不成。

我刚才讲的就是我的一个成长史，下面我想通过几首歌来讲一讲我们怎么来唱歌，讲一讲这几首歌背后的故事。

第一首先给大家讲讲大型音乐舞蹈史诗《东方红》的故事，请帮我放一下《情深谊长》。

下面，我就给大家讲讲这首歌的故事，刚才这首歌是1964年10月份在北京人民大会堂进行的演出，这个演出是周恩来总理组织、指导的。他调动了全国很多的艺术团体，包括部队有三千多名文艺工作者调到了北京，一起搞的这台《东方红》。

我当时已经唱了几首大家喜闻乐见的歌。比如在1962年、1963年，中央人民广播电台录制我的唱片，我的第一首歌是《毛主席来到咱们农庄》《毛主席是咱社里人》，当时还唱了《矿灯歌》《我为人民走山川》等等。就因为我唱了那些歌，还因为我经常去给周恩来总理唱，周总理对我很关心，也很培养我。我自己亲耳听过，跟文化部部长，跟电台、北京市的一些文体负责人，总理讲，"小邓年纪很小，嗓子很好，你们要好好帮助她，要好好培养她。"

这样对我来说，就给了我很多机会。有很多作家写了好多歌就拿给我唱，"小邓来唱唱"。我一唱，广播电台就说给你录音，"每周一歌"播放，唱片社给我录音，虽然年纪很轻，二十岁左右我就唱了几十首歌了，就因为有这样一个基础，所以唱大型音乐舞蹈史诗《东方红》的时候，导演组就分配给我唱《情深谊长》。

《情深谊长》不是专门为大型音乐舞蹈史诗写的，在之前是济南军区有一部舞剧《洪流》，里面有音乐、歌唱，等于是给舞蹈伴唱的。《洪流》里面也表现了红军过彝族区，是一部很优秀的作品。当时《情深谊长》这首歌的作曲、作词分别是臧东升、王印泉，后来被选进了《东方红》。乔羽同志修改了词，总政歌舞团的彦克老师修改了曲。成了现在我演唱的这个版本。

在我参加《东方红》的时候，有五六个演员一起来试唱。还有一个和别的歌不太相同的地方：《情深谊长》的原唱风格是美声，这个歌选入《东方红》的时候，我们每一唱段都是AB制，A制是第一号，B制是第二号，我是B制，我不是A制。A制是我们当时著名的歌唱家、总政歌舞团的花腔女高音徐有光，唱得非常棒，她是美声，首先是由她来唱的,她是 A 制,我是 B 制。我的任务是用民族风格来唱这首歌。

在我演唱这首歌的时候,我们敬爱的周恩来总理给我提出要求:"小邓,你声音很美,很好听,你要发挥民族的风格,向王昆、郭兰英老师学习民族唱法的风格。但是我希望你学一些美声唱法,把美声唱法结合到我们的民族歌曲里面,要把这首歌唱好。"

对我来说,唱这首歌的压力很大。第一,这首歌没有民族版的样板,我的老师徐有光唱的是美声,没有办法模仿。而且这个作品推广得不广泛,没有别人唱。究竟怎样把《情深谊长》唱成大家喜欢的民族特色的歌曲,而且这个歌刚才你们听了,前面很美,民族的风格,后面还有一个转调,C 调,小三度。当时对于我这个年轻的演员来说,也是第一次接触这种作品,转不好就跑调。

当时在人民大会堂演出,大乐池底下一百多人的民族乐队,后面有一百多个舞蹈伴舞,没有手持和立杆话筒。当时的话筒在地板底下,脚底下放着一个话筒。你的位置要站的绝对准确,而且要有穿透力的歌声,话筒才能把声音传播出去,难度也很大。后来我就胆怯,完不成任务怎么办?我就跟导演说能不能不唱这个歌?能不能给我换一个歌?导演就乐了,你想唱哪个歌?我说能不能唱郭兰英老师的《南泥湾》,我说我喜欢那个歌,我也唱过那个歌,我心想能完成任务,《情深谊长》太难唱,我唱不好怎么办?

后来导演说第一个《南泥湾》演员已经确定了,已经有了,我们认为你唱《情深谊长》合适,你还是试一试,练一练。没有办法,那个时候得服从命令听指挥,那就练。当时就听了很多彝族的音乐,当时有《五朵金花》《阿诗玛》,里面都有彝族音乐。然后,又了解了一下红军过彝族区的那段历史。

就是这样一个背景,我唱的《情深谊长》,就是在红军过彝族区的时候,小叶丹组织彝族人民载歌载舞欢送红军北上抗日,我扮演的彝族小姑娘唱了这首歌,当时我就想我怎么样才能把这首歌唱美,唱出来当时的红军和彝族的情感,因为叫《情深谊长》。我的老师是中央民族歌舞团的一级声乐教师曾渭贤,他是幕后的音乐,大家都知道是邓玉华唱,是曾老师教的。

为什么不跟原来中央乐团的魏老师学了呢?简短地说几句,他从保加利亚带回来的正宗西洋说法,我全盘接受,唱成了美声唱法。我们团的领导说邓玉华将来唱歌的方法应该是民族的，不能再往西洋里发展了，于是就不跟魏老师学了。团里把我送到了中央民族歌舞团曾渭贤老师那里学习，因为他本身是民族歌舞，要有一些中西结合的方法。跟他学了六年，有几个歌曲都是这个老师指导的。曾老师跟我讲，你要想把歌曲唱好，就要置身在故事当中。你邓玉华是彝族，当时是什么样的一个人呢？你的身世是什么？你感谢不感谢红军？你对红军什么样的感情？从艺术上来指导我。

我把自己置身在这样一个红军过彝族区的情形下，我有了一个农奴的身份，我再唱这首歌的时候，就完全不一样了……所以，我就唱了这样一首《情深谊长》。前面用民族的唱法，非常嘹亮，非常甜美，后面用了一些西洋的发声方法，不是那种干喊，用西洋发声方法，用混声的高音唱完。开始在人民大会堂演出是徐老师一场，我一场，美声一场，民族一场。后来，慢慢地民族代替了美声唱法。后来确定了拍电影的方案，由我来拍电影和我唱这张唱片。有采访我问"邓老师《情深谊长》首唱是您吗？"我说这样回答你能够准确一些：民族唱法的《情深谊长》是邓玉华的首唱。

下面给大家讲第二首歌曲——《毛主席话儿记心上》。《地道战》是1965年八一电影制片厂拍摄的一部著名故事片。拍完之后，后期制作就要配音乐了，作曲家是傅庚辰。当时他写了《毛主席话儿记心上》，因为剧情是发生在河北地区，要求找一个声音嘹亮的，比较有华北地域风格的一个女声来唱。八一电影制片厂有位导演参加过《东方红》，就跟傅老师说推荐"由小邓来唱"。当时傅庚辰老师还不认识"小邓"，问："她唱了什么歌？"那位导演说你看没看《东方红》？他说我看了。说里面唱《情深谊长》的就是小邓。"是她？"傅老师说："行，她声音很好，她能唱这首歌。"

我唱这首歌的时候，电影已经拍完了，我直接看的是样片。我一看很激动，恨不得我自己就是那个村里的民兵。唱这个歌必须被剧情感染，当时是总政的管弦乐队伴奏。那个时候是乐队、指挥、唱歌都在屋子里。一个灯准备，一个灯开始，乐队开始指挥，我就唱。哪里出一点儿什么声，音不准就停，我要没有唱好就停，重来，都要求一气呵成。我唱完了这个《毛主席话儿记心上》的时候，乐队全体起立鼓掌。

《革命熔炉火最红》也是一首脍炙人口的歌曲。我今年七十四岁，我唱这首歌的时候二十三岁，1965 年。在部队涌现出一个英雄叫王杰，他是工程兵，他辅导民兵实战演习时，有一个训练炸药包投下去以后没有爆炸，必须排除。王杰同志去排除，炸药包响了，英勇牺牲了。后来全国掀起了一个向王杰同志学习的高潮。

工程兵的两位作者写了这首《革命熔炉火最红》，写完之后他们拿给我唱，一气呵成。我唱完了之后，中央广播电台就录音，然后就在广播里播放了。这个歌很快也录制成了唱片在全国发行，在"每周一歌"里也播送、教唱这首歌。有一次我在北京饭店的晚会上演出，周恩来总理出席了，我就为他演唱了这首歌。唱完之后，总理让我坐在他的身边说，"小邓，你刚才唱的那首歌挺好听的，歌词写得也很好。"他说最后一句你们可以改一改，因为最后一句前面已经出现过了。刚才，你们听的录音就是我根据总理的意见修改后的版本。最后一句原来是"胸怀天下一心为革命"，现在我把它改成"胸怀祖国一心为人民"。

当时总理跟我说，"小邓，你能不能把这首歌教给我唱？"我当时心里一愣，这么难唱的一个歌，总理那么多事，那么忙，能学得了吗？我就问总理您有时间学吗？总理说有，我今天就可以跟你学。后来我和总理跳舞，我唱一句，总理唱一句，把歌教了一遍。总理学了一遍就唱下来了，后来接待外国元首的一些演出，我都唱《革命熔炉火最红》，据说都是周恩来总理点的。总理还曾经跟好几个演员讲过，这首歌唱得很好，风格很难掌握。

……

第八讲　乐于平凡

主讲人：谢芳　张目
时　间：2016 年 6 月 29 日
地　点：北下关街道大柳树社区

　　谢芳(原名谢怀复)中国内地女演员。第一代知性女性的银幕代言人。中国文学艺术界联合会第十届荣誉委员。

　　原籍湖南益阳,生于湖北黄陂,1959 年北京电影制片厂拍摄《青春之歌》,扮演林道静而一举成名,从此步入影坛。

　　1963 年在影片《早春二月》中塑造了大革命时期的小知识分子陶岚的形象。随后,她又主演了《舞台姐妹》《泪痕》《第二次握手》《李清照》等影片,以及《女经理的一天》《最后一位市长》《舞台新姐妹》《灯火阑珊处》等电视剧。

　　张目,著名歌唱家,国家一级演员,原中国歌剧舞剧院歌剧团团长。

　　出生于 1930 年,吉林省德惠县人,曾主演歌剧《小二黑结婚》《白毛女》《货郎与小姐》《太阳初升》《开花结果》《红梅岭》等。1957 年与著名艺术家谢芳结婚。《白毛女》中的"大春"是他的代表作。张目和老伴谢芳年轻时的同行兼同事,退休后以书法、垂钓自娱。

　　谢芳：我今天想说三句,说三个"七"字。第一个"七",我初中毕业参加工作。但是我初中毕业应该念九年书,小学六年,初中三年,三加

63

六等于九。但是,因为我当时在上海,家庭负担很重,低年级的小学生在上海没有接送不行,我们家请不起保姆,我妈妈要做饭,我五年级没有上学校,在家里自学,从五年级下半年开始上学,六年级,加上初中停了一年,念了两年三学期+四学期,等于七学期。

第二个"七",原来我是歌剧演员。因为文工团在我们楼下,我就参加文工团演歌剧。现在算起来,主演的歌剧也是七部:《小二黑结婚》,他当时就是小二黑。还有《白毛女》《刘三姐》《河南梆子》等等。

错了词,没有人帮助你,你一个人一点儿都不能错。别的就不要说了。最后,歌剧到国庆十周年要献礼,北京电影制片厂拍电影,导演崔嵬把我从武汉借到北京拍《青春之歌》。接着又拍了《早春二月》《舞台姐妹》《泪痕》《第二次握手》《李清照》《胡佩兰》。胡佩兰是九十八岁离世的妇科大夫,2013年的感动中国人物。今天到这里来,说得好不好,大家爱不爱听,管它三七二十一。我的祖籍是福建,但是我没有见过我的祖父,我原籍湖南没有生在湖南,我生在湖北,没有在湖北长大,我在上海长大。1963年从武汉调到北京,五十三年了。

我现在八十一岁了,什么是我的人生感受呢?我的人生感受还是好人多,好事多。好人多做事,好事就多。但是,也有坏人,但是少。要不是好人多,这世界是不是就变了?好人多,坏人斗不过好人,这是我总的感受。希望永远会有,希望就在前头,我们不能失去希望。

初中毕业,也没有说上大学院就让我当歌剧演员,演了几年歌剧没有非得去学院进修,让我演电影。我一生演戏,没有什么太难的,稀里糊涂。最近拍的是老年胡佩兰,十五天一下子就过去了,我觉得特别轻松愉快就过来了。就好像十五天没有一样,就好像我没有拍十五天,我的戏就拍完了。我很高兴,说明虽然我老了但还行。

说一说掉眼泪,因为没有什么难的,特别是演话剧把我累够呛。一进来第一句台词是,"进来吧,你怎么又不进来了?"把我累够呛,穿高跟鞋,不是交际花那样。因为你愤怒了眼睛要瞪大一点,表情要表现出来。但是眼泪是水,不是说愤怒就可以的,它是水要从这里出来。咱们又不是技巧演员,一瞪眼睛就可以了,我不会,必须是真情实感。比如说《青春之歌》,演的时候我要流眼泪,我不愿意点眼药水,眼泪从无到有,眼睛还是干的,慢慢地把眼泪涌出来,都是真情实感。拍《青春之歌》,当时我想的是什么呢?我就借鉴情感,如果张目哪一天他离开我，他走了我怎么办？想着想着眼泪就出来了，多少年的事了？1959年拍的，五十七年了。现在不怕了，八十多岁说一点儿无所谓。

现在可不得了，我希望他长命百岁，我必须走在他的前头。

他太好了，世界上男人分三种，一种人很能干，很有才华，但是有时有点傲慢。还有人老实、勤恳，但是能力不行。还有第三种是又有才能，又平易近人。

我们两个人谈情说爱非常简单，我1951年初中毕业，文工团的音乐部在我们楼下，我初中一毕业，他说你愿意上我们这里来吗？因为我这个人害怕数理化，我五年级才念书，数理化肯定不行，我怕数理化，我说行，就去了。后来面试了一下，试唱练耳，给我一个谱我能唱，还可以唱词，拿着新歌我就改唱词。就这一下，他说你来，参加革命，就这么容易。我谢谢共产党，共产党九十五年了。我就想了八个大字，第一句：大公无私。他当时招我去不是为了将来怎么着，就看着我是一个年轻小姑娘，大公无私。第二句话：伯乐传人。你们都是过来人，都是非常有能力的。有伯乐传你们。

首先我要感谢我的父亲。中华人民共和国成立的时候我们在香港，当时就把我从九龙送到当时的宝安县中学，现在的深圳南口，把我送去考试上学。回来的时候，飞机扫射，我看到炸弹离我一米的地方爆炸，这是我八十一岁里看到的唯一一次炸弹爆炸。说明还是很有风险的，我父亲送我去，从九龙下山坐火车到这里上学，我父亲从香港搬到湖北武汉。如果他不是爱国，如果没有我父亲，今天不会有我，我可能在香港哪个地方待着。

其次感谢我们文工团，我们杜平主任看我唱歌什么的，就吸收我了。

再有就是感谢崔嵬导演，如果我一直在舞台上，就不可能像现在影响这么大。

1959年国庆十周年，制片厂要拍献礼片。北影的献礼片之一是《青春之歌》。长篇小说是1958年出版，1959年就变成上下集的电影，这是奇迹。过去没有足够地认识这一点，现在也不容易。当时《青春之歌》的主创人员只有三四十岁，我们二十几岁。选人、定角色，我现在也刚想明白。为什么找我呢？因为这个是《青春之歌》，我二十四岁，肯定比周围教育林道静成长的人要小一点，周围的那些人就是三四十岁。如果我都四十岁了，周围得五十多岁，那就不是青春之歌，是中年之歌了。所以，我占了年轻的便宜。我非常感谢崔嵬，主演这部片子是我人生的一个顶点。

第三个感谢的就是他（张目），我找了这么一个老伴儿。他是从北京跑去的，他是北京人。从小在北京长大，二十一岁，我们的院长到北京招考，因为歌剧演员不好找，身材、相貌、嗓子，还得会识谱，你得指挥乐队合乐。

观众:谁追的谁？

谢芳:我 1951 年参加文工团；1952 年我们下乡土改，在湖南道县，他也去了。回来土改开总结会。团里要表扬我一下，我说我要坦白一件事情，土改不允许谈恋爱，我说我没有谈恋爱，我只是心里有那么一点点喜欢一个人，私自想念也不行，我就坦白了，在会议上坦白的，开大会。人家说怎么那么傻？

第二天看到他，他的脸又长又白，因为我是基督教家庭出生，爱忏悔，就原谅我了。1953 年的时候，追求的信还是他先写的。1953 年我们就演《小二黑结婚》。

张目:我们两个简单来说就是在工作当中建立了友谊、爱情，最后结婚。长期地在一起工作，没有这个环境，也不（会相互）认识。1952年参加湖南的土地改革，实际上那是锻炼。名字叫工作队，文艺工作者都到火热的工作当中去锻炼，和工人农民相结合，同吃同住同劳动。土地改革工作队是工作去了，不允许谈恋爱。我们当时都是供给式，不挣工资。我们男孩子没有毛衣，都比较艰苦，发的制服等等，穿着那些。

她到湖南怕我冷，她就把她父亲的毛衣借出来了给我穿。一个女孩子找父亲把毛衣借给一个男孩，（说明关系）起码不错，挺好。好是好，但是别在大会上说。她说什么呢？说"我不该在思想上想张目"。在大会上说出来了。作为检讨，我不该，好像犯了什么错误似的。因为她是基督教家庭出生，一个小女孩，每天都忏悔，我这一天有哪些做得不对，这是习惯。

结果她把这个说出来，当时全团有点愕然、奇怪。都说这个小女孩怎么了？这事都说出来了，人家理解不该说，喜欢一个人也没有怎么谈恋爱，你说这个是什么意思？她是一种习惯性的。后来，我一听挺生气的，你说这个干什么呢？她认为想就不对，就不该想我，本来想是件好事，结果我就生气。我就想这孩子怎么这样呢？我就不理她了，不说话，挺生气，看着她不说话。后来我想这件事情，本来全团是要表扬她的。表扬她一个基督教家庭出生的小女孩，刚参加革命工作，表现真不错。在土地改革当中，生活特别艰苦，她每天从村里这边要走到那边开会，中途的狗都跟着咬她，她都不敢回头。她害怕狗，环境还是很艰苦的。吃的、住的都是，要求和老乡同吃同住同劳动。表现是真不错，全团准备表扬她，但是人家都很理解，基督教家庭出生的。后来我一生气把毛衣洗了洗，晾干以后用报纸包上，还给了她。她说我脸也长了，也白了。其实就是不说话了，好几天没有理她。

后来我一想人家是基督教家庭出生，习惯于忏悔。觉得错了就应该说出来，也就原谅她了。后来我开始写信给她，她当时叫谢怀复，就言归于好了。

1949年，她父亲脑子里还是爱国、先进。英国那时还占领着中国香港，把她从香港送到现在的深圳，在当时的宝安县上学。冒着扔炸弹的危险，真不容易，把一个小女孩送到深圳上学。

我们在中南文工团的时候主要演歌剧，我们演《小二黑结婚》《白毛女》《开花结果》《货郎与小姐》。当时《小二黑结婚》有一个很好的唱段。我们演出《白毛女》，我演杨白劳，后来演《货郎与小姐》，我演货郎，她演小姐。

她1959年演电影的时候，崔嵬当时兼我们的院长，他已经到北京电影制片厂当演员和当导演了，演《青春之歌》就想起谢芳，老的演员整个岁数都要提升，派人去找她，就到武汉歌剧院来借她。那个时候不像现在，有钱就能拍，那时候只有电影制片厂拍，全部的领导都要进入状态，研究剧本。那时候文化部领导都是专家，亲自做剧本，拍一个电影不容易。特别是献礼的片子，都是和电影制片厂一块商量。

来了以后试镜头，当时她没有演过电影，从侧面、正面各个方面试镜头。后来又等着，决定怎么样。等了好几天，把她急的，她的意思是试镜头试上就好了，没有试上我就回去。后来决定就是你了，开始演电影。1959年演《青春之歌》，拍了半年。因为是献礼片拍完了以后送到中南海,周总理亲自审查,周总理看了一半就认为这个片子太好了,握着她的手说祝你成功。整个镜头补几个空镜头,任何镜头都没有改动,非常成功。当时好的电影很少,连着演。她已经回到武汉接着演她的歌剧,《青春之歌》演出以后反响很大,特别是中央的有关领导、文化部门的有关领导、北京电影制片厂的领导希望她当电影演员,因为好的电影演员相对来讲不容易找,发现了这么一个人才,把她调到北京,需要费很大的周折。因为不能只调我们两个人中的一个,可如果两个人一起调,武汉歌剧院受损失很大,男女主角都走了,这怎么办?所以就拖了很长一段时间,后来李先念当国家主席,有一次碰到谢芳还跟她说,谢芳调你来北京,我都签了字的。说明也不容易。

1963年正式调到北京,我们两个人一块调来。我继续搞歌剧,她成为正式的北京电影制片厂的演员。"文革"前她(一共)演了三部:《青春之歌》《早春二月》《舞台姐妹》。这个时候,"文化大革命"开始了,这三部都被批判成大毒草了。但是她年轻,不是北京的,也没有什么其他的事。但是批判队伍她站在最后,大头儿都在前面,厂长、崔嵬都在前面。一有什么事,就都排队。她在最后,因为她年轻。有时候排在前面,还让她排在后面。经过"文化大革命",对自己也是一个考验,红卫兵问她为什么演呢? 就说,我错了。实际上错什么呢?"文化大革命"以后彻底平反,不再是大毒草,是爱国主义的影片。现在出的光盘都写着爱国主义影片。"文化大革命"以后的第一部作品就是《泪痕》,她的第四个电影,《青春之歌》的摄影师导演的。以后又演了《第二次握手》《李清照》,从中年一直到老年的李清照。最后老年李清照白头发,挂着一个拐棍看着远方。最近她统计了一下,演了不少的电影和电视剧。现在我们都退休了,怎么办呢? 有些影视她还参加,有时候我们两个人一块参加,有时候她一个人参加,我得陪着她,为什么呢? 老年不容易,一时想不到和做不到就能摔跟头。有一次我们到青岛一块演出,她被邀请主持全国中老年舞蹈大赛,希望她来主持,人家特别高兴。

我评价谢芳,艺术上追求完善,别管干什么,特别认真。演电影也好,演电视剧也好,哪怕诗朗诵、唱歌也好,追求完善。追求完善不等于是完善,认认真真地参加艺术创作。生活中,她乐于平凡。她这个人不嫌贫爱富,也不高攀权贵。乐于平凡,不是那种高高在上的,觉得自己了不起，不是那种人。她讲得很简单，你们也能体会到她是跟大家一样的人。

　　所以我们两个人简简单单地跟大家见面，大家给我的印象特别好，希望咱们这个活动越办越好，希望大家身体健康！

第九讲　靠近伟大

主讲人:杜天清
时　间:2016 年 8 月 5 日
地　点:北下关街道大柳树社区

杜天清,书画家,毛泽东主席特型演员。

1946 年 9 月 9 日出生在河南周口的书香世家,自幼随父亲学习书法,1964 年入伍沈阳军区。现任中国人民解放军总后勤部金盾影视中心文化艺术部主任、中国人民解放军总参谋部书画艺术指导、北京杜天清书画艺术研究院院长,中国电视艺术家协会会员,中国艺术家协会理事,山东省教育学院美术系兼职教授,

多次在京沪举办个人书画展,书画作品在中国美术馆、毛主席纪念堂、故宫博物院等处,以及中国台湾,中国香港等地展出。书法《书中乾坤大,笔下天地宽》、中国画《梅花》先后荣获金奖,出版有《杜天清书画集》等书籍,主演的影视作品有《毛泽东在青岛》《张学良将军》《肖劲光大将》等。

我看了"胡同里的百家讲坛"之前的八期,来演讲的都是艺术家,而且是大艺术家,我不是什么艺术家,我向大家学习来了。毛主席说过,群众是真正的英雄,看到许多老同志,我感慨很深。大家工作几十年,退下来,还有许多新同志和年轻的同志,我们在一起共同学习,共同进步。我讲一讲我是怎样扮演毛主席的。1994 年,军事科学院的一位将军请我到军事科学院讲书法课,当时我的发型和其他年轻人是一样的,当时我的夫人说老师不能和年轻人一样,梳了一个大背头,穿了

一身军装。他们都是上将、中将和校官，我说给你们画竹子、梅花，写了毛主席的词，很多人找我照相，大家围着我照相。中午吃饭的时候，军事科学院副院长说小杜，人家是七八十岁的老首长了，大家都把你当主席了，你太像毛主席了。用专车把我送到八一厂，厂长说可以演毛主席，那个时候头发长，政委给我点了一根烟，我一抽，说活脱脱的毛主席。拍了几部戏，像《毛泽东在青岛》等等。

书法是跟我父亲学的，在演主席以后，到全国各地去，深受人民和各国的朋友对毛主席那种爱戴，处处感染着我。演主席的过程当中，不断在感化和净化我的思想。当时，包括主席的一点一滴。有人的时候，他划火柴往回划，怕烧着其他的同志。自己点火柴的时候是往外点，老人的点点滴滴都是那样细致。

我去湖南，一上车他们就围上了，"全国的车都归你管，买什么票。"我说我是演主席的，列车是人民的，不买票不好。他们说老人家，你回老家，坐我们的车是应该的，怎么还买票呢？我说不行，这是违反纪律的。"老人家，我买行吗？"人家不开票我也没有办法，吃饭的时候，我一进餐厅，摆了一桌，各种酒水、饭菜，工作人员、厨师长站得整整齐齐，我吃了几口，后悔没有给人家留念。拿一百块钱放在那里，我还没有走到车厢里面，人家说主席你怎么还给钱？哪有这样的？是咱们党的纪律，我现在去都是自己拿钱，我说毛主席喝一杯水都是付钱的，我演主席不能破坏这个规矩。

还有一个任务，我们一路上都歌颂主席，唱赞扬主席的歌，列车上的所有同志都知道你在我们列车上了，大家都想见毛主席。我说你的车这么远，老人家你放心，你就在软卧车厢里面招手就可以了，有的大姐都哭着了，"见毛爷爷了，"当兵的就喊"主席你好"，到湖南，宣传部长说："主席，你回来了，"这是这句话。第二句话："主席你有什么打算？"我说我想去看一看。他给秘书打电话，制片厂的书记带着我，给的名片都不看，就叫"毛主席"，都打着伞，我说不是接我，是接毛主席。我说你们打着伞，太阳都出来了，大家都是热烈欢迎毛主席，包括到新疆，我心里非常清楚大家都是欢迎毛主席。

我老家是河南的，毛主席说湖南话，我就和湖南人聊天聊在一起。有一次在沈阳八十多岁的老哥哥说，主席你见一见我老伴儿，见到您她能多活几年，很多人在等着你，我没有见。还有一次在青海那边，少数民族人山人海在围着，毛主席，叫了主席就哭，止不住的泪水。我说大姐有什么困难？张司长过来了，有什么事可以说。她说不是，"我活六十年才见到您老人家……"

在生活当中，我们家比较严格，我也不介绍夫人，我们对自己也比较严格。有一次我在大会堂忘了规定了，坐在沙发上习惯性地掏烟和掏火，那个服务员说不许抽烟，领导说主席你抽，你不让毛主席抽烟？我突然想起来了，把烟灭了。有一次我去做客时抽烟，第一次不太熟悉，人家说可以抽，"主席可以例外。"后来我就不带烟了，怕不自觉。我是演主席的，我上这里来，我没有什么名气，我上这里就是来学习的，希望大哥和大姐以及所有的同志们给我提意见，请你们多多指导。

主持人：作为观众，我知道您饰演过很多角色，可以具体讲一下您拍的影视剧和具体揣摩毛主席这个角色的时候是怎么做的？

杜天清：我演毛主席时我就是毛主席，人家是扮演毛主席，我说的是毛主席特型，化妆和不化妆，穿个衬衣小朋友都说毛爷爷。有个娃娃坐在车上，他父亲问他这个爷爷像谁？"天上的那个爷爷。"还有人说蜡像做得真像毛主席。演毛主席我就向老人家学习，学习宣传毛泽东思想，再现毛主席形象。

我演主席还有一个感受，你们都是我的亲人。医院的医护人员都是自己的子女、弟弟和哥哥看病的，每一个人都能严格地要求自己。这次来希望大家提出批评意见，以后演主席的时候更加努力。

主持人：杜老师因为模仿毛主席获得了很多的奖项，也得到了大家的认可，您在生活当中也会遇到一些观众或者是您的影迷和朋友，他们是怎么评价您的？在生活当中您因为毛主席这个身份有没有获得一些便利？

杜天清：四十多岁的时候，有一个上将说，"小杜，你什么时候演得不知道自己是杜天清了就可以了。"我在中央党校学习，"你是杜主席吗？"我说我是杜天清，演毛主席的。他说我请你吃饭，我说我去看你，很多人，晚上说主席给我们照相，我说你们哪里的？西藏、新疆的，这是第几期来学习的。你们怎么知道我来呢？他说您老人家没来我们就知道了,今天能见到毛主席,都在大门口等着。

还有一次在海南,对面的同志说:"主席,敬您老人家万寿无疆,"其他人说敬毛主席万寿无疆,我都说我是演毛主席的,很多时候我就不解释了。谁都喊毛主席,很多车都陪着,我没有那个想法,我说人家崇拜毛主席,都是对毛主席的感情,不是我要张扬什么,只不过是分工不同。照相以后我说别走娃娃,不问我姓什么叫什么,人家说你不姓毛吗?都是大家对毛主席的感情。

主持人:直播网友提出来一些问题,作为毛主席的特型演员,有没有对您的生活造成一些困扰?

杜天清:这个也是有的,我到哪个地方吃饭都吃不饱的,为什么呢?很多台机器始终都对着我,桌子上的东西是不少,我去一个疗养院的部队,楼下办公室、接待室很多水果,二楼都有,烟什么都有,根本没有机会,要不然是记者采访,要不然是哪位首长看我,哪个红军的后代看我,对毛主席有感情,经常出外面吃不饱。我上延边的时候,朝鲜族热爱毛主席,漫山遍野都是朝鲜族的,各种饭菜和各种饮料,老少一家一家的,实际上我什么也没有尝,你吃人家都录像。

有一次我在山西的时候,刚一坐下,还有赵忠祥等人,人家都是名人。过来以后人家都说和您照相、签字。赵忠祥老师说出去吃好再照,出去以后又围上来了,没有机会吃。我说赵忠祥老师名气大,先和他照,"不能坏规矩,先和'毛主席'照。"我们一天到晚是照相、签字,大家崇拜毛主席,再不就是打电话说毛主席你好?我说你哪位?人家说和你照过相、签过字。说纪念毛主席多少周年的时候给您敬过酒,人家说我母亲看病怎么样的,介绍一下。有的说我天天给您点赞,怎么不回话?我说我夫人拿着,我不玩。还有写一些字、画画等等,都是希望大家提意见。

主持人:给您造成这么多困扰,为什么还坚持做毛泽东的特型演员?坚持的理由是什么?

杜天清：这个事情总得有人干，你演也演不了，我自己有这个条件，写字和画画几十年了，我受我父亲的影响，当年毛爷爷说干一行爱一行，而且很幸福。

主持人：在您的故事当中您提到了李讷，大家也比较好奇，您和她接触的过程中有什么有趣的故事吗？她对您是怎样的一种态度呢？

杜天清：我们有时候出去，李讷和我夫人关系好，她们在一个床上聊天，我和王先生下棋，安排的总统套房，我说你们住，他们说给你们安排的我们怎么能住。演出的时候，她俩当观众。主席身边的人很多，叶子龙，我还没有出生，人家就在延安当处长，见面的时候拍我肩膀，都要和"主席"照相。

有一次在广州，深圳那边我们去玩，她和我夫人一块，我们一起走着。李讷一般不说我，王先生说我，有一天在海边天凉我穿一个夹克，我在前面，他们坐在后面，他没有一点表情说你怎么穿着夹克，我说今天不拍电影、不拍电视，我穿着中山装走来走去人家看不惯。他说谁看不惯？比如说到那个地方吃饭，我坐下碟子里有一个油焖大虾，谁都没有，工作人员说自己家里人办的，蒋文华过来了说你吃，没有人说你……

主持人：日常生活中有哪些习惯您和毛主席比较像呢？

杜天清：不带辣椒不好吃，我9月9日生的，老人家是9月9日走的，阴差阳错，血型也是一个血型。有一次去毛家菜馆吃饭，王总在这里工作，主席到院里照相。我当时车子没上牌子，开着都进去了，人家不让进中南海，你不让进？你看他是谁？老人家回来了不让他进，行吗？给毛爷爷敬礼就进去了。老人家没有吃过的，没住过的我都住了。主席的床我也熟悉了，他的睡衣我也穿了。包括杭州住的地方，东湖宾馆等我也住了，老人家这么多年没有回来，"您的东西，"在韶山村就一个小姑娘领我过去，"您老人家在这里睡觉，这是您的办公桌，我们也没有动，主席回来了……"还有的时候"主席应该这样……"还有的时候是借服装穿。

主持人：您还是国家一级书画家，创作的时候受到过毛主席的影响吗？

杜天清：这还用说吗？我今天带了礼品给大家展示一下。

主持人：我知道您还喜欢画画，会画一些什么内容呢？

杜天清：梅花、青松、山水，各种都画，各种都画。

主持人：非常感谢杜老师和大家分享了他的演绎生涯和书画历程，在座的各位观众有很多问题。接下来可以提问，我们会送杜老师的签名海报。

提问：当您听到第一次让您演毛主席的时候您是什么心情？

杜天清：毛主席是中国共产党的主席，是大家仰慕的伟人，是天下独一无二的，我能够扮演是很激动的，尽心尽力看了很多的资料。当时新闻制片厂给我提供了资料，传媒大学等等的，都给我找了很多资料。每天睡觉以前背毛主席诗词和讲话，睡醒了以后还会接着背。

提问：我见到您，很敬畏您，我只知道主席不吃酱油，不知道您生活中有没有做红烧肉的时候？

杜天清：主席小的时候条件差，农村，有苍蝇、蚊子什么的，酱油封盖不好长虫子，土话叫蛆，但是酱油我还是吃的。现在我提到红绕肉就头疼。

提问：我是"70后"，我的父辈对毛主席特别有感情，我就想问一下杜老师在演毛主席的这二十多年的时间里，除了老人家留给我们的为人民服务，还有艰苦朴素的思想以外，在新的时代里面，您在演的过程中，有没有觉得毛主席还有没有跟这个时代更贴近的，让我们能够感受到的。

杜天清：革命后代，了不起小伙子。我是不掉一粒米的，我是要捡的吃的。早上要有白水煮菜，过去叫忆苦思甜，每天都会煮一碗青菜吃，什么都不放。到了部队看望的时候，人家说毛爷爷来了，人家说主席上车，我说该吃饭了，你要撺我？他说老人家市里最豪华的宾馆，好多人在等您，最大的包间请您老人家吃饭，我说我不能去，我来看部队战士和战士们一样吃饭，我是战士出身，看部队来了，不能上高档宾馆里。车调头就回去了。

我和警卫连在一起吃饭，我掉了一粒米在腿上我就捡起来吃了，人家战士有的都哭了，真的见到毛爷爷了。我的一举一动，包括我们家的东西，我们家不缺袜子，但是有时候我夫人都缝不上我还让缝，丢了可惜了。全世界都知道开国大典，毛主席在大典上，裤腿是耷拉下面的，一个裤头儿烂的没有办法，换衣服的时候说我裤头儿呢？烂的不行，我还能穿。他的艰苦朴素一直影响着我。

提问：我只见过一次毛主席，今天见了你们以后非常像，有的演得也不太像，但是杜老师演得非常好，讲话、做派都非常好。现在我提两个问题，一个是演毛主席的角色不下十个人，你们之间是不是也经常在一起研究呢？

第二个问题是毛主席是我们伟大的领袖，军事、政治、战略、外交这几个方面，你们怎么学习的？

杜天清：第一个回答是我演的时候，我们之间是很少来往的，我们的导师是一个导师，就是毛主席。关于主席的为人处事，治国理念，说实在的我是没有放松学习，我们家的藏书是很多的。我化妆不化妆都是老人家的形象，化妆和造型都是这样的。有一次我穿着夹克、戴着眼镜坐到出租车上，一上车那个师傅说你最少是一个省的干部，我说你不好好开车，往前看，我说省里的干部坐你出租车？他说不对，至少是国家干部，开车怎么思想不集中呢？我们说人民英雄，人民是英雄，人民日报、中国人民解放军、人民公仆等等的，离不开人民，你们是我的亲人，全国人民都是我的亲人。

第十讲　不断去学

主讲人：李明启
地　　点：北下关街道大柳树社区会议室
时　　间：2016 年 8 月 30 日　下午

　　李明启，中国戏剧家协会会员、中国电影表演艺术学会会员、中国电视艺术家协会会员、中国人口文化促进会理事，国家一级演员。

　　1936 年出生于辽宁省丹东市，1960 年参演电影《12 次列车》，自此开始演艺生涯。1993 年因主演话剧《人生感受》获得第三届文华奖表演奖。1996 年在央视版《水浒传》中饰演王婆一角。1997 年出演古装喜剧《还珠格格》中的容嬷嬷，被称为最经典的影视角色之一。2005 年主演家庭剧《家有九凤》。2008 年出演都市题材剧《房奴》。2009 年主演草原励志剧《胡杨女人》。并先后出演现代剧《你是我的幸福》《天下人家》以及金庸武侠剧《神雕侠侣》等。曾先后参加央视和北京电视台的春节联欢晚会演出。

　　今天来到这里挺高兴的，看见台下的兄弟姐妹们非常亲切，别什么大腕的，作为我们老演员来说，从来没想过自己什么大腕不大腕的。我们演戏，上台是演员，下台不演戏的时候，在家收拾屋子，买菜，做饭，就是普通大妈。

　　我从小连书都没怎么念过，加起来上到二年级，抗战期间上几个月，国民党上几个月……连书都没有，整天就是唱歌，唱革命歌曲，就是这样的，那是四几年。日本侵华时期，学了几句日本话，那个时候日本人出书，上面没有中国什么字，所以就没学到什么。我们走到今天就是党培养的，老百姓培养的。

我十一岁就工作了，我十岁的时候父亲去世了，家里八口人，兄弟姐妹六个，我是女孩，老大，还有姥姥，加我妈。我妈三十七岁，所以这一家子八口人没有生活来源，怎么办？我妈出去工作，我弟弟太小，五个月，还得吃奶，工作了几天，上被服厂，没几天去不了了，孩子没人管，后来我夜校不能上，我就工作了。

那个时候在私营企业就打了好几家工，火柴厂等等。后来到十三岁的时候，我就是国家正式工人了，制烟厂的工人。等到抗美援朝的时候，因为我的声音好，老唱歌，被发现了，当时部队来找我，让我去辽东文工团。我去不了，没法养家。那时候我一天能挣九斤粮食，烟厂一个月十三块钱。后来等到铁路找我，抗美援朝宣传队。不过江，上山里修铁路，我们是宣传队，在现场宣传。当时我十六岁，工资比地方高了，能够从十六块钱拿到三十多块钱了。

当时，从大喇叭里头学歌，我唱的歌是《绣金匾》。当时非常苦，在深山里头，一个房子有屋里三分之一大，男生、女生一个屋，床单拉着。我不记得我洗过澡，就知道在河里洗过头，出门就是小河沟，在那洗头和洗脚。完了后，天天演出，因为年纪还小会犯错，经常挨批。我们是这样唱的：正月里闹元宵，一绣什么，二绣什么……把工人的名字编到歌里表扬他，张宇什么我唱成常宇什么了，说话紧张，我当时是唱歌、说快板，另外还吹军号，我就会一首歌——《胜利的旗帜哗啦啦地飘》。

中华人民共和国成立以后，我们十一游行、五一游行，还是全市第一支队伍。小的时候也受伤，在宣传队里，有一次演出吹号，我从那个台上一不留神从顶上掉下来，台是用木头板搭的，现在我的腿还有伤，有伤疤，但是没敢说，捂着伤装作不知道就完了，接着唱，接着吹。

就是这样，天天战斗。我们住在农村，回城里演出。特务给敌人发信号，完了来炸。早晨起来，我们就接到命令赶紧往被炸的地方跑去救助受伤的家属，结果我们在路过桥的时候，看见那个桥有血，还有一块头皮，上面挂着头发，不怕，就这么飞跑着就过去了，所以那个时候的孩子跟现在的相比，确实是不一样。

我是回族，吃饭就是灶口弄点什么就吃什么，那个时候不能提，吃什么也不能要求，一块萝卜，一块咸菜，整天就是这样。等到后来停战了,我小就做清扫员了,说是清扫员,我整天参加演出,庆祝抗美援朝胜利,演出的时候我获得了三次奖,我就被调到哈尔滨铁路文工团。到那儿后,他们给我找了一个苏联的名演员教给我唱美声,我就学美声了,在哈尔滨那一段把我调到北京中央音乐团学美声,后来又调到中国铁路文工团、歌剧团,我学歌剧。这个时候我不行了,为什么呢?弟弟长到十二三了,正是叛逆的时候,妈妈管不住了,另外粮票不够吃了,我妈妈太操心了,怎么办?我跟组织上说,我回去吧,我的家不行了,另外,我身体也不行了,我在这一天就是咸菜、酱、馒头、窝头,我得了淋巴结核,天天低烧。组织上不同意,不能让小孩走,怎么办?组织说,"你上话剧团去吧,到话剧团你还可以,将来还可以唱。将来想办法把你的家给你弄来。"那个时候只有专家学者才能把直系亲属——自己的子女、父母弄到北京。爹妈都不能这样,我一个小孩怎么可以?但是组织特批把我的家从丹东弄到北京来了,弟弟、妹妹、妈妈都弄过来了,所以现在说到这点我也是眼泪出来了,我非常感谢党。在话剧团里,我非常努力,因为我从小地方过来的,我没有看过这个剧种,那个剧种,梅兰芳怎么就是大师呢?这个戏、那个戏都没有看过,怎么办?我就天天骑着自行车从这个剧院出来,那个剧院进去,我就是学,他们为什么好呢?天天学,在团里我是手不离卷地学,学文化,拼命学,学专业知识。别让我得到一部戏,得到一部戏我会昼夜地用功,所以我没有白用功,一辈子就是这么用功过来了,一直到我退休,我拿到了咱们国家的舞台最高奖——文华奖,我被评为国家一级演员。这些东西,都是当初我没有想到的,我想这是我对组织的回报,组织没有白培养我,我这是给组织一份礼,对我自己来说,只是一个纪念。

　　小时候困难,不仅工作上这样,生活上也这样。我妈身体不好,家里全是我做饭,我最小那会儿我没有说让我妈给我操心,找这个工作,找那个工作的,我没有告诉我妈。今天换那个工作,多一斤粮食我就换那个工作了,都是我自己弄的。我十三岁自己做鞋,后来我做衣裳、绣花、钩窗帘……这个都非常专业。今天,我看你穿一个裙子真漂亮,骑车把布买来,今天做了,明早上就穿上了。

　　另外,那会儿的日子怎么过,弟弟得吃饱,我就千方百计想办法,去拿粮票,不花钱换一根羊蝎子,把肉弄下来,弄羊汤面,所以我这一辈子,外界对我的评价就是能干、特别能干。

我现在给大家看我这手都是弯的,是因为小时候打工累的,我的脊椎是弯的,我不知道,医生检查身体时说弯的。我十二岁就挑水,当时二分钱一挑给送家里,我舍不得二分钱,我就自个儿挑,造成现在脊椎是弯的。所以不是这么白白过来的,之所以有现在的成就,有组织上培养,也有自己的努力,才能走到今天。

《便衣警察》那个电视剧1987年找我,我不想去,那时不能出去挣钱,革命才是对的。后来他们说去吧,这是一部革命的戏,快去吧,结果我骑着车就去了,进门我就哭了,我说我不敢来,我怕丢人,怕什么的,人家说什么呀,这戏是革命的戏。就这么着我拍了《便衣警察》,一部《便衣警察》走进了影视。

我现在话剧演了三十多部,电视剧拍了一百多部了,可是呢?这一百多部电视剧里有党委书记、英雄母亲、贵夫人……都是被评价挺好的。山西电视台请我拍电视剧也是英雄母亲,真人真事。在拍这部戏的时候,导演就跟我说,李老师,我下边接一部戏还继续合作。我说什么戏?《水浒传》。我演谁?王婆!我到北京的时候什么戏都看过,那个王婆在戏剧里头都是男丑演的,男丑画成什么样,戴着耳环耷拉到腰,这儿画俩眼圈儿,一上来以后,拿着烟袋一抖肩都是这样的,往那儿一坐都是这样的。我演那个,演不了,他说不是,我们这是非常生活的。名著嘛,接吧,接了以后给我试妆,这个朴实啊,头发梳得特别朴实,粗布棉袄、粗布裙子、大围裙,都是粗布,非常朴实,非常朴实的一个穷老婆子,这怎么演,那么坏,这没法演,把我愁死了。

我天天看原著,另外找专家来帮我讲一讲,帮我分析分析。这个时候第三次试妆,我跟人物设计、形象设计大师,那个大学的教授说,我这儿能不能加几朵小花,他说可以。可是还是那么朴实,脸化得特别粗糙,结果,那天马上就拍了,把我愁的,这个时候副导演过来,我说,现在我的心里头特别紧张,穿得这么朴实,这个戏怎么演,副导演说,穿得越像好人干坏事不是越坏吗?让我顿悟,对啊,得装好人,骗潘金莲的时候得装好人,只有见了西门庆才能把风骚劲儿拿出来,结果一下子让我顿悟,我一辈子感谢这个副导演,他是我的贵人。

有时候一句话让你顿悟。我就给王婆写了简历,因为功课里有这一条:人物分析。我就写她也不容易,儿子不听话,跟老公一辈子没有过上好日子，所以，她也就是稍微心眼儿多了一点，就想了这么一个招，开这个茶馆。

可是还是很难，上场怎么上，一上来就得让人看出来不一般，把我愁的。结果那天要拍了，我就坐在那儿琢磨，我一看旁边桌子上有瓜子，我就抓了一把瓜子搁在手里头，我看见潘金莲了，嗑着个瓜子，一下子把这个人第一次露面的感觉找着了。等到第二回我要上他家，我就惦记那小子那么矮怎么娶了这么漂亮的，我就纳闷怎么回事，我想过去，另外这是一个发财的机会，所以我就上他家，怎么去，就这么敲门进去……

那天就拍了，拍完了以后，我夜里头琢磨，顿悟，我就这样上他们家门，听听，我就敲门进去了，没意思，没敲门之前必须得让她把本来低俗的东西露出来，完了以后再装。这怎么办？我就想，男丑一上来以后不是这样嘛，这么抖肩，我怎么办？我想起来了，咱们穿长袖衣裳长了以后缩着，我把这个加进去行吗？太好了，开开门我就这样，他还没让我，我就一迈脚进了他的门槛，进了门槛，门是这么着打开，我看着他往门上一靠，我一乐，就来那么两下，人物的身份一下就下去了。这两个形体动作，导演说，李老师真好，这个人物出来了。因为一下就下去了，不是说你好，身份上去了，必须把俗的东西拿出来，所以，演员演戏过瘾就在这儿。

当你琢磨出来点儿东西的时候，那就叫过瘾，特别过瘾。我觉得这是一个名著，因为它在《水浒传》这是千古绝唱，别的段记不住，不少人记住《水浒传》就是这点：西门庆和潘金莲。可这一段如果演不好，会非常失败。我们努力把它演过去了，完成任务了，就行了，接着就演别的。

有一天晚上，我拍完电影回来，九点钟有人叫门，进了以后，有人跟我说，李老师，我们是一个剧组的，我们有一个角色想请您去演。我说，什么戏？那个人说，是琼瑶的一部戏，我们之前请了一位演员，这位演员病了，结果我们明天就要拍，在恭王府拍。恭王府古建筑谁敢进去拍？那是琼瑶！谈下来了。时间就是明天，所以现在我们全体在找演员，我们走到哪儿都说请您演，所以我们今天来了，求您帮忙了。

演员道德有这么一条：救场如救火。本来我没有时间，因为我下边接了一个戏，这几天先休息休息，可是碰见这个事了，演员道德，帮忙嘛,好吧,去吧,我就去了。到那儿以后,把我弄到服装室找服装了,看看服装合不合适。我一进去以后,服装师没看上我。我没往这儿想,我说脚大,脚特别肥,您给我找一双大点儿的鞋。因为那个跟在中间,站不住,所以,我说不带脚的时候穿平底鞋,我就找大点的鞋,服装师说,"你不要动,好不好。"

我当时就想了,我没有(耍)派,我没这样,我自个儿哈着腰找,你怎么跟我这样?这个服装师站起来就走了,走了以后把导演叫来,导演,迷迷瞪瞪的,"先试服装吧。"这个服装师,"你好面善呢。"我明白了,他看着我慈眉善目,不放心,所以,他不满意,好心,这是为戏着想。怎么办?我应该让他放心。

演员演戏不是演自己,演员是橡皮泥。碰到剧本上人家写的是这样身份的,你就把这个橡皮泥塑造成这个身份的,不然干嘛起名叫演员,为什么还有大学,为什么还有表演理论?所以演员必须应该是橡皮泥。

演员怎么能做到橡皮泥的呢?就是平时的体验,多观察,多积累,文字上的积累,生活当中的积累。多观察,你才知道穷大妈去买菜什么样,到这个时候才能用得上。这时,我就让他放心,我怎么办,我给他厉害一下怎么着?一看戏,"你好凶啊!"跑了。"导演她好凶的。"回来以后就帮着我弄了。

可是第二天早上起来,五点钟起来化妆,这位见着那位,好多演员都见着了,都没看上我。我不怕,等到有一场戏,第一场戏我是陪着皇后往这边走,走的时候就跟皇后说,我告诉你,你得注意,刚才你看见没有,看见他们怎么着没有,我看见了。

后来,导演就拍这一条给琼瑶发过去,琼瑶说,是不是太凶?导演说,不是。这一条以后,大家都看见了。大家都好心,这个过来了,因为我没有助理也没有车,大家过来了,说,李老师你上我车里坐会儿,扇子给您,我有椅子坐着,服装师有饮料喝……大家都上来了。

我拍完这个戏以后,有一天,第一次碰见有一个前边走的一个老军人,岁数挺大了,后头是他夫人跟着说,"你看见没有?后面那死老婆子!"这是我第一次挨骂。

另外还有,我坐公交车,我平时家里孩子有车,有司机,我从来不沾,我就是坐公交车,我是锻炼,现在还是这样。结果呢,我一上车,一个老太太说,"这死老婆子也坐公交车啊?!"我说,"你说什么? 我打车,根本不拉我。"

其实,我跟大家说,我没有打过孩子一下。比如,皇后说,"容嬷嬷,给我教训教训她。"我上去了,就这一巴掌,其实我离她脸这么远,因为是镜头有个角度,拍不到这个地方。另外,还有对小燕子,皇后说,"容嬷嬷给我教训教训她,"我就是这么一脚,其实没在我眼前。还有一个扎针,那个扎针是这样的,大银针,这是针尖儿,这么长,我把这个针尖儿这么捏到手里,这个地方碰孩子,我怕扎着孩子,但是孩子们演得好,我这么一碰她,我脸一这样,她就叫。孩子们演的好,实际上我一点儿没使劲儿,一点儿没碰孩子。

可是我两次真挨打。一次是我又踹她,又打她,一下子飞上树,皇上带着大队人马过来了,我扑腾跪地下了,我说该死,我有罪,不能这么打,必须得是我该死,我有罪,打得我躺在床上睡觉脸这么大。

另外,还有一段是最后我趴在凳子上,打我的时候,那不能假打,假打是这样的,必须是真打,所以我趴在上头,大伙疼我,结果给我搁着纸壳子,搁着护膝都垫里头,那也不行,因为那个是实木的,后面棍子抡起来,要求我必须从这儿全身跳下去,我还得练这个,因为这都有基本功。所以,我说,不要顾虑,让他们打,让表演真实。

还有一点:我们在演戏的时候,要创作发挥。刚才我跟你们说了我骑车到处看去,另外学去。有一场戏,皇上要把皇后斩了,就是对紫薇这事。结果我在这儿呢,皇上在摄影机那儿,我怎么演? 这是给我的机会,我应该把我一辈子学的东西用上,人是这样,像我们演员是机会难得,比如,现在青年演员、老演员也好,有好角色能得到,多难,机会难得,有了机会以后怎么办? 要抓住机会,你要用功,只有抓住机会,下边你才能还有机会。各位,我说得对不对?

这个时候我又创造,我从这儿见到皇上以后就跪地上了,我学戏剧的跪步,到这儿趴下了。我没有白做,等播出以后,有人跟我说李老师你那一段真棒。我说,没白付出,确实一辈子没有白付出。我们演戏不是为名、为利,我们有好多事请我们不去,街道请我当场就答应了,这有名有利吗? 因为我是来感恩来了,我演出,我演戏是为老百姓,我能演戏,我也依靠老百姓,从老百姓身上学了很多东西,在我这个戏里面。

1994年，我相信有的老哥哥、老姐姐看过，叫《小楼风景》，我演的是东北的大妈。

有一场戏是老头去世了，往外走，儿子在前面抱着遗像，姑娘挽着我，我就走，"你说，你怎么那么狠，你走了我怎么办呢？"就这场戏中间我要说话。

有一天，我看见一个老太太，他们家的房子被拆了，真事，新闻，她骑着一个大破树上，哇哇哭，"你别觉得我老实，你不给我多少钱看我能搬出去，"说了哭，哭了说。

这个戏以后我就把那个学了用在表演上了，非常生活，非常真实。

还有一件我用上了，我前两天演的一个戏：我们家小（卖）部要拆，人家来拆，因为在道上，跟那会儿不一样，耍混不行，修路嘛，是该拆，哭啊哭，我不是浑人，没有觉悟，不让你盖，你知道我们那位去世以后，这俩孩子我就靠这个小部养起来，这个买瓶醋，这个买盒药，就是因为这个小部把孩子养大了，所以舍不得，哇哇又哭。所以这些东西从你们身上学的东西太多了，回过头来用到我们的戏上。

观众是演员的衣食父母，不是我演一个戏就大腕了，我就明星了，作为我们老演员来讲，不是这样的。演戏应当过瘾，我一辈子四十来岁演的戏，五十来岁演的戏，记忆力好，都能记得，有的词到现在我还记着，真是特别过瘾，现在还是不断地学。

另外，还有一点，有好心态，才能有好身体，排在第一位的是好心态，然后才有好身体。

最近我参加了一个老年广场舞，这个广场舞不叫广场舞，叫"国舞"，各个省都在比赛，我刚从重庆回来，大家都参加比赛。

有两个事我特别感动。有一个感动的是什么呢：一个女的她儿子得了癌症了，她老公跑了，结果她怎么着？为了更好地去照顾这个儿子，她天天去跳广场舞，为什么呢？为了身体好，才能够照顾儿子，她天天跳舞，把我感动的，男的跑了，儿子又得了癌症，可是她真有责任心，有女汉子的心。

另一个是：原来是女排的教练，就是郎平那个角儿。一个男的，现在八九十岁了，现在干什么，拉手风琴，带着老人去唱歌，去找盲人。那天上台这么拉着手，六七个，其中有一个女的三个月没洗脸了，瞎子，这个心态特别不好，他听说她，把她弄出来。还有六七十岁的，还有五六十岁的,男的、女的一块唱歌,现在那(女)孩子打扮得特别漂亮。心态第一的,所以咱们一定要有一个好心态。

一家子健健康康的,您是最富的,如果家里有一个有病的,有个什么病的,最烦了,这个健健康康的是咱们能起特别大的作用。学点养生的知识,注意什么的,谁家里没有点事啊,是不是? 有点事扔出去,想气我,想让我痛苦没门儿。我就是这样,我八十岁多了,我每天就是十八岁过。

第十一讲　我的导演之路

主讲人：丁荫楠
地　　点：大柳树北下关会议室
时　　间：2016 年 10 月 20 日　下午

丁荫楠，中国国家一级电影导演，首届政府特殊津贴获得者。曾任第七届中国文联副主席、中国文学艺术界联合会第十届荣誉委员、中国电影家协会副主席、第七届上海国际电影节评委会主席。

1938 年出生于天津，毕业于北京电影学院导演系。导演代表作《逆光》《孙中山》《周恩来》《黄连·厚朴》《商旗》《相伴永远》《邓小平》《鲁迅》等。

曾获第七届中国电影金鸡奖最佳导演奖、第二十一届中国电影金鸡奖最佳故事片奖。2005 年获国家人事部和国家广电总局授予国家有突出贡献电影艺术家称号。2014 年担任中国国际微电影盛典评委会主席。2015 年获得第二届广东文艺终身成就奖。

让我谈谈创作上的东西，题目挺大，我不知道大家喜欢听什么，刚才我跟主持人聊天的时候，大家对教育子女、养生感兴趣，我也有很多这方面的体验。

我的介绍只介绍到我到北京，我接着给大家说说后边的一点事，就是我怎么变成今天这个导演的，不知道大家愿意不愿意听？我妈妈觉得我在天津当工人受苦，有点心疼，简单说就是觉得这个孩子如果当工人，天天这么受苦，前途怎么样，所以就想法子和我的表姐联络，说你能不能给他介绍一个工作。开个条儿就进了北京，没有什么批准，因为她是北京医学院教授，就介绍我去当一名化验员——实习化验员，给人家当学徒。1955 年 9 月 22 号来的北京，我记得非常清楚。

一进北京，当时北京车站还在前门那儿，老车站了，第一次看北京这么大一个城门楼子，感觉到异常惊讶，因为天津那个时候都是租界那种房子，不一样，我从小没有出过门，第一次。我到了北京第一个感觉，就是北京人特别热情，特别爱说话，我一下车坐三轮到我舅舅家，（师傅）就跟我说你哪里的，天津人吧，特别有意思，我觉得北京很亲切。后来到单位报到，我感觉到北京的整个文明状态。二十世纪五十年代的北京，也不像现在的雾霾，阳光明媚。那个时候 9 月份，天特别蓝。

化验室有一位带我的老师傅，是参加过长征的干部，单位给我的印象特别温暖，我是个穷孩子，虽然原来家里有钱，后来着火了就什么都没有了，很长一段时间是过穷日子。应该说我是在党的阳光雨露下成长的，那个温暖程度我感觉不像现在这样的关系，现在市场经济，不一样，那个时候到哪儿都特别热情。

1957 年的中秋节，就在北京饭店金色大厅，举办一个中秋晚会，当时右派是不能去的，一个姓杜的右派研究生，他有两张票，说你没有见过世面，干脆拿我这票参加这个活动。我太高兴了，就拿着去了，第一次进北京饭店，金色大柱子，进去一看，女的穿衣服都是旗袍，男的都穿西装，都是医学界的有名人物，都是有地位的人。

我在这个会上第一次看到了国家级的晚会，很气派，人的样子，关键是总理来了。我也不会跳舞，我就在那儿吃点小吃，边上坐着看别人跳舞，就在这个时候突然看见一群，大概二三十个穿着黑色中山装，留着平头的小伙子，从后门散到各个角落，大家好像没有感觉，我一惊，我说这是干什么的，大概过了几分钟，舞台边上小门打开了，总理出来了。

总理出来大家鼓掌，女宾都争着跟总理跳舞，那个大厅不小，起码有这厅十个大，我看见总理跳舞，跳两个换一个人，转了一圈，总理舞姿特别漂亮，翩翩起舞，上来的人也有技术，一般人不敢上去，一接茬越跳越快。跳完了以后，总理开始跟一圈人握手，我正好在第一排，总理过来跟我握手，我一看到吓坏了，我赶紧握手，因为是"小孩"，总理

87

看着我，我第一次看到总理那个脸，像婴儿的脸一样，特别细，红扑扑的，眼神看我的时候那个样子。当然一瞬间，握完了就跟别人握了，我终生难忘，这不是人，这是神。尤其穷孩子，没有见过什么世面，再加上我刚才说这个过程，我这一辈子也忘不了，从此我就留下对总理的印象是美男子跳舞。

我后来怎么又搞导演了？因为我特别喜欢表演，我总想当演员，我总想唱戏，我其实对电影一点印象没有，电影很少看，我对舞台特别感兴趣，唱戏、话剧、舞剧，特别感兴趣，我觉得舞台特别神秘，在天津很早看过话剧，我就想当演员，我觉得当演员牛，现在当演员更牛，挣那么多钱。那个时候还主要是想表现自己，觉得有意思。可是我遇见了一个萍水相逢的好朋友，北京有一个工人业余话剧团，那个时候在东单那儿，他们组织一个业余话剧团，就是培养年轻的喜欢这个专业的人，就叫我报名，我去报名了，结果就录取了。

我在那儿干了四年，那个时候给我的印象特别深。那个团的导师是金山、吴雪、白玲，都是大演员，北京人艺的朱琳……现在都不在了。第一流的大演员，那个时候我觉得演员和普通人的关系不像现在，现在演员出来很多保镖，粉丝叫唤，那个时候没有这样，那个时候名演员我们去看他，崇敬心理，他们对我们也是非常亲切，到我家吃饭吧，大演员都不得了，跟普通老百姓的交流特别好，我们当业余演员，还跑过龙套：林祥谦就义，头可断，血可流，工不可复……演完发两个鸡蛋，因为是业余演员。

我因为有这个基础，就有了搞专业的冲动。但是我遇见了一个李遇兴（音），他就跟我说最好别当演员，那个时候选演员都是正面人物，高大上的，你个儿不高，一米七。第二个说话太快，特别乱，说得不清不楚。现在说得还行吗？那个时候因为什么原因不知道。第三个，我这个个儿不像现在这么壮，那个时候还是瘦的，伙食也不行。说最好别弄了，还是去做导演，导演多有意思。导演什么玩意儿？不知道，后来说导演就是指导演员的，比演员还厉害，我说那行吧，不仅做话剧导演，还要考电影导演，全国到处跑，一说这个给我启发很大，引诱很大，我说干脆戏剧导演和电影导演都写上吧。大家看过《小兵张嘎》吧，里边的翻译官，电影学院的教授，他说你初中毕业就考电影学院，学历不行，我在夜校念了几年高中，他一看这个行了，搞艺术的无所谓，就报上了，也考上了。也有一个问题，就是文化不行。上面发动在职干部考大学，我其实不属于这类，我属于钻空子，也就上了。我还拿着工资，二十七块钱工资，相当不错。

一上电影学院玩儿命地干，我妈说不许谈恋爱，不许抽烟，不许喝酒。学成以后，在北京参加三年"文化大革命"，这是我的一个很重要的经历。

我是"调干"，特别老实，不像年轻人造反派，我一想我就一个人，孤零零到北京来了，抓起来谁给送饭，再加上好不容易得的学习机会，别毁了这个事。因为比较老实，所以到1969年的时候，学生都下乡了，但是需要四十名艺术学校的学生到广东"守南大门"，工宣队长说让我去。我说我是个天津人，广东没有去过。"你别犹豫，这个是很难得的机会。"回去跟我太太商量，我太太是广东人，我太太说太好了，我一听这个，关键是三十岁了，对"文革"也厌倦了，想搞专业，所以我就说去。

告别的时候，北京同学的家长送行都哭哭啼啼的，到广东去了，乱糟糟的，可是我当时特高兴，我根本没有这个感觉，北京当时很萧条，所以到广东以后非常好，吃的也很丰富，那个时候吃松花蛋，北京都很少，吃香肠什么的，一看到广东确实吃得不错。最主要的是获得一次很好的实践机会，就是到了话剧团，我遇到了一个很好的"支左"的老太太，她是当年延安"孩子剧团"的，特别支持我，当然我就可以发挥我的所学所用了。

最后因为又有一个政策，干部（原先）干什么的还让干什么，到1975年的时候，我才搞上我的专业，那个时候快四十岁了，就这样当了导演。

如果想听周恩来的事，我可以说一说，这之前拍了《孙中山》，非常成功，可是拍《孙中山》的时候已经进入市场经济了，当时并没有意识到这个问题。我在广东省委支持下拍得非常顺利，也非常努力，一下子成功了，我又当了最佳导演，得了一大堆奖，结果一下子市场就把我给搁一边了，我回来再想拍广告，回来再想拍电视剧，人家说你别挣钱，又得那么多奖，伟大就行了。报纸上登丁荫楠没事干了，也不能再拍电视剧了，也不能拍广告了，说您这么伟大还拍广告，我想挣钱，好不容易谈下一个广告五万块钱，人家三万块钱拿走了，原来市场是竞争的,不是党交给任务的那样。

这个情况,我只能学习了。就在这个时候,广西电影制片厂的一个厂长,说你现在也没事,还想不想拍片子。我说那还用说。想拍谁?我就跟他较劲,我想拍完中国的总理,我拍了一个国民党总理,我再拍一个共产党总理,你想拍共产党总理?周恩来?我说是,我有这个勇气。对方说支持你,这个人特厉害,现在已经不在了。他支持我,给我很多支持,第一步重中之重是得到国家支持,没有国家的支持,不可能有人管你,资金各方面都不能给,首先得到专家的支持,专家就是研究周恩来的人。第三个必须得到家庭的支持,就是他后代的支持,这个成为一个定论了,现在拍人物传记不得到家庭的支持不可能,包括拍《启功》,家庭都非常支持。

我刚才说我那段见周恩来的情结,心里有本能的冲动,而且那个形象非常生动在我脑子里,谁演?当然是王铁成合适,他有十五年演周恩来的经验,我跟他在一个电视剧里合作过,跟他说要拍《周恩来》你能演吗?他说演,我说演一辈子周恩来都是配角,所有中国历史剧总是配角,没有一个主角,他听毛主席的,所以我说咱们拍一个周恩来是主角的,他激动不已,但是有一个条件,你胖不行,我写"文革"中的周恩来,你得瘦下二十斤,剧本我负责,活动我负责。他当时将近一百四十斤,没有一百四十斤,反正比较丰满,他后来跟我说,我一定要减下来。结果半年之后,我把剧本写出来了,他回来见我,看他化好妆的状态,果然瘦下二十斤。他给我说经验,身上去一斤,脸上才掉一钱,这个意思就是说脸不显,你得很瘦以后脸才显,脸显了身上就很瘦了。真是晚年周恩来生病后的神态。

……

不是戏说的,这是很重要的。我在拍戏当中有一个原则,一直到现在,拍《启功》也不戏说,为什么不戏说,咱们普通人的思维想象不了,搞《捉妖记》可以想象,男人生孩子什么的。国家领导人怎么想象?你想不到他吃什么,住什么,晚上睡觉怎么样,得病以后怎么样,全部靠资料,靠当事人的回忆。采访了将近一百多个人,拍戏当中十几个秘书一直跟着我,每拍一段戏就问是不是这样,当时怎么样,已经过了好多年了,十几年二十年,叫人来研究,当时怎么回事,怎么来的,怎么走,就回忆这个,全部再现,再现历史真事,这是我做到的。

那是在文研室的帮助下，那个时候拍电影进中南海我是第一个，在中南海拍戏，钓鱼台拍戏，人民大会堂拍戏，全是免费的，请我们吃饭，还给我们开小灶，就是中南海里的食堂，猪蹄特别烂，总而言之待遇非常好，跟我现场工作的全是处级干部……

关键是这个戏拍的过程当中，凡是到一个地方，当政的领导都是总理培养出来的，总理的部下，当场就指导我们，怎么走路，总理走得特别快，后边跟着，快到门的时候，必须得超过总理把门打开，总理正好进去。练这个练了几十遍，人家配合了一辈子，十几年，总理一上电梯出来，从正门上电梯以后上去走的时候，总理不管，一定是这样的。王局长跟我说总理不看边上，总理一下车，自己走自己的。到那儿的时候把门打开，总理一下进去，他们走着走着给撞了。一上车坐左边这个座，必须从前面迈过去，坐这个座把门带上，这个动作难度极大。红旗车也很大，总理一上去，一转身坐那儿了，门得带上，好几次带不上门，因为车重，看着我们笑，演员毕竟是演员，但是非常刻苦，最后这个片子，一个演护士，一个演警卫，很高的好评，总理没有这两个人在边上就不是周恩来，所以非常感谢他们。

这里还有一个笑话。王铁成摔跤，把肋骨摔断了，我们到湖南拍戏，回来的时候，他非坐我的车，他说我坐你这个车快点儿，里边装了好多胶片，他本来想坐火车，我说最好还是跟大伙一块走，我说我不能离开队伍，后来他自己走，就翻车了。

笑话是什么，一下子都惊了，所有的摄制组都惊了，我们筹备三年的时间，他真摔坏了就拍不成了，我也是惊了。他在前边走，我们在后边走，我们用了六辆大轿车，摔了都不知道，到了驻地看铁成怎么没有来，打电话问才知道摔了，赶紧第二天就过来了，所有人紧张得要命，从检验科过来，我一过去，"导演来了！"我一掀开他的脸，我一看脸没摔坏，我说了一句，"还能拍。"结果到了他骂我，"你这个无情的导演，你要把我拍死……"我当时的压力很大，我不是不关心他，我关心他，问题我关心他的脸比关心其他地方要重要。

戏比天大，确实是这样的，我这个责任在身上，他这么一摔，一下子又瘦下来二十斤，这个脸一下就挂上人临终前的感觉了，要不是那么痛苦不可能瘦成那样，光饿不行还得痛苦，就是病人的样，我说赶紧进305医院拍总理临终前的戏。他还替我们去卧底……我说你大难不死必有后福！所以他确实是一个了不起的演员，确实是一个优秀的演技派演员，因为确实热爱总理，他这个奉献精神，不拍戏怎么会摔，摔了以后还干，这个东西都说明一种精神。

后来邓颖超接见他，给他很高评价，对他也是很大鼓励，一辈子演这么一个角色不容易，到现在没有人超过，很难得的形象塑造。做这个戏，方方面面都支持，老天爷也很支持，拍西花厅的时候，我总想要一场雪。那年 4 月，立春都过去了，我一看没戏了，所以很失望，那个时候还不像现在有电脑什么的，我们是胶片，现在不在乎，盯着气象台什么时候有雪，突然那天早晨一打开窗帘天亮了，怎么会是白的？一看，下雪了！赶紧起来。到那儿不下了，因为天气暖了，所以下了雪也化了，留下一点点，七点钟到那已经没有雪了，来了也得拍，有没有就这样了。

就拍总理坐车进西花厅下雪那场戏，我一喊："开始！"漫天大雪，这么厚。大雪片子，赶紧拍，镜头拍足了，雪一下又停了。你说这个是不是神奇？还有贺龙追悼会，当时请的演员不像现在的演员，五十块钱一天，都是去过贺龙追悼会的人参加的，都是真人，骨灰一抬起来，我说贺龙贺老总来了，所有人都激动，这场戏怎么会拍得不好？肯定不得了的效果。

这个电影在国家专家层面，包括方方面面人的支持，没有这样的支持做不成，整个气氛也是那样。一般拍电影没有这样的，太少了。所以应该是了不起的实践，也对我们自己是一种教育。拍完以后，中央常委看了以后非常感动，李瑞环说一定要把群众十里长街送总理的场面加进去，这部分是原来剧本里没有的，李鹏专门找我们到家里修改，还给我们写字……

看片会上，各地卖片子的经理，"我定六十个！""我定八十个！"刚才我跟主持人还说过这个事，我们以前拍电影，严格说起来是完成国家交给的任务，很难说像现在关心票房，不得不关心票房。我拍《孙中山》也很火，我都没有怎么关心，唯独《周恩来》跟着去首映的时候，万人空巷，没有想到一个电影这么大影响，两亿七千万票房，就是给各个发行公司赚了大钱了，有人见我说我们过了一个好年，我们盖了大楼，安了电话机。我也深深感觉到一个好片子受到大家的追捧、喜欢，确实是不得了的影响。

后来有人给我写信，看了《周恩来》如何，对总理的怀念，也向总理学习。作为我来说，能有幸参加这部影片的工作，尽管花了整整三年的时间，我觉得还是值得的，还是有意义的，格外光荣。

作为一个导演来讲，诚心诚意的，对你所做的人物带着敬畏心才行，《启功》这个电影严格来说是我儿子拍的，也是三年的时间。当时他不想参加，年轻人，他三十七八，老头戏怎么拍？我跟他说，你研究启功，就算拍不成，就算没人支持，我们也可以作为一次学习，作为你来说，你年轻人从来没有接触过传统文化、书法，要能读懂，研究好了，就是一次大学习，咱就值。他说慢慢干着看吧，后来就走进去了，慢慢喜欢这个人，这个剧本是他写的，他拍的，我给他张罗的，我凭着我的老关系，老哥儿们，还有老领导。我过去的片子都是靠国家，我自己没有过私人投资，都是国家投资，所以电影局也支持。

更主要的是启功的德行，启功的作风，整个书法界惊动了，写字捐钱，卖字捐钱，一百八十幅字卖了一千三百万，这个在电影界还不多见，组织者就是文联基金会各位领导，没有这个钱，电影根本别想。后来电影局也给我们拨了钱，所以仍然是国家给我们的帮助，才能拍出这个片子。

《启功》这个电影去年教师节已经演过了，由于宣传不够，这个就是市场问题，因为这是文艺片，也做了很大宣传。现在的观众主要是"80后""90后"，对老头题材没有多大兴趣。不同的地方在哪儿？到所有大学放，都是满座，都是感动。凡是看过的都感动不已，得了好多奖，看过的人理解、赞同，宣传当然也有遗憾，到学校宣传，又花很多钱。但是这个片子生命力比较长远，网上四百万点击量，还是有人看。

对年轻人培养说两句，我看到我儿子整个成长过程，我从小不知道他怎么长大的，天天在外边拍戏，不回家，他妈妈培养。大学毕业，中文系，他也想干我这个，我就叫他干，跟着我从场记干起，2014年到现在独自导演，我就看着他建立起来的人生观、世界观、是非观、道德观，我就观察他这个，好在周围一群人都是非常正派的，非常努力的人，慢慢形成了自己的见解，我觉得对孩子来讲千万不要"强扭的瓜不甜"，喜欢干什么去干，还是悟。不像前几年，现在非常成熟，说怎么培养成这样的，其实是社会培养很重要，自己悟性很重要。尤其是自学成才，我就自学成才，初中毕业怎么当导演了？自己的能量是第一的，所以要启发孩子的自觉能力。拍电影，原来是我带着我儿子，现在他带着我了，他想干什么我就跟着，他下边搞《林巧稚》，还有一个《歌唱祖国》，是音乐家王莘的传记。

我今年七十八，有朋友问怎么保持健康，为什么心态那么好？身体不能太在乎，之前出现过好几次心脏早搏，曾经现场晕倒过，做《孙中山》的时候，我有好多毛病，血压高、糖尿病、血脂高，干脆不理，但是我特别感谢，我有一个给我关心的大夫，他一直监控着我，我有什么事就跟他说，我现在还吃药来控制这几个，都正常。他给我讲一个道理，所有的病都是带出来的，我这个人性格的关系，可劲造，为什么刚才说不要太在乎，有点二百五精神，否则的话，老头老太太面临这个问题，如果天天想养生，可能就出问题了，还是想爱干什么事就干自己喜欢干的事，别盯着我要养生多活几年。

第十二讲　吟诵经典的快意人生

主讲人：殷之光
时　间：2016 年 10 月 26 日
地　点：北下关街道办事处会议室

殷之光，著名朗诵艺术家，1934 年出生于上海，现任北京朗诵艺术团团长，国家一级演员，北京演艺专修学院客座教授，北京市政治协商会议第六、七、八、九届委员。享受国务院特殊津贴。

殷之光同志在朗诵艺术上造诣很深，既能深刻理解作品的思想内涵，又能很好地展现作品的艺术魅力。有着自己独特的艺术风格。代表作：《我骄傲，我是中国人》《周总理办公室的灯光》《雷锋之歌》《可爱的中国》《有的人》等。被誉为"建设精神文明的轻骑兵""千年诗国的云雀""城市里的乌兰牧骑"。

先给我们各位在座的朋友们、同志们一首诗，大家可能比较熟悉的，而这种形式是我近几年来创新的一种形式。

我们知道朗诵有各种各样的，有配乐朗诵，配乐朗诵当中有很多，大提琴、钢琴、民乐都可以伴奏。

那么我这次是创作了一个用鼓，自己打鼓自己朗诵的一种形式，我给它取了一个名字叫做击鼓配乐诗朗诵。但是（今天这里）这个鼓和我演出的鼓大不相同，我那个是大红的战鼓，打出来的声音铿锵有力，嘣嘣嘣，这是洋鼓，洋乐器，西洋乐器。可能表现不出那种气魄和感情，原来我一般要求要一米高，大的。最近同志们可以在电视里面看到，最近的中央台、教育台都播了。另外在纪念长征八十周年，我在江西台和中央七套也播了，一个大的鼓，像桌面那么大，咱们象征性地凑合一下。

　　击鼓朗诵岳飞《满江红》、文天祥的《过零丁洋》。
　　主持人：殷老师您击鼓朗诵从什么时候开始琢磨这个事儿的呀？

　　这是五六年之前，有一次我在音乐厅参加了一个中华诗词的朗诵会，原来这两首诗有一个民乐队帮我伴奏，后来那个民乐队临时有任务，把我一个人撂在音乐厅了，我想今天怎么办呢？不能干巴巴地朗诵，有点乐器配乐，可以激发自己朗诵者的那种感情。

　　后来就在后台转转，一看有一个花盆鼓，花盆鼓比较大，大一点，红颜色的，同志们可能见到过，电视、电影里头经常见到过，花盆鼓。我一试这声音很好，嘣嘣嘣一打，激发了自己的一种朗诵感情，更增加了岳飞的这种民族精神，伟大的爱国主义的情操，慷慨激昂地朗诵了，后来就用这个鼓进音乐厅就朗诵了，结果一配乐一朗诵效果非常好，结果我就把这个节目作为一个保留节目了。

　　演出公司的经理觉得很有意思，向我发出了天津一个朗诵会的邀请，天津大剧院去演出之后，一直在北京，特别是今年我们长征八十周年，如果在座的同志们没有太留意到，央视七套也播出了。

　　到江西我们红军长征的出发地于都，几万人的一个大广场，建了一个大鼓，这个大鼓比我们宴会的圆桌还大，一打起来非常的有劲，那么这个后来也播出了，大家有机会可以回放一下。央视七套，题目叫"雄关漫道"演唱、朗诵会，很多著名的歌唱家，刘兰芳同志也去了，她说的是评书，还有其他一些总政歌舞团的歌唱家，还有舞蹈家都去了，我就朗诵了，也是用那种大的鼓，红军不怕远征难，对自己也是一个很好的鼓舞。

　　这六十年（朗诵了）将近四千场，特别是其中有一首《我骄傲我是中国人》，同志们可以在网上看到，《我骄傲我是中国人》这首诗，我就带着它走遍长城内外、大江南北，在全国各地朗诵了三千多场。

　　说说这首诗的来历。1989年我到河南巡回演出，在郑州下榻饭店，郑州有我的一个老朋友叫王怀让，那天晚上我跟他说，"怀让我们能不能合作一下，题目就叫《我骄傲我叫中国人》。"怀让同志两天之内怀着对祖国巨大的感情就写出来了,在河南郑州的首场朗诵就获得了很好、很大的反响,后来陆续在全国各地把这首诗传播开来,一直到现在。可以说在中国香港、中国澳门,以及凡是有华人的地方,这首诗都是作为我们爱国教育很珍贵的一个教材,大学生的朗诵比赛,这首诗是必选之作。

主持人:《我骄傲我是中国人》,您从满头青丝朗诵到了白发苍苍。一个人坚持朗诵这首诗坚持了三十年。

做一个见证,我坐着轮椅参加心连心艺术团到广场朗诵,这个是说明我们自己一生追求的事业,当然还有其他几首诗,比方说《人民万岁》,刚才已经听到了,歌颂毛主席的,在人民大会堂朗诵《人民万岁》。我一生朗诵了四百多首诗,这是一本书。我合在一起,我朗诵过的,跟大家做一个汇报。还有两本,一个是我的专访,一个是我的大事记,因为我快八十岁的时候,我自己也不过生日,喝酒,聚会,出自己的专辑演唱会,就编了一本诗选,从四百多首诗当中选了三百多首诗,十八个篇章,每一个篇章都有一个主题,另外到大学演出、到外地演出,到每一个城市,都有献给每一个城市的作品,我自己一生——今天等于是一个小小"艺术人生"的座谈,我没有做更多的事情,我一生做了一件我自己喜欢的,也觉得很有意义的,也是自己很欣慰的一个事情,就是朗诵艺术,六十年以前到现在,一直在坚持。

······

我在 1963 年就创办了星期朗诵会,那个时候我在中央乐团学习,中央乐团在北京每个星期都举办那个叫"星期音乐会",我想更好弘扬中华民族的优秀诗歌,能不能举办一个星期朗诵会呢?后来由于"文化大革命"等原因就停办了,一直到六年以前,在有关单位的支持之下,把这个星期朗诵会恢复起来了。

11 月 5 日下午,在西城区文化中心的剧场举办了第五十期星期朗诵会,因为过去朗诵会都是配合长征八十周年,我们中国共产党建党95 周年,以及响应习主席的号召弘扬正能量,中国梦,举办了许多不同主题、不同内容的朗诵会。那么第五十期朗诵呢,我跟几个朋友们商量一下,咱们能不能举办得轻松一些、愉快一些、抒情一些? 所以这第五十期,咱们来了一个"爱情之歌——中外爱情民族诗歌朗诵会"。

不光是青年人,我们老年人也要有爱情,怎么把我们中华民族的爱情诗,永远神圣的这个名词,永远的主题。所以把爱情诗歌献给我们北京人……老同志有没有兴趣听一下,回顾一下我们青年时代的浪漫的爱情生活,我们要永远把我们这种难忘的爱情延续到今天,永远保留一份新鲜爱情的场景。

……

主持人:对您还有一个比较深的印象,就是一首诗《周总理办公室的灯光》,大家知道吗?也是我们殷老师朗诵的。

总理逝世的时候,我们到天安门去,天安门的诗词,天安门的诗歌,那个时候受到"四人帮"的压迫,我们到天安门都要有记载,"殷之光你什么时候去过了,回来要汇报,"汇报要交出来,"你在天安门抄了诗没有,"这是往事不多讲了,提一下。

当时有一个演员——战友文工团的马老师,我们在北京展览馆演出,马老师跟我讲,殷先生我们团有一个人叫石祥。这个石祥是谁呢?是一个作词的诗人,《十五的月亮》,大家有印象吗?他写了好多优秀的歌词。他在周总理逝世以后,写了好多首怀念和歌颂总理的诗篇。他写的一首诗,后来马老师给我看了一下,当时我们怀着对总理深厚的感情,一看这个诗不仅内容好,特别感人,非常适合朗诵。这首诗就叫《周总理办公室的灯光》。

当时还有几首诗,一首叫《一月的哀思》,爱好诗歌的朋友们有没有印象,著名诗人李瑛写的。还有柯岩写的《周总理,你在哪里》,这个诗我一讲起来老同志有没有印象,后来就是李光羲同志,把这个诗变成歌曲,在舞台上献给大家了,《周总理你在哪里》。

所以,当时在后台读到《周总理办公室的灯光》,我觉得很好,就想这个朗诵要不要音乐来伴奏,刚才我用鼓伴奏,我说这个伴奏的方式是很多的,可以大乐队、可以二胡、可以琵琶,但是这首诗朗诵我想用钢琴来伴奏。于是我就请了谁呢?当时中国著名的钢琴家,刘诗昆!我跟刘诗昆一讲之后,他非常高兴,他说,"好,之光我们合作一下,"我把这个诗稿给他,当时他在家里面琢磨,用什么音乐来伴奏。

临时一个星期就在他家里面弹琴伴奏,当朗诵到周总理从国际歌声中走来,就弹这个钢琴,国际歌的音乐。当朗诵到长征途中,总理在马背上办公,头上飞机轰炸,地上敌人围剿,他就用长征的那个音乐,钢琴这声音一出来,我朗诵的诗情,完全跟他的钢琴融合在一起。所以刘诗昆的钢琴伴奏是非常有诗意的,后来周总理逝世周年、周总理的诞辰纪念日,他特地从香港赶到北京来和我合作,最后一次是在人民大会堂旁边,国家大剧院的大剧场我朗诵这首诗。

《周总理办公室的灯光》,当年石祥同志写了一篇文章,首都体育馆门口有等退票的,"同志你手绢带来没有?""为什么手绢带来没有?""你听了这个朗诵以后可能要热泪盈眶,你控制不了自己的感情,就拿手绢去擦擦眼泪。"当时首都体育馆一万八千多的观众,当我朗诵到激情的时候,爆发出那个热烈的掌声。

主持人:您在 1983 年的时候创办了北京朗诵艺术团,是吗?

这个给大家汇报一下,我们中国被誉为"千年诗歌的古国",唐宋名篇,特别是现代许多大家很熟悉的诗歌,无不弘扬我们的民族精神,在爱国主义宣传当中发挥了它独特的作用。特别是当前我们对我们的青少年一代,更要对他们进行一种革命理想的教育。中国有京剧团、有民乐团、歌舞团、曲艺团、杂技团,为什么不能有一个朗诵团呢。所以我在"文革"以前,就写了一个报告给我们的中宣部。那个时候的几位部长,非常支持我,说殷之光同志你的想法很好,中宣部和中国作协大力地支持你。准备在中国成立第一个朗诵艺术团,但是由于"文革"把这个活动压下来,一直没能实现我们的理想抱负。

粉碎"四人帮"以后,文化要繁荣,艺术又回到人民中间,我向北京市委有关的领导提出了请求,我这个设想一公布之后,北京日报、北京晚报、光明日报纷纷表示对我的支持,很多老先生、老作家纷纷撰文在报上发表,支持我这个设想,后来在北京市委市政府的大力支持下,同意我叫试办三年。有两个条件:第一个条件坚持社会主义文艺的方向,这个朗诵团建立起来之后,一定要弘扬我们的民族精神,深入到中学、大学、小学、青少年当中去进行爱国主义教育。第二个条件要做到自负盈亏,在座的同志们听得明白这四个字吗? 不要国家来负担,自费，自力更生，自己挣钱养活自己。

我顺便介绍一下，我是 1934 年出生在上海，1951 年就到了公安局，上海市公安局，当了一名年轻的刑事侦察员，现在就叫刑警，一干就是八年。

1958 年中央广播电视剧团派了导演、团长到全国各地招收年轻的电视剧演员，当时我参加了上海很多业余的文化活动，被北京去的导演看上了。当时我们上海有几百个年轻人报名，结果录取了四五个人，其中有两个，我们一起从上海到北京，还有一个是谁呢？大家在电视里面看过《话说长江》，那个白发苍苍的、学者型的主持人，叫陈铎。

我记得清清楚楚，我和陈铎两个人坐着火车到了北京，那个时候没有西客站什么的，在北京的前门车站，下了车以后我们两个人要了一个三轮车。那个时候三轮车不仅可以随意载人，而且可以从长安街走。大家想想从前门火车站到广播电视台，现在的复兴门，大家可能去过南礼士路那儿。当时叫"中央广播事业局"，我们两个人坐着三轮车经过天安门广场，心情舒畅、开阔，非常愉快，终于到了我们伟大的首都了。

中央广播电视剧团，也就是现在的中国广播文工团。当时有很多人，郭全宝、刘宝瑞、侯宝林都是在我们团的说唱团。我们是在剧团演电视剧、广播剧、朗诵等等，后来一直在电视剧团工作了大概二十多年。"文革"时是到五七干校。在座的同志们可能知道，当时叫"知识分子和工农相结合"，我们的五七干校在河南，在那生活了六七年。

后来粉碎了"四人帮"，我们又回到了北京，重新开始了我们的艺术生活。我除了广播剧、电视剧以外，对朗诵是情有独钟。在北京的文化宫、少年宫广泛地开展朗诵活动。

办朗诵团，当时困难很多，我要到文联、文化局、宣传部，不叫求他们，我要向他们汇报，我要说一下朗诵艺术在中国发挥的作用，对青少年的教育意义。经过了三年，终于成功了。

……

保尔·柯察金有一句名言，他说人最宝贵的东西就是生命，而生命属于每个人，只有一次，一个人的生命是应当这样度过，当他回忆往事的时候不因虚度年华而悔恨，也不因碌碌无为而感到羞耻，这样在他临死的时候，就可以说我整个的一生都已经献给了人类最壮丽的事业,为人类的解放而做了斗争。那么我没有什么更大的贡献,所以说同志们很抱歉,本来让我讲,我就很忐忑不安,我觉得没有前面十一位艺术家讲的那么生动,故事很吸引人,有传奇的色彩,但要我来讲,我一直心里面很惭愧,只是跟大家交流交流。

……

我曾经跟很多人讲过,我说我将来倒在舞台上,这个不好意思,我自己树了。将来有一天我倒在舞台上,这是我为自己树立的一块艺术人生的纪念碑。

我现在心脏搭了四个支架,刚搭完以后,我觉得我的人生不是很消极,不能很悲观。我在想,我的人生还能够在美好的世界上生存多少年。于是我朗诵那首诗的时候,人生自古谁无死,留取丹心……我就想到我自己,这个朗诵,就是一个感情的宣泄,我在台上朗诵就是表达我自己的一种感情。我也想到了人生有限,总有一天要离开这人世,到八宝山去,被放到火葬场的炉子中去,最后装到盒子里面埋到泥土里面。总有一天这样的,但是我们不要虚度这一生,所以我就想到,还要自己去努力。

我跟一些年轻同志说,你不要马上就成为一个什么家,表演艺术家、朗诵艺术家……你就是一个很好的朗诵者。人家说殷之光先生是朗诵艺术家……我是一个普及者、倡导者、实践者。

我办那个朗诵大赛,不收大家一分钱。报名费不收,参赛费不收,奖杯奖状不收,甚至于专家辅导费我不收,不收大家一分钱。因为我们中国广大的朗诵爱好者,有些还不是很富裕,你不要增加爱好者的经济负担。但是现在社会上还有些人多收费,还怪我,"殷老师你不对,你不收影响我们,我们还有开支,比如说场地费,评委来了要给一些钱,购买一些奖状,奖杯也要钱……"但是我这个就叫自掏腰包,这个钱我自己出。

我们买的这个奖杯,都是我亲自到天津市场去买的。大家知道,天津市场卖奖杯的老板都认识我的,老爷子怎么又来了,我去年在你这买,今年是第五届了,还到你这来买,很辛苦。那个时候我去,身体很健康,没有人陪着我去,再到第八、九、十届的,我再去买奖杯已经拄着拐棍,由助理搀扶着我去了,另外我也不客气地跟大家说,我为什么亲自去天津?我可以砍价。

比方这个奖杯分三种,大的中的小的,他大的要一百五十,我说老板你看我到你这买了两年三年了,给我便宜一点吧。老爷子你说呢?我说八十。他说我一百五十你砍得太厉害了,怎么八十?他说这样一百二十行不行?我说一百二十不行,我是义务的,不收大家的钱,我自掏腰包。真是的,老爷子看你也是挺辛苦,挺热情的,这样吧,一百。

我这个人是,我跟我的朋友都说,人家也是辛辛苦苦小买卖,要让人们挣一点钱,对不对,你砍得太厉害了也不行,对不对,人心都是肉长的。人家一百五十,你砍到最小一百,但是我跟他讲,一百是大杯,大号的,中号还是八十,小号的六十,他大中小一平衡就卖给我了。所以这些事情我一谈起很欣慰,能够这样把自己融化在群众当中,像这样的故事很多。

现在社会上有一种这样的状况,你越是不要什么,人家越是瞧不上你,殷之光还有某某,某某某,他们老了,也不在乎,他们是党培养下的,请他们来了,可以不给什么,有的人不赞成这个,有的人过分在乎这个也不对。我一年拿出来几万块钱,这个我觉得还可以,自己省吃俭用,勒紧裤腰带,花一点钱。我为什么不收费?因为朗诵是群众的艺术,培养下一代是我们每一个文艺工作者义不容辞的一个担当。

所以我现在请的评委都是好朋友,比方说大家知道的,比方说像曹灿老师、瞿弦和老师、虹云老师、冯福生老师、朱琳老师——演央视电视剧《西游记》里"女儿国国王"的。我请他们来,他们不讲究多少钱,我给一点车马费,非常乐意来。像这些演员他们的出场费就是几千几万的,但是我请他们到这儿来,完全是一个车马费,他们乐意接受,非常愿意到我这儿来为群众服务。

我觉得我的这些成功,这些都是包含着更多的朗诵爱好者、更多的艺术家,他们的心血给我的支持。

比方说第一届"殷之光杯"朗诵大赛,一等奖的获得者,他非常高兴,殷老师将来我们办一个业余朗诵团,怎么怎么样,办了。转年第二届的"殷之光杯"朗诵大赛三等奖获得者,他也建立一个团体。现在北京好多业余朗诵团,什么五龙厅朗诵团,什么月坛朗诵团,还有那个天坛朗诵团,反正好多各种各样的,已经有三十多个业余朗诵团,说明我们这个朗诵大赛起作用了,普遍开花了,培养了群众爱好者,不是靠我们一个人,不是靠几个专家在这儿,那不行。一定要发动群众。

......

朗诵之花开遍我们京城,开遍海淀。我这样说一句,我也是海淀人。所以海淀这块土地,人才辈出的土地,我有很深的感情,我除了在市里面担任工作,海淀区政协,我也是多届的委员,我还是海淀区文联副主席,当然我是很不够了,做得很不够,还想多为海淀区的老百姓做一些事情。

朗诵对于我来讲,是我完善人生,激励自己,永远活到老学到老,永远进步,永远健康,永远和同志们、百姓们在一起。

观众提问:殷老师我想问问,诗歌是不是要背下来才能上台朗诵?

请坐,两种形式都可以,一种就是背下来脱稿朗诵,那么这样可以使朗诵者对这个诗歌的内容更加体会,更加熟悉,更加表达好诗歌作品的思想境界和它的感情和内容。我觉得更加成熟,更加背得下来。现在我们一般提倡脱稿朗诵,这样朗诵起来得心应手,比较自然,胸有成竹,熟能生巧,我们老话叫熟能生巧,你结结巴巴很生的,不能很好地打动观众,达到我们朗诵的目的。一种还是背下来好。

第二也不尽然如此,也可以拿着稿子在台上朗诵,因为比较生疏,比如昨天交给我的一个作品,今天我就要朗诵,要很长时间背下来,要拿着。

即使拿着稿子,也要吃透这个诗歌作品的内容,它要表达什么,传递什么,至少要把这个作品里边的思想、感情、内容,通过你的声音、你的语言传达给观众。

我觉得你可以,即使我们专业的朗诵演员,我也是经常应命之作,比如到什么地方了,经常建市多少周年,你朗诵是即兴的,歌颂重庆、陕西、广西、上海的等等,我朗诵这些诗,我的诗集里面都有。这个我不一定马上背下来,我的诗集当中都有,比方你歌颂广州的,你首先对广州的历史,广州的风土人情,广州历史上所发挥的作用,广州的名人轶事,广州什么特点你要很熟悉,你会对广州产生一种感情,即使你看着稿子朗诵,也同样可以获得群众的(认可)。

第十三讲 "九九八十一难"是磨练

主讲人：刘大刚 （央视版《西游记》沙僧扮演者）
地 点：北下关街道会议室
时 间：2016 年 11 月 9 日 下午

　　刘大刚，中国京剧院的花脸演员，国家一级演员。

　　1947 年生于北京，1993 年，刘大刚在古装电视剧《戏说慈禧》中扮演郑王。1994 年，刘大刚在名著剧《三国演义》中扮演孙綝。1998 年，刘大刚在《西游记续集》中扮演沙僧，被人熟知。2004 年，在李冰冰、杨紫琼主演的动作电影《飞鹰女侠》中扮演武术学校校长。2006 年参演古装电视剧《大敦煌》，饰演阿奢那。2007 年与马德华、迟重瑞领衔主演神话 3D 立体电视剧《吴承恩与西游记》饰演沙僧。2015 年，在中美合拍的 3D 魔幻电影《敢问路在何方》中再次出演沙僧。2018 年 2 月，参加浙江卫视《王牌对王牌》第三季。

　　朋友们大家下午好，我今天参加这个活动我非常高兴，我方才在汽车上就跟小文来交流，我说这个活动办得非常好，接地气，能够让我们演员几乎就是零距离地跟观众来交流。

　　我今天要跟朋友们讲一讲，我拍央视版《西游记》这个戏的过程。我们就像《西游记》当中讲的"九九八十一难"，它不同于拍别的戏，特别是我们现在拍戏的时间很短，我们这个戏拍了六年，几乎走遍了祖国的大山、河流，包括海边。这么长的时间也绝不是轻轻松松地过来，我们这个戏的导演，朋友们也都知道，是著名的杨洁女士。她是我们中央电视台一位杰出的导演,她把我们这些演员集中到一起,拍了这样一部大家耳熟能详、喜闻乐见的节目,不是偶然的,导演也是吃尽了苦头。

杨洁导演是我们的榜样,对我们要求严格,我们四个人得到了锻炼,也得到了思想上的改造,同时也把人物刻画得尽职尽责,所以观众认为好看,这个戏不仅在国内影响大,特别是东南亚,像越南、韩国、马来西亚、新加坡这些国家,都会唱《西游记》的歌曲,而且对这几个角色非常熟悉。去年,越南大使和夫人两次约请我们过去做文化交流。

刚才朋友们也看到了许多照片,看到了一些场次的相关镜头。《西游记》这个戏的拍摄,外景特别多,所以时间长,我们的导演最后就总结了四条:拍摄时间最长,用的演员最多,走的地方最多,劳务费少。一开始还是补助费,没有什么稿酬,一斤粮票,得(拍)到晚上十一点。虽然说费用这么少,但是大家的干劲,演戏的精气神仍然是不差的。

我刚才说了杨洁导演,我们演员还能够在个别的场次休息一会儿,她没有休息的时候,而且是一个女导演,这么长时间拍这么一个戏,真是不容易。所以我们"师徒四人"做节目时,首先会提到杨洁导演,她付出了辛勤的汗水。

我常说不管你是哪一行,从事哪一个专业,所谓成功了,背后都是血泪汗的凝结,没有什么取巧的地方,只有经过这些个过程,你才能够谈一些经验。演"沙僧"这个人物,(剧情里)我身上(需要挑)的担子很重,导演是没有让我这样去做的,因为毕竟这是演戏。在海边、山坡上拍戏的时候,总有六七级的风,还没有走呢,担子就跑后边去了,我一看不行啊,因为我毕竟是一个专业演员,不能凑巧,凑合一次整个儿戏下来就没法看了。所以我跟导演说,我还是用重的一套担子,要大一点,夸张一点,前面坠五块砖,后面坠五块砖,导演说那多沉,我说你别管我。她说你非要坚持换就换吧,结果一换这个感觉还是不一样的。我觉得符合沙僧这个任务,挑着担,你得走路,走路过程中得有这个感觉,有负重感,(要是)还没有走呢担子跑后边了就不行,显然这是一个道具。

许多镜头都是在海边上,都是在山坡上拍的,南方的草大概有这个讲台这么高,有一米来高的草。我挑起担子来也不知道前边哪个草里边有坑、有沟,我也不知道,但是镜头必须四个人一块行路,走的过程当中，我时常掉沟里头，我身上挑的担子重啊，他们俩人拿着金箍棒拿着耙子，轻松得多。刚才记者采访我还问我这个问题，我说确实挺重的。尽管我台词少一些，但是我身上这个担子重量比他们都要重。因为观众看不到，砖头是在担子里放着，（挑担用的）棍子五公斤，风再大一点也不会刮到后边去。

我这个耳环是过去女孩子戴的铜镯子，所以每天脖子也好，肩膀上也好，耳朵也好，三道沟，这都没关系，有沟关键也看不见，但是睡觉可就麻烦了，尤其耳朵这个神经特别敏感，这一沾枕头就跟针刺似的，睡不着揉耳朵，好不容易劲过去了半宿也就过去了，六点钟起来就得化妆去，我们这个妆画起来又慢。像我这个妆，头发、胡子、眉毛全是粘的，不冷不热的时候还过得去，特别是冬天跟夏天的时候，粘一次胡子再也不想卸了，因为再粘都发怵了，冬天结着冰往满脸刷胶，满头刷胶，夏天也是这样，没办法，因为演这个角色。"八戒"和"悟空"要戴面具，特别是夏天，面具一摘下来之后，看这个满脸都是红点了，汗毛孔都被汗水给淹得又白又红，红白分明，我这个也是这样，胡子一摘等于一个沟一样，汗水哗一下就流下来了。

有的时候难受，因为也痒痒，有时候疼，疼也不敢动，胡子开了再刷胶，不是好滋味儿。有时候怕，没事就看看。这个过程对于一个演员也好，对于一个角色也好，都是一种磨练。拍这么长时间了，吃了这些苦头，再拍别的戏都不当回事。我们穿的服装，大家看都挺魁梧的——垫着胖袄，胸脯都垫起来，胖袄不像现在的垫肩，不是的，里边都是棉花。

夏天拍冬天的戏，拍完了之后，浑身像跟洗热水澡似的，还要盖上被子，还要烤火，三个人在那儿躺着，没拍之前三个人还能互相看看，意思热不热，火苗这么高，夏天热啊，还没躺下呢已经浑身汗了，再一盖被子，再烤火，那就坚持吧，没有办法啊，师徒四人都在现场呢，我感觉我比他们还热，我这棉袄厚啊，外边看着觉得不是这样的，里边穿得厚，我比他们的衣服都多了两三层，葡萄紫的坎肩，那个挺薄，底下的白裙，外边绿的长衫。不会穿的还真穿不上，不知道这个裙子冲前冲后，外边还系一个腰带。

我们几个人都是戏剧演员出身，这样比较好，自己穿戴什么颜色，花儿怎么系，系在哪一边都记得很清楚，还是有一点先决的条件，但是复杂。有时候拍戏就得拿着这个时间,不给误场,先拍谁,后拍谁,拿捏这个时间。反正每次四十分钟,包括化妆。导演对我们演员还是挺宽容的,非常关心我们。当然这个戏确实是累,我觉得特别是这么几场戏,像"通天河",过这个冰河的时候,马摔了几次,把导演给急得不得了,因为导演说你们把马绑上让它走一下看一看,它四条腿站不起来啊,它刚一站就跟练功劈了一个叉似的,一打滑马就摔了,摔了五六次之后把导演急坏了,说你们几个人赶紧的,这些人都去,赶紧把马搭出来,这马要是给我摔坏了,明天就拍不了戏了。

我们几个演员,服、化、道把马给搭出来,站起来之后还走一走,导演心里稍微放点心,因为明天还要拍戏,万一摔坏了明天确实拍不了,因为要换马,这个马是通身白的,一点杂毛没有,出了一块黑按我们的话说穿帮了,那不行,假了不成。这一场戏拍得非常艰难,我们演员也是这样,挑的担子走到冰上我也站不住,空人还凑合,但是挑着担子过冰河啊,风也大,怎么也有六七级,里边前后还有五块砖,我一用劲就摔倒了,因为被砖坠的。拍花絮都有记载,央视做节目也播放过,最近这次做这个访谈节目,"马兰花开"这个节目也还在播。

"通天河"这场戏,演员也好,导演也好,包括工作人员,服、化、道,没有房子,就在野地里站着,在河边上站着,特别冷,更别说我们吃饭了。吃饭的时候一打开饭盒都结冰了,有的时候我们就说了,能喝口热水就行了,结了冰没法吃了,拍完之后赶紧喝点粥吃点别的。像这种场合有过几次,包括我们拍"美猴王"的时候,刚才片子里播出来了,我们在山洞里拍的,有的时候得放干冰,放烟,这烟儿放完了不要紧,出不去,没有窗户,在山洞里头,时间一长,眼睛都睁不开了,眼睛都红了,被烟熏的。拍一次放回烟,第二次烟又不够了,还得重新来,弄几次烟全弄到山洞里来了,我们睁不开眼了,而且呼吸都不舒服,这个过程有好几次。而且里边还有许许多多的武打,有一个镜头等于从山坡上往下跳,这一跳起码得有两三米那么高,虽然有毯子也很危险,因为不见得(能)站住,跳下去就得要战斗了,要站不住磕到边上,头就得磕破了,都是石头,所以得倍加小心。

还有在海边上拍戏,从沙地走行,看着似乎能禁住,走了两三米,不行了,沙地一踩就陷进去了,那里有水。没有经验,还得重新换鞋换裤子,全湿了。海边和山坡上拍戏这是两种感觉了,提心吊胆,也不知道哪里禁得住人，哪里禁不住人，这个过程现在回忆起来也不是特别舒服。我们在浙江南普陀拍戏的时候，有两次都是这样，他们两个人陷进去以后还好点，因为手里拿着金箍棒、耙子，我这个不成，几十斤的重量在我身上，一下陷进去了。我说导演，明天得等我一会儿，裤子和鞋都湿了，我得重新换一下。所以这个过程，我感觉都是对我们演员，对编导也都是一种考验的过程，也是我们长经验、长知识的过程。

拍这些戏，给我的感受最深的就是团队精神，大家要讲团结，有的时候我们也苦中取取乐。有时候我们师徒四人互相逗，"你别老那样，你瞧你这个说话，走路干嘛老那么快，"跟"八戒"说两句。六小龄童拿我开玩笑，"挑着这个担子别往前跑得那么快了，适当露担子头一点就行了。"互相开个玩笑解解乏，说实在连观众都没有，野味十足。在张家界的时候也是这样。我第一次看见娃娃鱼就是在张家界金鞭溪看到的，我给师傅取水，近得很，两边就是蝉叫，刚迈右腿，突然小孩哭了，我说这是什么，把钵盂也给摔了，吓坏了，听着蝉的声音怎么小孩哭了，半天没醒过来这个味儿，我就找，什么叫唤呢这是，我一掀开这块石头，我也不知道这叫娃娃鱼，还有腿呢，我以为这是壁虎呢，壁虎怎么在水里待着？敢情这个娃娃鱼身的一半在水里，背在外面，而且在岩石的下边待着。

张家界金鞭溪，越往里走越窄，越往里树木越多，而且特别滑，那个地方特别潮湿。有时候我们把导演抬进去，把机器摆好了，我们大队往里走，牵着马往里走，马也不能摔着，摔着导演又该着急了。说到金鞭溪这一段，后来我去看着立了一个石碑，西游记拍摄景地，我一看跟原来太不一样了。没有公园那种感觉，没有公园的感觉，树不是人植的，自然生长，特别漂亮。

我记得导演经常说这句话，我们师徒四人往镜头前一站，牵着马，还没有拍戏呢，这就是一幅国画。"每天在镜头里看你们，我也没有看够，我喜欢看这幅画，有的时候一高兴，你们几个人多站一会儿我看看，好看。"

（拍）"八十一难"的过程，对我们每个演员都是一种启示和教育。去年我们到了陕西的铜川，这就是玄奘取经回来在那里写佛经的地方。我们现在有许多人对佛教非常虔诚，但是我们《西游记》取真经，我个人的理解和认识是什么呢？取真经的目的，从佛教来说，就是要种福田,要渡人了。用我们今天的话说,就是要全心全意为人民服务,用我们的真心,用我们的实际行动来帮助一些还比较贫困的山区也好,贫困的个人也好,我们尽一份力量。所以我们拍这个戏本身不是为娱乐而娱乐,也是起一种教化作用。要让我们百姓在创业的过程当中,敢于吃苦,要团结,团结是力量,其实这话大家都能想得到,做得到,但是还有一个要坚持。

有一次拍戏蹲到马肚子底下了,晒得连棵树都没有,我一起来一看这个马,就跟人洗了热水澡似的,浑身是汗,我一看这个马直哆嗦,浑身流着汗,我这眼泪都下来了,受不了。我说我快坚持不住了,马晒得浑身都颤起来了,我在它肚子底下蹲了一小会儿,我想还得坚持,热怎么办,打着伞也不成,烫手,海水也热着呢,骄阳似火,可不得了。这个过程就是锤炼一个人的过程,百姓常说没有吃不了的苦,没有享不了的福。

所以"八十一难",都要面对,都要笑对。我演"沙僧"这个人物也是这个样子,所以我演这个人物就要向这个人物学习,他的优点在我身上能体现出多少,我还有哪些地方有多大的差距。刚才听到有许多朋友是从外地来的,听说我在这讲《西游记》的拍摄过程,大家很有兴趣。我们在外地做节目的时候很多,这样零距离面对面地来交流比较少。我跟大家来交流实实在在地说,就是讲我个人的一些感受。讲这些东西是为了什么呢?我们多做一些正能量的事情,多说一些正能量的话,多鼓励大家,包括我们自己的子女、同事,我个人感觉都是这样,包括我们的家庭,以鼓励为主,批评是为了团结,是为了帮助人,批评不是把人给说得一无是处,搞得人家没有面子,我觉得这样不好。所以要从团结出发,包括《西游记》里我们的师傅"唐僧"也是这样,虽然拿着紧箍咒,有时候也还是要考虑大局,"悟空"这样大的本领,在《西游记》里做出很多很大的贡献,师傅为什么还要要求这么严格呢?我们说了家有家规,国有国法,一定要遵守纪律。做事也好,做人也好,不管你初衷怎么样,没规矩不成方圆,没有纪律不行。

教育自己的子女也是这样,我也有子女、孙女,我也常说要尽量多鼓励他们,少批评他们,不管语言也好,物质也好。不一定说给多少钱,给一点吃的,也象征着鼓励,包括给一些话。成绩差一点怎么样了呢?是不是老得保持一定的水平?这也不见得,因为每个人的精神状态,身体状态也不总是保持一样的,孩子也是这样。他受客观的影响,身体的影响,甚至于老师的影响,方方面面,所以我们家长要耐心地来教导自己的子女。我们同事之间也是这样,现在我们师徒四人之间,我们关系很好,几十年的感情,虽然是拍这么一个戏,因为这个戏前天我们新闻发布还在讲,不管演多大的角色,我们师徒四人仍然聚集在这个戏当中,这是难得的机会。

我演的"沙和尚",本身来讲是勤勤恳恳、老实憨厚、任劳任怨这么一个角色,我们同事之间也是这样,从佛教来说,饶人是福,能忍是福,吃亏是福,说起来还是容易得多,做起来还是有一定的难度。但是尽量朝着这个方向,朝着这个目标去做,时间一坚持下去,自然而然就见效了。这个人宽宏大量,能够任劳任怨,我相信我们朋友之间也好,同事之间也好,眼睛是看得清楚的。人家有时候不讲,不等于人家心里不懂,没有看清楚。

"沙僧"这个角色,观众为什么记得那么清楚呢,他有一种品德,就是大家说的,我们今天社会上百姓们也好,官员也好,希望多出这样的人物——干起事来踏踏实实,不怕吃苦,不是上来就提条件,先把事情做好了。《西游记》的精神今天来讲应该继续发扬,师徒四人每个人身上都有优点,当然也还有不足,我们尽量发扬我们的优点,克服我们的不足。

我这个年龄,现在七十岁,从年龄角度出发,我也拍了几十部戏,只有这个戏大家印象是非常深刻的。刚才里边介绍了,包括《三国演义》都参加了,《宰相刘罗锅》《南少林》《武则天》《火烧赤壁》《凤求凰》《戏说慈禧》等等,首先这个戏大家看了那么多次,而且这个人物大家喜欢,所以能够记得深刻。一问大家,都喜欢"沙僧"这个人物,其实喜欢他什么呢,实实在在地说做人还要老老实实,无非付出得多一点,你让人爱戴你,喜欢你,你就应该付出多一点。你对朋友付出了,你对工作认真了,朋友也好,领导也好,他看得清,他记得明。可能当时不讲出来,有时候一两件事人家认为还得要考验考验你,反反复复总是这样,领导也好,作为家庭来讲也是这样,这个人真是,他总是这个样子,这种表现真让我感动,我得把我的缺点收敛收敛了,不能老这个样子,它是自觉的,因为你感动了人家。

七十岁的人应该想的是什么,心里应该淡定,我觉得应该淡定得多了。跟大家聊的这些主要是朋友们每天要开心、高兴。没有一个好的心态,吃多好的食物也不行,怎么锻炼也不行。您就是每天怎么想办法说点高兴的话,做点高兴的事,愿意聊天的人多聊聊,喜欢做的事做点儿,每天让自己开心、高兴,花钱也得高兴,不高兴别花钱。围绕着"高兴"两个字去做,我想这样身体会越来越好的。否则老上医院开药,吃完药心情还是不愉快,吃这个东西还是不喜欢吃,我个人感受,我们拍戏也是这样。

讲了半天,朋友之间也好,儿女也好,你得互相关心,有些观念要转变,反正我是这样,对自己的夫人也好,像我这个年龄,年轻时候有好多话说得不对,事情做得也不对,到底怎么办呢,也不能光嘴头上承认错误。错误从哪儿来,好几十年了,把态度端正了,哪怕一杯水,一个面包送过去,给你买的,水是给你端过来给你喝的,这是尊重人,我通过这个行动,表示我内心几十年有些做得不对的地方,承认错误。真正做好这个,心里头特别愉快,要是做不好心里真是一个疙瘩,虽然说几十年了,几十年也不见得全忘掉,关键的东西忘不掉,可是有的时候潜移默化,每天老是这个样子,老是问寒问暖的,这个丈夫也好,这个老伴儿也好,怎么改脾气了,其实心里话没有说出来,你感到年轻时候怎么怎么样……祝朋友们身体健康,家人幸福,每天开心、高兴。将来有时间允许的话,我再跟朋友们多交流,多沟通。谢谢大家。

第十四讲　爱你的职业

主讲人：程思寒

时　　间：2016 年 11 月 21 日

地　　点：北下关街道皂君庙社区

程思寒，内地男演员。

1961 年出生于黑龙江省佳木斯市。

1989 年，出演了首部电影《热恋》。2006 年，参演电影《面纱》，2013 年，参演电影《西游·降魔篇》；2014 年，参演徐克电影《智取威虎山》。

电视剧作品有：《日落紫禁城》《水浒传》《武林外史》《风云雄霸天下》《小鱼儿与花无缺》《51 号兵站》《女人花》《租个女友回家过年》《我叫王土地》，以及浙视版《西游记》等剧。

我简单介绍一下我自己，程思寒，1962 年 5 月 23 日，生于祖国东北黑龙江省五常县冷巫山公社盛源小队第二小队，父亲是工人，母亲是教师，父亲常去姥爷家买大米，一趟一趟买大米，结果把我妈带回家来了。我来到北京已经二十多年了，事业无成，儿女双全，家地方小点儿，三室一厅，对付。

我原来不是演员，在黑龙江一个水利系统的单位。1981 年技工学校毕业，开了五年车，现在来说不知道是大事还是小事，撞过火车，轧过人，翻过车，单位总是处罚我，没办法我就准备离开这个地方，我要去考学。我那个时候已经是我们那个单位所有家庭的茶余饭后，你看这小子怎么怎么样，吃饭之前不聊聊我都吃不下去饭。

有一天我说不开车了，我考学吧。（人们）说他能考上学？是个人都能考上学！我心里也没底，我就这样去考学。好在后来考上师大了，念了三年半，我就跟人家打起来了。没有办法，闹心，我在一个漆黑的夜晚就走了，逃票到了广州，到了广州买完船票三十多块钱，兜里剩了十五块钱，好长时间没有吃饭了，船上的米饭五毛钱一碗，但是汤贵，就犹豫吃是不吃，斗争来斗争去还是吃吧。吃完剩了一块三。这个时候转折来到，坐到船舱里头认识一个人叫张强，他是拍电影的副导演，我们住在一起，下了船三天以后又见面了，他问我找着工作没有，我说到现在没吃饭呢。他马上给我拿了五十块钱又请我吃的饭，他说你好好找工作，你要找不着工作你来找我，我说找你干什么，他说在这儿拍戏，你不行在这里帮个忙再去找工作。

几天以后，我没有找着工作，我说行了，那上你那儿待着吧。拍摄现场围观的人很多，他说你维护一下秩序，拿个绳绑在树上，别让人影响拍戏，管来管去，给我说一个问题把我吓一跳，他说我们这里有一个名人甲，你演一下吧，我说我哪儿会演戏，他说没事谁天生会演戏，让我演一个角色，给了我一句台词，这个电影叫《热恋》，是陆小雅导的，里头是吕晓禾、李克纯主演的。我说："看那边来个女的。"剩下的没词，就跟人家打扑克什么的。一下触电了，这玩意儿挺好，帮人家跑前跑后，剧组都走了，我留在海南岛了。挖过臭水沟，割过香蕉，海南那个时候不像现在，有时候晚上睡觉，随便找一个地方一睡，一伸手大耗子这么长，就跑到身上了，就那么过来了，后来草台班子的剧组去了不少，也没有正儿八经演上戏。

这个时候国家一个影视代表团到了海南岛，张瑞芳、王心刚、刘晓庆、潘虹这些老艺术家全部去了，能有二三十人，我正好去帮忙，帮来帮去，认识里头一个范老师，还有陶玉玲，说这个孩子挺好，到北京找我们，但是我们还是没有钱。说的最难受的就是什么呢，我从海南岛好不容易回到黑龙江佳木斯看我妈，那个时候我父亲去世了，五十二岁癌症去世了，回去看老妈，买双鞋，舍不得，（坐在车上）看着看着，到晚上丢了，光着脚下了火车。说海南这么热到家怎么还光脚，鞋丢了，那种悲惨，普通人家出来的孩子就是比较坚毅。

还有一次坐火车，那个时候没有钱坐卧铺，也是几天没吃饭，对面一个人说怎么没吃饭，我说大哥没钱了，对方说请我吃饭，聊得挺好。这个人是南昌的，他说我哪天上你们家看看去，我们那个地方是水利单位，都是平房，路特别泥泞，有一天我看见一辆蓝色的车开到我家，我一看坐火车那个人到我家看我来了，看我来了对我来说也是个很痛苦的事，喝酒可以去拿，菜没有啊，我一看有两个小鸭子，最后没办法把鸭子一剁，吃了饭。但是在那么难的情况下，自己决心也没有动摇，最后就来到了北京。后来我认识了姚鲁，他让我住到他那里，他是北影厂的演员，住到他们屋里。就这样我们在北京打拼，有时候这个演员拿点儿盒饭，那个演员拿点儿盒饭，但是非常坚强，什么原因呢，是我特别喜欢这个事业。

我到今天（一直）做演员，就喜欢把我的戏演到底。我不一定演成大腕，但是把我喜欢演的角色都演了。后来《水浒传》让我演了一个角色——朱富，正儿八经开始拍戏了，随后拍了香港的《长风镖局》，可能应该有看过的，是何家劲、叶童主演，我在里边演的"大狼"，演来演去，现在在我们影视圈一说我的名字就说人狼，一说程思寒很少知道，但是说大狼都知道。这么多年演了六七十部戏，也有开心的，也有难过的，像《敌后武工队》演的"哈巴狗"。我在拍《东陵大盗》的时候，一开始一冲，马一下就跑起来了，把我摔下来了，等马跑以后他们说大狼人呢，我正好摔在一个中间的空地，旁边都是这么粗的树，都是尖儿，我就落到中间那个空里。我要是落到边上，大动脉都得干稀碎，人就废了。人从马上摔下来根本喘不上来气，四肢不能动弹了，这种情况我已经从马上掉下两次了。

还有在内蒙古拍的《我叫黄土地》，全景拍完，近景马一立，但是马不立，它一低头我一下摔了。在没摔之前，有一天拍戏，马从老远跑过来，导演说看看大狼怎么摔了，再起来，咱们这么胖，那个时候比现在还胖，这一拐弯我没掉下来，演员李强他一掉我把他薅住了，他说这个戏不能演了，导演晚上做他工作，最后还是演了，结果把这儿摔折了，当时让他下马，但是没有让他在马上，一下碰到石头了，他没有当回事，反正就这疼，过几天发黑了，说到医院拍个片子，折了，打上石膏，非常危险。有替身演员吊威亚，一下断了。我拍《喜临门》，我们几个商量剧本呢，从上面掉一个人，掉到垃圾堆旁边，灯光师从上面掉下来了，九米多高，拍戏危险特别多，有时候不可想象。

我们当时有一个演员，拍炸戏，他说："导演我骑到马上，你把炸药绑在马肚上，一炸就飞出去了。"导演说不行，现在拍个马炸一下看看。预备——拍！马一跑，炸药一炸，马没了。所以说做演员看着挺鲜亮。早晨五点多钟起来到现场，一干干一天，干到凌晨两三点钟，我前段时间拍的戏，九天就要把戏拍完，早上六点起来，一直到晚上两三点，回来不卸妆，直接先进被窝，赶紧睡，睡完四五点钟再起来，背剧本，这一天全是你的戏，你到现场演不好，我们现场会给你压力无穷的，快点，快点啊，几点了，几点了，天都黑了啊，像我们这种演员好点儿，抗压，有些演员越说越抖，越说越着急，越说越不会，所以演员也不是好干的。

有些导演他们特别逗，这个导演有时候在这拍戏的时候，有点吃的他就吃，他不饿，饭就不放，中午饭下午三四点钟放，剧组最辛苦的是谁呢，是场工，要搬轨道，搬大炮，搬配重，配重一个都五六十斤，最累是他们，拿钱最少的是他们。演员拍个戏，车送到房间还休息休息，他们永远在前线。天这么冷，不管零下多少场工永远都是这样，对他们来说休息是一种奢侈。

这么多年感谢谁呢，也说不上，让我演了袁世凯，让我演了弥勒佛，让我演了如来佛，我原来长得真不是这样，原来大眼睛双眼皮，一笑俩酒窝，现在不知道怎么长成这样了，原来总演坏人，我演佛不也挺好嘛。我这个人乐观，人一定要乐观。我跟别人说，犯法我不找你，坑蒙拐骗不找你，借钱不找你，喝酒一定找你。别管多大老板，他跟我交往没有什么想法，喝酒谁都可以，我处了一帮朋友，所以我特别爱我这个职业，但是有一条，我前妻跟我分手告诉我一句话，说："记住坚持，久靠必火。"我们相互之间送了一句话，我送了她"和平自主，自力更生"，不依靠外人的情况下奋发图强，她现在也做成大老板了。

到今天演绎了那么多角色，为什么？心态特别好。突然有一天接到一个通知让我演《面纱》，是好莱坞的电影，我在里头演了贵将军，这个电影最终获得奥斯卡最佳提名奖，证明什么呢，我这中国演员被奥斯卡的评委看过，我是被看过的演员。再一个周星驰老师找我拍的《西游降魔篇》，我演文章的师傅，最终卖了十二点八亿。后来徐克老师找我演的《智取威虎山》，又卖了十个多亿，现在徐克老师又找我拍《西游伏妖篇》，我演吴亦凡的师傅。王宝强我们俩拍的《大闹天竺》，他演猴，我演如来，我们俩一拍，一拍出事了。演戏对于我来讲是非常重要的,我这个人没有忌妒心,也没有小心眼,需要我的我就演,一演就把它演绎好,基本导演对我演戏还是比较满意的,不满意投资一两个亿的戏,不是马上换掉了嘛,还是认可我的,所以我就满足了。

今天跟大家见面我非常开心,我有两个孩子,姑娘她妈,儿子她妈,相处得挺好,我跟我前妻离婚了二十年,我这儿子在北京生的,今年是六七岁,我前妻跟我夫人他们关系特别好,我的前妻经常到我们家来,住到我家,有时候春节在我们家过,还给我现在的老丈母娘拿点儿红包。我跟我现在媳妇儿也到东北,到她那儿一起吃喝,她的男朋友开车送我,反正处得都挺好。

我们觉得没离之前都是亲人,离了以后更是朋友、亲人,离了婚一句架没有吵过,我的女儿在她身边长大,但是过年过节上我这儿,告诉我女儿一句话,"世上最爱你的人是谁,是你爸。"我的女儿在中央民族大学上大学四年级,儿子在王府学校,我在北京漂二十年了,到现在也没给个说法,不让孩子上高中,孩子又不能去东北去念,所以没有学校,只能上那个学校,我女儿是从大庆考上来了,所以我的家庭挺好。

我现在的爱人原来是化妆的。当一个男人回到家里头,家里一尘不染,干干净净,没什么愁事,愁的就是喝点小酒。所以说非常感谢北京这个大都市,没有改革开放,没有北京,根本就造就不了我们。王宝强、我们一批来的东北演员,我们回到家里头,一说到我,没人相信,现在一回到家,那是我朋友,那是我同学。你不去了以后他们还有一句话:"怎么呀我的钱不好使啊,请不动你这个大腕儿了。"待了三四天以后赶紧就得撤。过一段时间又得回黑龙江一趟,有些人需要帮帮忙,说两句话就说两句话,包括下边所有的亲人,你们要是这个社区有我的号,家里小孩要结婚干什么,需要我录一段视频,你跟他们一说我录完发给他们,来点祝福,过生日,结婚都可以。

演员这活儿不好干,我记得演《喜临门》,程煜演我爹,说打我嘴巴,我说程煜老师,不行真打一下吧,程煜老师说不能真打,我就放心了。五四三二一,开始,打得我眼冒金星,停了二三十秒我才说台词,完了导演说那个机器没有跟上。打完以后晚上睡觉就听耳朵响,不行上医院。(大夫)说现在不能坐飞机,不能嚼口香糖,又怎么怎么的……耳膜里头都肿了,他说不打。还有刘涛,非常火,不知道看过没有？《女人花》，我演的刘少爷，她唱黄梅戏，我总想把她抢来，打了九个，一遍不行再来一遍，演戏有时候是这样，可以从脸前滑过，但是有时候需要真打，她高兴了。那就是戏里规定的动作，但是也有高兴时候，我演袁世凯我也高兴，我往下一坐底下一大片人跪，免礼，平身。不行再来一遍……

我前段时间跟一个相声演员——何云伟，那个戏我们拍得很有意思，天也非常冷，把我塞到缸里头。我演一个大帅，让他们给我绑架了，把我打了。下雨天拍，真冷。最近北京电视台放了一个电视剧，《绝地枪王2》，我演警察局的局长，我跟下面一个日本人，最后打起来了，我们那个戏是在山泉里头拍的，哆嗦着拍。其他戏在水底下拍的，要租个游泳池，在游泳池搭个景，里头都是草，大家憋气，导演戴上呼气的，他没事，我们得潜到底下，我们在上面做好准备，下到水里打，还睁着眼睛，还得看着对方，打完了以后一遍一遍拍，打对方拉开衣服掏枪开枪，怎么也得憋两分钟，一下出来憋够呛，出来眼睛还看不着东西，还得下去拍，我的戏不那么多，那些人净在水里打，所以演员受伤的非常多。

我们有一个演员，子弹把身上这地方扎一个小窟窿，所以演员也有很多危险。我坏人演得多，但都是大官，官小就得来回跑，《东陵大盗》我演的马福田，那个戏非常好。还有一个《中华英豪》，李湘演我的女儿，那个戏也是非常不错的，我们拍戏在北京的南边有个垃圾场，垃圾场都是树林子，晚上冷，掰树枝，整个大桶把火烧着，夜戏从天黑一直干到天明，不管冬天夏天，不管多热都是那样，所以，演艺人生就是这样。

第十五讲　人生是努力，也是缘

主讲人：沈丹萍

时　间：2016 年 12 月 2 日

地　点：北下关街道大柳树社区

沈丹萍，内地女演员。

1960 年 2 月 19 日出生于南京，1978 年考入北京电影学院表演系。1979 年，进入电影学院的第二年，沈丹萍便登上了银幕，在电影《百合花》中饰演新媳妇。1980 年，沈丹萍在峨眉电影制片厂的影片《被爱情遗忘的角落》中扮演女主角。1981 年主演影片《夜上海》，饰演二十世纪三十年代歌星"金嗓子"周璇。

1982 年，电影学院毕业后，被分配到北京电影制片厂演员剧团？1994 年主演电影《留村察看》，获第十八届大众电影百花奖最佳女主角。其他作品有：电视剧《凤凰起舞》《女人如花》《刑警博客》等。

我们每个人的人生都会发生一些故事，如果不发生这些故事，我今天就不会在这个舞台上跟你们说，我也见不到你们了，我想跟大家说，今天能来到这个会场跟我们北下关街道的群众见个面，在人群里面几率多低，是千万分之一，千万个人里面未必能够遇到，今天感谢北下关的科长还有主任给了我们见面的机会，这是缘，我特别珍惜。

我是 1960 年（出生）的，我十五岁的时候赶上"上山下乡"。我爸爸妈妈有一点重男轻女，想让哥哥留在城市，跟我商量去农村，我说行。（正巧）我一个在扬州歌舞团当舞蹈演员的表哥结婚，我们去参加婚礼。我妈说我这姑娘特惨，马上高中毕业就要下乡了。表哥问我会什么？我说什么都不会，"会唱歌会跳舞吗？"我说不会，他说，"你赶紧学，我们团招舞蹈演员。"

我根本就不会，那个时候印象特别深，我爸爸骑着自行车，我坐在爸爸后边到处找老师，从下腰、劈叉……学简单的舞蹈，我从一个没有艺术基础的孩子、高中生，到考上扬州歌舞团，用了整整一年的时间，考了不下下十多次，高中还没毕业，我就成为了扬州歌舞团的一名小学员。后来两年里，我在歌舞团摔打滚爬。

1978年的时候艺术院校招生，我对这件事没有特别上心。那个时候到街头为群众演出，还有下乡演出、到工厂演出，我特别开心。有一天表哥特别严肃地跟我说，"我发现你永远是没心没肺、傻傻乎乎的，怎么一点上进心没有，你到团里两年了，没有拔尖儿的作品，都是跑龙套。不想当主角的演员不是好演员，你必须考中央戏剧学院和电影学院。"

当时我盘算，去北京考学可能需要五十块钱，没准儿还得一百块钱，一百块差不多是我半年的工资。哥哥说，"借给你肯定还不上，家里又穷，如果你听话就送给你五十块钱，如果不听你就在这跑龙套，但是我看不起你。"当时我特别伤心、难过。后来把这件事情告诉爸爸了，我爸说，"我去借，借也把这五十块钱借了让你去考。"那年爸爸给我借到了五十块钱，这五十块钱在我心里沉甸甸的，要多少年才能还清这个债，考不上怎么对得起我爸。

招生简章说一定要会小品，我都不知道小品是什么，想想浑身发抖。因为考试前特别犹豫，把时间给耽误了，我是最后一天来到了北京。那个时候我刚刚十八岁，我觉得北京好大，下了车开始打听22路在哪儿，怎么到小西天，到了小西天以后，我连旅馆都没有住，到了小西天我就排队，像长龙一样的队伍，看见许多北方的女孩、男孩。真的好帅，男孩大高个儿，女孩也是大高个儿，我是南方女孩，在人群里面，又瘦又矮又弱，又不好意思，又害羞，又紧张，我就想肯定考不上，第一天我就感觉我的气质、我的气势太弱了。

报名老师问我会什么，我说唱歌跳舞，问普通话会说吗？我说我说的就是普通话啊，可能还带点南方音。身高多少？一米六四，可能还符合考试的规定。我就在第五考场参加了北京电影学院初试。

越想努力越紧张，越紧张越不行，考前头天晚上都没有睡着觉，因为不会演小品，不知道小品是什么，肯定砸在小品上，唱歌没问题，跳舞也没问题，恰恰那天老师给我们出了多人小品考题，有时候五六个、七八个很多个人一起表演，老师不会对你有特别深刻的印象，你必须要特别出彩，你要把老师的眼睛夺住，我哪有这个本事。当时的考题是这样：我们是反革命家庭，父母在监狱里面，我们四五个孩子在家里如何打发自己的学习生活，有一天父母突然平反了，从监狱寄来一封信，我们去接父母。

当时我所扮演的是拆信的孩子，给哥哥姐姐们宣布信的内容，按照编排演完了，老师竟然叫住了我，说沈丹萍留一下。老师问我那封信都看进去了吗？我说看进去了，老师说生活中有那么看信的吗？原来啊我在歌舞团，表演都是歌舞团的动作，走路都带有一种身段，就是走路都这样走，全是舞蹈范儿。

老师说您这个表演可圈可点，就是太假了，你从上来就开始玩身段，走下去，走上台，都是起范儿，我们电影学院最怕你这种表演。我当时无地自容，我说老师对不起，我学学再来考，老师说基本没希望了。第一天的初试以失败告终，心情特别不好，我就在大门口坐在那儿，一直想怎么办，刚上场就败下来了，我该怎么办。要不过两天我就回家，五十块钱还没用掉太多，还能省下一多半还给爸爸。

就在我难过的时候，有一些考生陆陆续续考完往外走，看见一个人就在那儿流眼泪，有个男孩子就说，"没事，我们都没考好，但是我跟你说再过十天，中央戏剧学院开始考试了，这里没有考好去戏剧学院，戏剧学院没有考好，还有话剧团、解放军团体……"我说是吗？我觉得这是一个路子，就跟着他们，我说我不会演小品，也不会很朴实地来演，舞台范儿太重了。他们劝我说没事，你形象没问题，就是表演有待提高。一天给自己规定做五十个小品，自己命题，自己当编剧，自己找人练，笨鸟怎么飞的，就是这么飞的。给我的启发特别大。

我坚持每天做五十个小品，我演他们看，他们演，我来看。到了戏剧学院考试，极其顺利，因为我会演小品，而且演得相当好。第一轮下来老师就说不错，孩子，你要参加我们的复试，我心花怒放。

最神奇的是，我当时住在亲戚家里还是朋友家里面，人家说不方便不让我住了，我就到外面找房子住，但是很多东西落在人家家里了，我去取东西，说有一封北京电影学院的信，没想到竟然给我复试通知书，就剩下一天半天了。这回要考试咱肯定能够旗开得胜，也不忐忑了，也不腿抖了，跟老师也能够很好地交流了。

好多事情就在那一个半月里顺理成章了，身体检查、文化课考试，当然文化课对我来说也是一个大难题，因为我很早离开学校了，没有上学，我印象中我们考的是文学、政治、经济学，这三门不过，小品演得再好也不会录取，我就把所有考试提纲的书都买到，三本书，我通宵背，三天三夜没睡过觉，这本书哪道题出过，我都背下来，因为每道题我都熟记了，所以那一年，1978年我顺利地考上了两个学院，但是电影是我的梦想，我老想，幕布后面的是（真）人吗？电影对我来说是一个神奇的梦，所以第一志愿是北京电影学院，第二志愿是中央戏剧学院，在1978年的时候考上了北京电影学院，从今往后就走上了电影艺术之道。

可能今天您的孩子也会参加艺考或者想去艺考。我跟大家分享一下我孩子的艺考经历。我有个女儿，今年二十岁，她后来走妈妈的路，也参加了艺考。我女儿真的很漂亮，也很聪明，也爱这一行，现在考上了北京电影学院，但是当时在艺考的道路上也是挺曲折的。我女儿是十五岁的时候跟我说，"妈妈我想考北京电影学院，你的母校好吸引我。"我说，"孩子别走这条道。做演员你需要心态要特别好，你今天是演主角，明天可能连跑龙套都没有，昨天红遍半边天，今天就被拽下地了。"

我跟我的孩子说，"如果有一个良好的心态，你才能当演员，你才能参加艺考，不要想着我首先要出人头地，我要得第一，或者我要当大明星，有几个人真正成为大明星，可能真的就是运气。大部分都是群星，衬托着这么一个星，成千上万孩子演不上戏，走不上角色，我们电影学院每一年都有毕业生，每一年都在招生，都在不断输送人才，未必所有的孩子都在这个岗位上实现自己的梦想，实现最初我要上舞台、我要演一个好的角色的愿望。"

经常有学校请我讲座，说沈老师今天准备给孩子讲什么，我说首先讲如何做人，做一个好人，做了一个好人的话才能做事情，是一个好人，做事情不会太差。所以在我女儿十五岁的时候，我说你是我的孩子，但未必是最好的，也未必能考上，但是妈妈跟你说，首先你别想让我给你花钱买学，第二千万别让我去开后门，丢不起人，我一辈子都不跟我的同学、老师张口求人家，让人家为难，让妈妈为你这样，我真的不可以。

我说孩子，你不是有梦想吗？你努力考，你咬牙，一遍不行一百遍，一百遍不行两百遍。我就让我的孩子努力，她真的很努力，孩子爸爸说考不上电影学院去德国学设计，她不喜欢，她觉得设计是男孩子的事，但是我女儿画得一手好画，学设计也很好，她说妈妈我觉得设计是很枯燥的事，我就说妈妈同意你去学表演，没想到我女儿考上了，多难考的一个学校。她现在也还很努力，今年10月我看了她的一场汇报演出，我流泪了，我想一个什么都不懂的、什么都不会的孩子，在这个舞台上活灵活现地演戏，演一个去援疆的人民解放军，在《雷雨》里面演四凤，演得倍儿好，二十一个同学演了七个经典的话剧片断，每一个段都让我流眼泪了。我演了四十多年戏，多挑啊。还有，他们好多都是有钱人家的孩子，或者星二代或者是什么有背景的，没想到二十一个孩子个个都是好样的。

主持人：确确实实要扎扎实实努力，刚才沈老师说了一个是上电影学院，第二年就登上了银幕，而且演了非常有名的电影，这个过程中怎么做到的？

我不是夸自己，我平时生活中是一个特别老实的孩子，出身贫寒的人没有什么资本骄傲，老实、憨厚，做事中规中矩，绝对不投机取巧。我拍第一个戏的时候是导演选演员的，就是《被爱情遗忘的角落》的导演，很多人去面试。

主持人：应聘角色难还是艺考难？

艺考难。应聘角色选不上还有学可以上，我是特别爱上学的孩子，因为家里穷，小的时候没有什么钱给我们培养特长，在学校我真的就是一块小海绵，如饥似渴，求知欲特别强，而且我父母确实没有办法帮我，只能靠自己，所以我当时想选不上就在学校上学，把基本功练扎实了再去拍。

在电影学院，第二年就可以出门拍戏了，但是没人选我，我们班所有的同学都演了大片了，我还在学校上学。我看见导演就不好意思，一低头就走过了，人家也不会在意我，又瘦又小还躲人，走路都是溜墙边走，特别不打眼的一个小女孩。主角都是高大，五官特别端正，那时的片子还是具有一些革命性的角色，七八十年代，我这样的角色就是演一个小丫头、配角，所以没什么戏。

《被爱情遗忘的角落》导演找人了，我就跟着几个男同学后面蹭了一个面试，那天特别逗。一拨一拨人排队进到面试的办公室，我好像是最后一拨进去的。导演就给安排了一个剧情，那天可能紧张了，我发现越想做的事情越容易紧张，越紧张就越演不好。我觉得好失落。像最初考电影学院，好失落，走出了办公室，我就走了。办公室外面还有很多演员执着地等着，跟导演申请再表演一次的机会，我就没有，我想没演好赶快回学校，学校是你的安全岛，或者是继续实现梦想的地方。没想到十天以后，导演托了我们班一个同学，带了厚厚的剧本给我，说赶紧去看，我说怎么回事，说是女主角，我特别惊讶。

后来导演才说，其实你那天的表演凑合，但是你那天的气质把我们都抓住了，因为那天来选角色的是整个一个团队，我是低着头不好意思，但是他们早就盯上我了。导演说，这个孩子气质像，她就是我心中的荒妹，我也没有想到，穷人的孩子早当家，穷人的孩子还很自卑、很自尊，恰恰就是我这个内心的性格吸引了导演，成就了我后来上了这部戏。

去了剧组，事儿又来了，根本就不顺，我们拍了第一批样片，剧组有六十个人，没有一个人不批评我的，没有一个人不到导演那儿去给我穿小鞋，说这个女主角很差，这个女主角要是在我们这个片子，我们这个片子就失败了，一点儿戏都没有，给姐姐上坟的时候脸上面无表情，根本就是在逛公园。我当时在学校的学习成绩很好，我演的汇报片断也非常好，但是不会在摄影机前表演，看见镜头就紧张，看见镜头就犯怵。镜头对着你，泪珠滚落下来，不能看任何地方，从眼睛红到含在眼睛里，到滚下来，导演需要这个，而且不允许太长时间，根本就没有机会让你培养感情。我这还没有开始呢，哭个泪人似的，镜头摆好了眼泪没有了，而且没什么台词，全是眼睛的戏，全靠内心的，这是把我难死了，第一次样片出来恨不得罢工了，开除我。

我一看大家那么不看好，打了退堂鼓，我说导演你把我开了吧，要不然您的压力也挺大的。导演不叫我沈丹萍，就叫我荒妹，"我真是恨铁不成钢，我对你抱那么大希望，你自己这么不努力，不行，必须演完。"前面这个样片不算，每个剧组第一批样片都不算太好。导演说第二批样片，我发现你没有经验，我教你，手把手教你，每一招每一式都来教我，你刚才这么演的，但是正确的演法是什么，就跟着导演学。那个时候我从城市到了大学，不知道农村人的神态和样子是什么，导演就把我带到农贸市场，就是当地县城农村的集市上看那些卖鸡蛋、卖菜的农村人的样子。我们提前了一个月到农村去，跟农民一块儿种地、割草、挑担子、烧火、做饭、喂猪，这些在戏里重复出现的活儿我必须要做，必须要去体验。

当时有一个镜头挑担子，这个水桶是六十斤，我挑上去以后拍了一天的戏，第一条、第二条、第三条还可以，拍了第四遍眼泪不停流，因为扁担把我的肩给压破了，但是镜头不能穿帮，可是我疼得不行了，挑不了了，已经不能用手顶着了，全剧组的工作都准备好了，不可能等你让你养养肩。后来镜头拍出来，导演特别生气，"不是说你不会演戏，你是基本农民的特质都没有，你这一个月什么也不干，就挑担子。"把我的戏往后排，就挑担子。

左边肩膀磨出水泡、破了，换右边挑，右肩膀也肿得馒头那么高，瘀血、起皮，再继续。过去农村田埂，农民为了节约土地，全是细田埂，特别窄，我当时只是十九岁的女孩，无数次挑着一个六十多斤的担子，每天流着眼泪，晚上用热水敷。最后是什么样？我挑担子牛到了爆，皮也长好了不疼了，挑着担子身轻如燕，能特别快往下走，从山坡上跑下来。还有各种农活，背柴火，那个柴火比我人还重，一背整个人都没了。那一段一年多的经历给了我非常深的感受。

还有您刚才说的艺考怎么看，艺考可以，但是一定要努力千万不要抱着名利的思想来到这个圈子。而且一定要有演戏的职业道德和职业精神，我是拍了四十多年的戏，我从不迟到，从不早退，从不给剧组添任何麻烦。我的闹钟坏了，我都不迟到。知道为什么吗？我会夜里不停起来看闹钟，如果四点钟起床，五点钟化妆，我睡到两点半看看闹钟就起来了。

我们这代演员和老艺术家比还差很多。有很多次跟老艺术家参加活动,谢芳老师、田华老师、于兰老师、牛犇老师,都是我小时候的偶像,跟他们在一起等车,说八点钟出发,我会提前十五分钟下楼。没想到老艺术家们已经衣冠整洁坐在那里等车,我都不是最早的,他们七点半就在楼下了,有的腿脚不好,有的腰不好,有的眼睛不好。我觉得他们真的是太值得我们学习了。

前天看到一个文章,特别生气,一个演员拿了一个亿的片酬,只拍了两天的戏,剩下一个月全用替身。这是什么道德,所以我说把老艺术家的品德传承下去。不管哪个剧组,我碰到年轻人,我说你们跟我演戏不能乱说词,必须跟我对词,因为词会的话才会好好演,但是好多人不对也不背,靠蒙、靠胡说八道,这是我特别反感的。我跟我的孩子说,我说宝宝啊宝宝,你终于实现了你的梦想,但是你如何来很好地完成你的梦想,你要注重品德,要有人品、要有艺德。不是说向妈妈学,一定向好孩子学,不迟到,不早退,练好台词,好好演戏,直到导演满意。

我也有很多的弱点,比如特别争强好胜,特别希望自己做事完美,这样让我特别累。每到一个剧组,我是睡觉最少的,压力是最大的,我不允许自己错词,因为已经是资深的老演员,人送外号"沈一条",少睡两个小时,把自己的词背背,这样一天拍很多戏,节约很多时间。

《被爱情遗忘的角落》这个戏的成功不是我的成功,是我们团队的成功。是导演手把手把我教会怎么演戏的,是骂声中成长起来的,当时庆功会的时候,所有人跟我说沈丹萍你演得好,祝贺你取得成功,我当时特别惊讶,我说你们说的是我吗?我就往后退,无地自容往后退。

还记得那一年,因为我的哭戏不行被导演狠骂,导演用启发小演员的办法启发我的眼泪。吓唬我说恨不得拿锥子锥你,看你哭不哭;我的哭戏从那个戏改变,演戏还是有情绪的借鉴和技巧,第三部戏《夜上海》,还有《一盘没有下完的棋》,我就说一定在家关起门来对着镜子,把自己的情绪,从眼眶发红到噙着眼泪,最后流下来。必须这么练,以后带着剧中情绪十分钟出来眼泪,做到这样才能是个合格的演员。后来眼泪来得那叫一个快,流眼泪戏那叫一个好,都是功夫,台下十年功,台上一分钟,功夫不负有心人。

主持人:什么时候意识到自己红了,或者生活有没有什么变化?

满大街的人都认识我,吓死了,心想你们最好别认识我,我真的是没什么,更溜墙边了,戴着口罩,特别害羞。我过去性格不像今天这样,今天彻底成为活泼自信的女人,过去是个自卑的,性格孤僻的,很忧郁的小女孩。

我认为这可能是我父母管得太严了,当然父母在那个年代经历了很多,他们的心里被很多因素左右了,或者顾不了你的时候就推开你,这种教育让我在成长过程当中非常困惑,母亲没有抚摸过我,没有拥抱过我,没有夸奖过我。我为人父母之后可能有点宠溺我的孩子了,因为我的童年非常辛酸,我之前的性格,就是很可笑,完全不是明星的性格。有一天拍个片子大家都认识你了,各种导演、投资人、制片人抢你,在内心依旧"我就是我",特别害羞的、自尊自爱的小女孩,我从未骄傲过,从没有因为拍过什么戏就牛了。因为从小的教育还有后来的成长经历,让我始终觉得我一直就是一个普通人。

前两天范伟得了金马奖,他说了一句话让我流泪了,"你们都别夸我,如今我成为了一个影帝,但是我告诉你们我是一个敏感脆弱情绪化的人。"我跟他一模一样。所以性格上还是有很多弱点的,首先不敢承受"明星"这两个字,我觉得我不要被大众关注,我紧张。其次我永远要做一个朴实、善良的人,这是我对自己的规定。还有无论怎么样,我不会成为一个说教式的打骂孩子的父母,但是我有些溺爱了。

主持人:沈老师如何做到事业上这么成功,还能有这样一个幸福美满的家庭,包括您的身体保养得这么好,有哪些方面的秘诀?

我是夹缝中求生的人,我是事业最好的时候,二十三岁,认识了一个人,这个人就向我求婚了,当时我的性格很怕人,不接触人,就碰上他了,他跟我求婚,我就说行,后悔也不行,因为承诺是金,认识六个月就结婚了,在一起生活了三十二年,也可以说这个人是"骗婚"了。

中间有一些不适应,因为我的性格不太适合跟人在一起,我比较倔,比较犟,比较任性,比较固执,有时候比较脾气大,不温柔,男人都不喜欢我这样性格的。那分手吧,分不了,分手的话要跟他说二十万个为什么,太累了,咬着牙就跟他过吧,跟大家开玩笑。

我们俩是欢喜冤家,有两个孩子,现在还是在一起的,我是"承诺是金"的人,不牵扯婚变的事,我强势,他比较忍让,我是得理不饶人。在二十三岁事业可以更加成功的时候,我选择急流勇退,二十五岁就有了第一个孩子,我要精心地照顾我的孩子,十年以后又有了第二个孩子,还要照顾第二个孩子,我是一个对家庭心很重的一个人。舞台上也很眷恋,我的一半的梦想还没有实现,有一半激情在舞台上还没有诠释,但是已经早早结婚嫁人了。

为什么说"夹缝求生",我们两个人必须有一个人在(家),我在这个家庭里面耽误蹉跎了很多年,大家都知道女主内,男主外,男人出门挣钱,我这头就牺牲了。这个爷们儿还有点小私心,那个时候年轻,也活泛,他就怕我跟人跑了,这么多年也没有发现蛛丝马迹,发现这个人还行,就没跑。一不小心,从二十三岁到今年五十六岁了,三十三年的时间就被这个爷们混没了,戏没拍出啥,人家说喜欢我的戏,我没有拍出什么戏,我无地自容。

所以我今天特别感动,我来到这个舞台上大家还知道我是沈丹萍,真不容易,我想应该拍点好戏,回报一下喜欢我的观众,再重新回到这个舞台上。我也去买菜,也去超市,也出门吃个饭,到哪儿都是有人认识我,都对我特别好,有时候坐出租车,人家不收我车钱,我说这可不行,哪儿能这么用老百姓对你的好。

那天带我女儿去烤鸭店吃饭,师傅不收分文,我很荣幸大家这么多年还记得我,还能够这么尊敬我对我好,我特别感动,我希望未来能演出更多更好的。但是未必人家要用你这个老太太,人家可能用那个老太太了。所以我心态特别好,演也行,不演也行,那么年轻的时候回归家庭了,把家弄好了也是为社会做贡献了,天下大乱每个家庭都是离婚,这个社会就乱了。外国科学家说,离婚不环保,本来咱俩住一个屋,后来咱俩离婚了,分开了就住两个房子了,你不占了一个空间嘛。咱俩结婚喝一杯茶,省了水了,现在要喝两杯水,喝不完得倒掉,离婚不环保,把我想离婚的念头也打消了,因为我是环保人士。

有时候也偶尔出去拍个戏,回到家我就是当牛做马,我老公是全世界特别好的男人,但是全世界最懒的,他什么都不干,我累死了,虽然我已经下台了,但是我依然是艺术家,没有你这样对我们中国艺术家的。

有时候真想离家出走,你说一百句,他说一句,给你气的,恨不得一脚（把他）踹到德国去。我也想后面找个宾馆住两天吓吓他，但是我怕吓出病来。他是个好人，对好人还不能太下狠手。

我马上奔六十了，我的心态还是像孩子一样，没有那么多复杂的想法。我们中老年人一定要让自己健康，其实最棒的人生就是健康地活着，钟南山说的，健康地活着就是成功，健康地活着，吃嘛嘛香，眼不花、耳不聋，腿脚好使，兜里还有点钱买东西，不买大的，买点小的，这就特别牛。

第十六讲　乐趣来自对辛苦的回味

主讲人：马德华
时　间：2016 年 12 月 29 日　上午
地　点：北下关街道大柳树社区

　　马德华，国家一级演员，北方昆剧剧院演员。

　　1945 年生于北京，祖籍山东省武城县，从小就热爱武术和京剧艺术，十四岁便投身梨园，考入中国京剧院学习京剧。1982 年，三十七岁的他加入《西游记》剧组，与六小龄童、徐少华、闫怀礼共同主演二十五集古装神话剧《西游记》，历时六年，成功地塑造了"猪八戒"这个角色。

　　其他影视作品有：《老人的故事》《瞧，这一担挑儿》《吴承恩与西游记》《冒牌董事长》《喜事连连：剩男相亲记》等。

　　大家从《西游记》里认识了我，我还谈《西游记》。为什么拍这个电视剧呢？1982 年，电视剧《西游记》，是看了日本（先拍的）的《西游记》以后，很多人觉得这是我们中国的宝贝，让外国人来拍，而且拍得面目全非——唐僧是女的，孙悟空一棒子下去，地下不是出来妖怪，出来石油了！猴子又不像猴子，猪八戒又不像猪八戒……整个让你感觉有点胡来。我们中国的宝贵财富让外国人去演绎，我们自己为什么不去证明呢？那个时候我们的技术说实话是差之很远，这部电视剧要拍成的话，是中国内地第一部神话电视剧。所谓神话没有特技是不行的，特技如果搞得特别不好，没有一点神奇的意思，国外搞的《西游记》虽然面目全非，但是特技很炫。那个时候有一句社会上非常流行的口号，

129

叫"有条件要上，没有条件创造条件也要上"。在当时很激励人，我们也是抱着这种态度圆一个中国梦，把中国老祖先留下来的宝贵遗产传承下去，呈现在亿万观众面前，让大家感受到中国文化的博大精深。

拍《西游记》要有中国的特色。这时有很多国外的制作商想和咱们合作，这里面有一个什么问题呢？版权他们要拿，为什么呢？因为技术、投资全是他们，咱们没有办法，咱们只能提供一个场地和演员。广电部、中央电视台几位领导一律不接受。为什么呢？这是我们中国的，我们不管怎么样，有什么条件我们都要实施，没有条件创造条件也要把它拍好。所以那个时候从东北到海南，从新疆到福建、广东，所有的工作人员全部是我们这块沃土上自己的。大家都有一种态度，什么其他事都不做，全身心地拍好《西游记》。

如果这个演员在这里面演着一个角色，别处你还想再兼一个电影角色，我们马上不用你。《西游记》是一个大工程，必须要全身心地投入。所以要感谢中央电视台领导，感谢杨导演，感谢《西游记》整个剧组全体演职人员的付出，他们的辛勤，他们对整个戏全身心地投入，才有了今天的这部经典。

过去有一句话，戏剧团里的一句话，这出戏演得好，不管是角儿还是群众演员都演得那么好，严丝合缝，配合得非常好，叫"台上的一棵菜"，像大白菜一样，白菜抱得紧紧的，一层一层的，白菜特别瓷实，特别壮。《西游记》的拍摄也像一棵白菜一样，那个时候没有多少想法，有人问那个时候挣多少片酬？那个时候叫演播费，不叫片酬。所有演员进组的时候，演这个合适不合适，什么时候进组？有别的档期我推掉，到你这里做，最后和单位讲合同的时候才讲到给多少钱，根本就没有把钱放在眼里。那个时候并没有想说我拍一个经典，而是尽到一个演员的职责，要把这个戏拍出来，不要让全国观众指着后脊梁骂你们糟蹋老祖先留下的宝贵财产。作为一个演员，能够完成这个任务，荣誉感是非常强的。

我当时接到猪八戒这个角色以后，压力很大。为什么呢？《西游记》太耳熟能详了。每一个人都是从孩提时代开始，爸爸妈妈就给你讲《西游记》的故事，那个时候看小人书、动画片、京剧，戏曲上演的猴戏特别爱看，大家太熟悉了。而且猪八戒这个人物，在师徒四人里面，没有一句是褒词，全是贬词。包括生活中看到这个孩子，你怎么嫁给他了？长得跟猪八戒似的。太丑了，长得丑也拿猪八戒比喻。真懒，就是一个猪八戒，臭猪。你说猪八戒有一点好吗？丑、懒、贪吃，还动一点小心眼，最不招人待见的坏角色，没有一样好。我当时接到这个角色之后，觉得这样演的话，猪八戒就谈不到可爱了，我整个把原著又看了一下，分析了一下，找了一些依据，我挖掘出猪八戒有很多优点，咱们在座的这些老哥哥、老姐姐，你们身上的优点不管多少，猪八戒都有，猪八戒身上都集中了，正直、善良、勤恳，你说他懒，干起活来不惜力，有幽默感，还有智慧。猴子一来就是"呆子"，没有规规矩矩叫过"二师弟"，不是"八戒"就是"呆子"，但是猪八戒的智慧是大智若愚。

有一次妖怪变成唐僧，猴哥的火眼金睛怎么看都看不出来，观音菩萨都分不出来。猪八戒就说念紧箍咒，我就知道是真假。你刁难我，我就给你念，这都是猪八戒的智慧。猪八戒有他的内秀，你说他好色，不是的，他是好美。当年乾隆带着刘墉、和珅到江南私访，在杭州西湖，道边上有一个小胡同，南方叫里弄，里面出了一个非常清秀的小村姑，提着饭盒从那边给她爸爸送饭回来，君臣三个人在聊天，乾隆爷一眼就看到了小姑娘，两眼放光。漂亮、清秀，带一点泥土味，非常原生态，不像宫里见到的艳妆浓抹的，一直看到她进胡同。刘墉说天底下谁最厉害？和珅说在皇上面前敢说这个，找死吗？万岁爷是真龙天子。皇上说你说谁最厉害？我觉得年轻貌美的小村姑厉害。和珅说太放肆了，怎么说她厉害？当然厉害了，就从眼前一过，把皇上的龙颈都带歪了。乾隆是风流天子，成为一段佳话。皇上因为是天子，又是风流天子，成为了佳话。猪八戒要是这样想，就改好色了。所以我说爱美之心人皆有之，不能因为猪八戒长得丑，你就剥夺了他这个权利。

猪八戒虽然好色，他还有一点难能可贵：爱情上面专一。一遇到情况就惦记着散伙，师父是死是活还不知道，咱们干脆散伙，猴哥你回花果山，我还回我的高老庄。到这时候他不上这里，不上那里，他回高老庄，找他的高小姐，爱情专一。

他身上的毛病确实特别多，但是他的缺点和优点都集中在一块儿。一路上取经，一路上犯错误，一路上改正错误，最后终成正果，那个时候我觉得猪八戒这个人物应该这样来演。你说他贪吃是生理上的问题，因为他肚子大，肠子粗，胃口大，猴哥吃一两粮食就够，我吃二斤还没打底，也不给吃饱，猪八戒能吃，不挑食，给什么吃什么，只要有吃的。

猴最爱吃的是桃。到花果山，给八戒桃吃他也很高兴，能吃。你说他懒，胖子干活就是比瘦人消耗得大。走路也算上，不能正经走路，都是颠着走，肚子大，颠着走还轻松一点。到哪里歇着不能窝着待着，都得四脚伸开一躺，太阳一照，舒坦了就睡得好，这也是生理上的问题。所以这些东西要把它掌握好。他好色我说他是好美。我们的老哥哥们，您年轻的时候从您眼前过去一个漂亮姑娘都得多看几眼，如果不理的话，您准有毛病。看见她漂亮是一种赞美，不见得就有邪念，这是主要的。我们刚才看的那一段，几个姐姐滑得很，哪一个都抓不住，"要不然丈母娘你跟我得了。"这句话是没有思索，拿起来就说，有一个前提留在这里：师父想取经，我没有跟他们订生死合同，缺我一个也没有关系，我在这里留守，将来取经回来还可以在我这里待着，人家是诚心诚意的。结果哪个都没有抓到，是急。你怎么连丈母娘都要？一下子明白了，我不是那意思，根本没走脑子就说出来了，这就牵涉到一个表演的问题。

猪八戒有正直感，大智若愚，很幽默。在拍摄当中，也确实是遇到一些这样那样的问题，整个剧组全都抱着一个什么目的呢？这部戏能够将吴承恩的小说立体化地呈现在观众面前。我们的条件很差，什么叫特技？不懂。就连威亚我们都不知道，上香港去学，还没有回归，不教你。我们说到拍摄现场看一看可以吗？可以，不许拍照。这几个搞特技的美工师跟导演、摄像到那里去看，你记哪一个，我记哪一个，全都记在脑子里，回到宾馆马上要把图画出来，看一看底下是什么构造。那个时候也没有特技，就知道很简单的抠像，栏目前头抠像。现在是什么都能做，一个影楼都会抠像，那个时候不行。猴一飞起来就像一个纸片一样，不知道应该怎么做。只知道一种技巧叫停机再拍，比如说高老庄猪八戒一推高小姐楼上的窗子，然后进来，这个时候高小姐已经是猴变的了。我在这里娘子，今天我可以进来吗？这个时候猴在这里一坐，坐的是猴，说的声音是高小姐的声音，好吧，你来吧。这个时候一推门，猪八戒的主观镜头还是猴，一看的时候就变成了高小姐，怎么拍？现在的技巧是一下子就变过来了。那个时候不懂，停机再拍，把摄像机卡在这个位置上，演员坐在这里，导演看着监视器用一个卡尺比着监视器，他做的是这种姿势，现场的导演给你定好位置，换人,孙悟空跑开,高小姐坐这里。头往旁边稍歪一点,身子往左挪一厘米,就这样,不要动,开始,再开机。就是用这种非常简单的方法做,停机再拍。手法非常原始,没有办法,因为没有经费。

我今天到这里跟大家分享《西游记》的这种乐趣,(现场)还好几台摄像机,拍《西游记》那么大的巨著,只有一台摄像机,来回拍。为什么每次一唱《敢问路在何方》这首歌的时候很有感触?遇到了各种各样的事。我们在湖南的冷水江拍洞里的戏,整个完成了三分之二的镜头,大家很高兴,导演也很高兴,拍得很顺,戏和流程都很好。结果导演把拍摄的所有素材拿出来看,头一盘不能用,第二盘不能用,所有的带子拿出来放了一下,十二天的工作成果全都泡汤了,为什么呢?天气潮湿,住的也比较简陋,没有什么防潮的,所有的带子全都发霉。颜色不对,全都不能用。导演当时就崩溃了,都快哭了,后来大家说没有关系,我们再来。咱们就是少休息一点,把时间挤出来,又重新再来,把感觉再找到,就这样拍成了。现在每天的工作时间是八小时,时间长了有加班费,过年过节都有加班费,那个时候不管是拍多重、多长时间的戏,什么都没有。十个小时是每天必须的工作状态,而且有的时候是什么情况呢?九点钟开始拍,拍到晚上,接茬夜戏,然后司机拉着人去拍日出。回来不是马上休息,脸妆去掉,都把早点拿着,所有的主创人员到工作的大房间看回放。一天拍摄的情况看回放,脸都不能洗,吃着东西看回放,那个时候是最乐的时候。工作一天了,看完了以后,每个人可以发表意见,比如说导演这点差一些,再放回来,导演说问题不大,剪的时候我会注意,因为光和角度、方方面面的都比较合适,你觉得你这点戏不够没有关系,这不是主要的。有的地方你觉得挺好,导演说不行,因为她是从整体看的。吃完了东西睡小觉,十一点马上就出发,把脸一洗,有的时候着急了把肚子摘掉,里面的衣服都不换,躺一会儿就起来化妆,每天如此。有的时候全都卸掉,不拍夜戏可以睡一觉。

那个时候我们到长白山,住的是一个荒废了的冬训基地,去的时候是夏天,所以没有人,没有单间,只有导演跟摄像是一个单间,他们是夫妇俩。孙悟空有一个单间,因为他的戏重。剩下的包括唐僧和我们剧组的演员、道具、服装,十八个人睡一个大通铺,每人一小块地方,窗户关不上,关不严,变形了,已经荒废了,灯还老得开着。为什么呢?

到处是黑乎乎的，前面放一个大桶，就为晚上起夜用的，出去太危险了，因为是深山里面。所以就开着一个小灯，放到上面。你想想十八个人都是大小伙子，累了一天了，听着屋子里热闹极了，打呼噜。早上有的是四点起来要化妆，没有蚊帐，什么都没有，关上灯什么都看不到，伸手不见五指。看着灯有虫子，窗户上一直有虫子撞。天亮以后，睡觉老实的身上一堆死虫子，睡觉不老实的浑身上下滚的全是。有的是小飞虫，有的是甲壳虫。大伙也没有什么怨言。因为有的人躺下就着，有的人睡不着，所以后来就定了一个什么规矩呢？晚上躺床上从里面开始，讲一个故事，一人讲一个笑话，不管是什么内容的，必须得给大伙逗乐。后来说咱们别讲这个了，每个人瞎编都没有关系，为了让大家早点入睡。讲着讲着呼噜声起来了，都睡着了。这就是大家经常说的一句话，痛并快乐着。拍《西游记》这么多年，风风雨雨，剧组经历过很多很危险的事。但是我们都能逢凶化吉。

我们到吉林长白山，那个时候赶上吉林发大水，到处是雨，到处是水。我们一个大公交车，坐得满满的，仪器、演员和我们的顾问。这个时候车出状况了：因为路不断地在倾斜，这边找了一个粗的钢丝，挂着前面一个卡车往上拽，把它给拽斜了，玻璃碎了，路又颠，还不是钢化玻璃，把司机的手扎了，车像张着嘴的大鱼一样。我们几个年轻的把所有的仪器挪到后面，老人和孩子都坐在后面，因为有"小妖"，那个时候正好要拍红孩儿那集。我们用扫帚扫水，开着车窗门，就这样走。走着走着前面有一条路不能走，山洪把路冲垮了，那边有林业工人说不能走，他说这里有一条路好一点，我们几个人把裤子卷到大腿根儿下去蹚水，人过去以后，我们车过来了。后面有一个车看到我们过来了，它也跟着过来，我们已经上车往前走，它因为没有人指挥，车一歪就被冲到边上了，路是非常危险的。像这种情况很多，上九寨沟走到半路上塌方，走着走着上面石头开始往下掉，司机一脚油就过去了，刚过去整个路就没有了，再晚三十秒就埋在里面了，这种事情非常多。

拍摄当中我个人也遇到过各种各样的事，我曾经被火烧过，被水淹过，被马踢过，还被摔过。这些都遇到过很多，刚才的视频里我说"弼马温你坏了我的好事"，一口火是三昧真火。当时拍的时候是在杭州飞来峰，底下垫了点树枝，这里预备点水果，耙子一扔。当时管烟火的是我们八一厂非常棒的烟火师，他跟我说马老师您放心，烧不着您。

用一个瓶子里面放着汽油，把周围的草，包括我这里的草全点上了，用的是雷管，用三个通上线，和我们看电影炸桥一样。导演说开始，我还是按照正常的戏走，导演说停，你这不是神火，你是鬼火。烟火师说火小了，再来，赶紧把火扑灭，稻草也没有完全点燃。这个时候拿上汽油桶，倒了很多，雷管也换了大的，导演说准备开始，我正常演戏，火铺天盖地就把我摁倒了，我才知道火有压力。我躺在那里想起来得骂弼马温，一下没起来，二下没起来，一挂耙子一下子蹿出去了，我就开始骂弼马温，"你要把我老猪给烤了？"这一骂，摄像都整个吓一跳。导演说德华不是骂猴子，是骂烟火师。

还有一个是我们拍火焰山的时候，身上必须有火，猴子在身上弄上火还要动作很大，那个时候我也是，最后被猴子拉走了，是抠像，但是也是着火的。在身上放一些凝固汽油，这里一片，那里一片，每个人拿着火把，我说你们要点天灯，一说开始，火就上来了，脸戴着假的，感觉都软了，我的睫毛都有反应。导演一说停，旁边有挖的坑，我一下子就蹿进去了，工作人员每人拿一把铁锹，旁边就是沙土，我说开始活埋，把沙子一打，身上的火就打灭了。

戏拍完了浑身刺痒，就是石棉衣，其实是石棉布中间剪一个窟窿，脑袋套进去，这边再剪了穿身上。开始不懂，就那么直接穿上的，里面出汗，整个弄一身。

再一个是被水淹，拍到西天取经回来，大海龟求我们办的事没办成，它把我们给沉到水里了，所有的经在水里被淹了，捞出来晒经。这段戏是在都江堰，水是岷山上下来的水，特别凉。夏天很热的时候也没有人下去游泳，水太凉，下去就抽筋，水流湍急，特别快。很粗的木头马上就冲走了，我们拍的时候跟他们提出一个要求，停止一下放排，拍完了再放。我们不能到中间去，就在边上，水不是很深，但是水流急，站不住。我是戴着一个假肚子，外面是硫化乳胶，里面有一层海绵，还有一层棉花，穿上系在上面，棉花不能用新棉花，就是咱们过去家里用的炕褥子，里面的棉花套子，一拍全部是土的，用那个，因为比较贴，但是重。我去泰国拍摄的时候，坐飞机超重不行，我专门拿着东西一称，整五公斤，肚子是十斤。下水成了"救生衣"，漂着，海绵、棉花在那里漂着，水浸满以后又改秤砣了，下去上不来。拍盘丝洞的时候，水里面七个蜘蛛精，我和她们打闹，最后变成了她们和我打闹。导演说八戒下去，下去上不来了，不行。最后让几个蜘蛛精抓着我，我上来要抓她们，把我按下去，然后再把我抓上来，变成捉弄我。捞完了之后一伸手翻过去了，变成了仰泳，一下子就把我冲走了。我就叫旁边的人赶紧拉我一把，他也听不见，导演也喊停了，我都漂很远了。那天六小龄童的腿下去了就抽筋，水很凉，所以说真的像西天取经一样。

今天主要是和大家聊聊天，分享一下乐趣，虽然受了很多苦，但我觉得每一个人的生活也应该有这种乐观向上的感觉，谢谢大家！

第十七讲 我怎样扮演邓小平

主讲人:卢奇

时　间:2017 年 3 月 1 日

地　点:北下关街道大钟寺社区

卢奇,著名演员。

1953 年生于重庆市。1970 年中学毕业后考入部队文工团,做过报幕员、拉过二胡、演过歌剧、话剧,还跳过舞,1974 年考进四川省人民艺术剧院任演员,1995 年调入八一电影制片厂。

1979 年在《山城雪》中初次登银幕扮演周恩来的警卫员小阎,1988 年因主演《百色起义》而获得第十届"金鸡奖"最佳男主角奖。从影三十多年来,已在四十余部影视作品中扮演了邓小平的形象。此外,卢奇也是孙中山的特型演员,在电影《詹天佑》《黄埔军人》等影片中饰演孙中山先生。

2017 年,荣获公益人物奖。

到街道办事处讲我自己的小平情缘,以前没有讲过。大学、艺术院校我去讲过,这个还是第一次……

先祝福我们在座的,还有网络前的老同志、老领导、科学家、技术员,为国家做出了杰出的贡献,应该向你们表示敬意、致敬。

我小的时候生长在一个文化家庭,父母都是文化系统的干部。母亲所在部队是彭德怀的部队,转业到重庆文化局,是文化教员,父亲是川东地下党,后来随军南下到重庆,我就生到重庆。他们都是四川人,父亲是大凉山的,母亲是成都双流人,现在的飞机场那个地方,和当时的文化是不可分开的。

从小每个礼拜都有电影在机关里面放，那个时候我们都去看。到小学的时候，老师一看是文化系统的小孩，诗歌朗诵队就把我招去了，那个时候演一些活报剧。到了"文革"，那个环境里面有人学乐器，我学的是二胡。后来复课，在学校宣传队我就拉二胡，（再后来）考到部队搞音乐。

宣传队的人比较少，你什么都得做，报幕、跳舞，后来到了部队也需要，参演乐队的小话剧、小歌剧等等，在基层做了几年又到团里面，考虑到做这个专业好像没有什么发展，又回到地方，考到了四川艺术剧院。

本来是考川剧，因为乐队需要人。部队转业下来，我一个战友去了，我说我们一块儿，结果剧场是四川话剧院的，我就去考，特别幸运，一考就考上了。1974 年从事话剧表演，1976 年我们剧院在四川艺校招了一批学生，都没有学生，青黄不接了，我在剧院里带薪学习，还招了一大批年轻的学生，在剧院开始演话剧，后来拍影视。那个时候拍电影，基本上是话剧团的演员，获奖的都是话剧团的演员去演的角色，不少都是东北的话剧团，我们四川话剧团的也很多。后来电影学院招了一批学生，很多是中戏、上戏培养出来的。

（伟人里）我是先演的孙中山，1996 年的时候孙中山诞辰一百二十周年，上海电影制片厂拍一个《孙中山与宋庆龄》，选了我们四川人艺。有人推荐我，说我挺像孙中山的。

个子矮，演话剧很伤心，话剧舞台都是一米八几。但是那个时候喜欢艺术，考到那里，但是总是演不了主角，就演群众或者演一个小角色。后来想改行唱歌，个子矮一点无所谓，训练、发声好就可以了。有了不想演话剧的想法。

那个时候有人突然来找我，孙中山不高，我演着有点信心，去上海电视台试妆。如果剧院不放我，肯定试不上，我就去找院长，后来领导为此停戏三天，我去了上海，试戏、化妆、录像，送给市委宣传部，导演一看这个可以，功力也很好。

试戏成功以后回去，剧院院长很不情愿，但还是放我走。当时我正在一个战争剧中演炊事班的小战士，在战场上送饭牺牲了，这个形象很可爱，非常感人。

　　与邓小平同志结缘是拍摄《百色起义》,百色起义发生在广西百色,中央派小平同志到广西,组织兵变,在百色成功地举行起义,成立了红七、红八军。1988 年,在全国选演员,当时导演是陈家林。我看到报道在选邓小平扮演者,戏份虽然不多,但陈导演说这个戏很重要,演员必须会演戏,要演中国杰出的领导人,没学过表演肯定是比较费劲的。所以要求在全国选,重点在四川,人民艺术剧院、成都市话剧团、重庆市话剧团等等,云南、贵州也都在到处选。

　　《百色起义》导演组看了我的艺术档案,了解到我饰演过孙中山,于是把我定为候选人,百色起义时小平同志才二十五岁,现在二十五岁的年轻人一点都不成熟,那个时候都是中央党代表,搞统战工作了。所以说年代不一样,人的经历、履历和接触的教育都不一样。二十五岁的小平很成熟。对于我来说,个子不高反倒是优势。到了造型化妆的时候,导演说岁数可以、个子可以、表演没有问题,但是形象不行,像孙中山了!

　　化妆师一看我,说要饰演小平,你这眉毛要拔掉,我说可以。拔了一点,用化妆工具挡了一部分;头发从长发剪成平头。眉毛像了,头发像了,但是眼睛有点大,有点双,后来把胶贴到上面就挡住了,眼睛也像了。化妆师一下子就有兴趣了,说这个眉毛还是拔掉,拔得我冒了一身汗。眼睛这一圈肿了,又不像了,休息了两天等眉骨消了肿抹一点药膏。

　　后来我去试妆,眼睛做成丹凤眼,眉毛也淡了,平头,然后找了找脸部的肌肉感觉,像邓小平了!编辑在旁边说,给你资料拿回去看,给我很多传记,历史资料,红军时期的资料,以前老同志对小平同志的回忆。并说,我们还选了很多演员,最后是广电部定。回去一两个月没有动静了,我说完了,不行了,没有什么希望了。但是到了七月底突然来了一个电报,经过广电部研究、导演组研究报到王震副主席那里,王震副主席是(影片)顾问,看到我的时候说这个人叫什么名字? 卢奇。全部看完了,再调回来卢奇的,卢奇同志像。导演组根据综合的评述,说我是最像的。

　　王震同志提了三条,其中一个是不要演成老年时期的,要像年轻的时候,很活跃,朝气蓬勃,血气方刚。当了领袖的时候老了,不喜形于色,不随便表态。小平同志是四川人,讲话干脆利落,不要像小平同志那么矮，要高一点，这是艺术形象，总的来讲是矮的，不是很高的。我又讲的是四川话，邓小平是广安的，在重庆上了一年留法班。广安靠近重庆，当时要划给重庆，属于川东地区。所以说我和小平同志还是"校友"。一方水土养一方人，生活、说话习惯还是一样的，这就是缘分。

被选上扮演小平同志，（我）忐忑不安，虽然演过其他的角色，但小平同志是大家熟悉、认可的杰出领导人，而且他还在世。如果演不好全国人民都骂你。

唯一的办法就是豁出去了。拿不下这个角色就不要干这行了。努力去研究他的历史、经历、性格，了解他的思想，他的追求。特型演员不仅是要求像，比我像的演员大有人在，但是不了解他是体现不出来的，表演艺术是先要体验，最后才是体现。体验要有功力，为什么台上一分钟，台下十年功，当然都可以演，有技能的高低。对人物的理解和体验、体现的层次，为什么有好演员和差演员，有优秀演员和一般演员，悟性、灵性和技能，技能就是要练的。为什么练形体呢？比如说他三十多岁很灵活，四十多岁很沉稳，五十多岁还是比较成熟的，七八十岁老了，身体的自然规律，骨骼和形体不怎么灵活。因为《邓小平》拍到九十岁，不怎么灵活，《百色起义》是手舞足蹈的。拍摄《邓小平》的时候，老了的时候就很沉稳，背有点儿驼了。

有次拍戏，有一场是拍院子里散步，有人说我在后面看你太像老爷子了，整个背的躬曲度都要做对位，再穿上服装，就感觉是小平同志在那里散步。

所以说见得多才有发言权。有些演员演的角色，观众说不出来你哪里不像，实际上就是点点滴滴的不像，步态、身形、手势、眼神和状态，当然还有语言。年轻的时候语言很明亮、明快，老了的时候胸音多一点，这是技术的能力。因为小的时候我要拉二胡，手指的配合等等都是要练的，不练不行。

演员也是一样，话剧都会讲，但是上去演不行。因为整个舞台的节奏不在你这个演员的掌控当中，不像戏曲有节奏，这个人物语言的节奏、形体的节奏要根据你的情绪、情感来处理和把控。有些时候语言很紧张，内心很松，有的里面紧，外面也紧，根据这个人物的情感和情绪，此刻和心里的那种状态掌控你这个人物的精神状态，所以说要练这个感觉,必须要长期地练。

我为什么能成功呢? 是长期的技能训练。小平同志是一个马克思主义者,我这一生就是接受马克思主义的教育,没有受过任何思潮的影响,就是唯物主义、马克思主义。关键是参加革命以后。他参加的是共产主义事业,把一生贡献给中国的革命。刚才我说的是外形和技能方面,但是内心的气质,精神的状态达不到,你也体现不出这个伟人的精气神,伟人的内涵。

所以说我演小平就要研究他,关于小平同志的影视作品里面,有很多他的讲话,教育的讲话,科技的讲话,文化发展的讲话,要明白他讲的是什么,什么世界观、人生观和价值观。我们在部队当兵也学马克思主义、毛泽东思想,军队是一所大学校,不断地学文化、学军事、学政治,我也看了他的讲话和经历,都是部队成长教育起来的,马列主义教育的,一看他讲话就知道是真正意思,表演的时候,每一段话和内涵说得准确了,要让大众听得明白,听得清楚,这是演员的语言功夫。

……

所以说要演好小平同志,必须把这个搞明白,他的思想境界,因为他有他的个性,他敢承担责任。

小平同志作为一个领导人能够实事求是,贴近群众,关心人民,我能演他很荣幸。开始《百色起义》出来的时候,第一次演,虽然获了金鸡奖,也有很多遗憾的地方。毕竟是第一次,你要做到挥洒自如也有一个过程,在实践中不断地看我们的样片,那个时候拿到电影制片厂冲胶卷再回来看,应该再调整一下。然后下一场去弥补,尽量地准确,做到完美。通过边看样片边学习,边看资料,边塑造角色。我每天看画册,但是录像我没有看过,家里面拍的,王震家里面秘书拍的我也在看,能够了解小平同志的思想、情感、个性,照片是每天翻,后来变成是什么样子的,千姿百态的状态你要记住。比如说写毛笔字,不临帖就写不好,各个帖的风格你要写得好。

演他为什么取得成功,为什么能够获奖,金凤凰的专业表演奖等等荣誉都有了,那是因为塑造的形象得到了广大观众的认可,不是说一下子演邓小平就能成功的,必须要长期地积累,对小平同志的感悟和研究,去体验和琢磨他的讲话,才能在形上去把控,尽量地去做到体验他、感受他、准确地体现他。

第十八讲　戏剧与生活

主讲人：李文启

时　间：2017 年 3 月 20 日　下午

地　点：北下关街道大钟寺社区

李文启，原中国人民解放军总政话剧团国家一级演员，导演。

1944 年生于北京。曾任全军艺术指导委员会委员，享受国务院特殊津贴。中国戏剧家、电视艺术家协会会员，中国田汉研究会理事。与赵丽蓉、黄宏、郭达、蔡明、郭冬临、巩汉林等合作，数次参加央视春晚及多部电影电视剧演出。

中国田汉研究会书画委员会委员，京津冀书画研究院成员。其作品入选全国百名表演艺术家书画展、邓小平诞辰一百周年名人书画展，参加美国密歇根大学孔子学院书法笔会。

来这次讲座之前心里很忐忑，不知道讲什么了。如果讲得太专业了，大家不是搞这行的，如果讲一些零七八碎的又怕大家不爱听。我就想讲一讲咱们怎么看戏。大家一个是到剧场看戏剧，或者舞蹈，等等，另一个是大多数时间在电视机前欣赏节目，平时我如果不演出的话，基本上也是在电视机前，说不好听的话，我已经大概有三十年没有进过电影院了，因为现在的电影不对我的胃口，不像我们过去看的一些电影。

我一辈子都是接受正统教育，所以有时候电影里有些离生活太远，我就觉得我不愿意看。前两天微信上有人介绍王心刚，五十岁以上的可能都知道他。还有一个演《冰山上的来客》的梁音老师去世了。

回想起他们演的那些影片，都历历在目，很喜欢。

偶尔也去剧场，大多是欣赏话剧演出、戏剧演出。我们脑子里对熟悉的文艺形式都有一个思维定式。什么叫戏剧呢？很简单，就是由演员扮演人物在舞台当中讲故事，这就是戏剧。他当众讲故事，进行活的交流。就像大家经常在电视上看到我，今天看到活的了，这就是活的交流。在剧场里就是活人与活人面对面的交流。不像在影视上，你看得见他，他看不见你，没法交流。而且只要拍过了，影视导演一说过，永远定格在那个表演上了，你表演得再不好也就是它了，所以说影视是遗憾的艺术。戏剧不是，每一场都有创造的机会。第一场演得不好，第二场肯定有所改进，这个时候，戏剧是进行活的交流。

一个好戏，或者作为一个戏剧，首先要求这个戏有一个主要事件，这出戏写什么的？总得有一个大的事件。我们说事件和事实有区别，比如说现在大家听课，突然一个灯泡灭了，大家看它一眼，不理它，的确有一个灯泡灭了，这叫事实。事件能够改变它的命运，比如说后面着火了，这不是事实了，大家就起身找脸盆、消火栓救火了，不是听课了。由听课改为救火，这个改变了场上人物的行动，这叫事件。所以任何一个作品是事件支撑，最主要的是看这个作品里有没有矛盾冲突，矛盾冲突是一个文艺作品的魂。我们每个人都生活在矛盾之中，没有一刻不生活在矛盾中，旧的矛盾解决了，新的矛盾又产生了。你到超市买菜，在座的大多数都有经验，卖菜的想把菜卖出去，买菜的想买最好的，豆角是一根一根地挑，售货员说别挑了，都一样，产生矛盾了。

你坐公共汽车，我也坐公共汽车，有这个体会，人家说你为什么坐公共汽车？我说我已经七十四岁了，六十五岁的时候不花钱了，另外我们号召节能减排，一个人开一个车占那么大的公路体积，排尾气，对空气也不好。你出门坐公共汽车就希望你坐的那路汽车快点来，恰恰我碰到的是想坐哪路哪路不来，这就是心情的体会。车往前开，就是不来你那路车，这种情况很多，这又是一种矛盾，小的矛盾。大的矛盾是人与地震，地震发生了很可能伤害到你的家人，这是多大的矛盾。要知道保密局的特务是谁，地下工作者常常要冒着生命的危险，他想得到情报，保密局就想抓他们，这又是矛盾。所以凡是戏剧里有矛盾的它就好看，它使你内心纠结，你为主人公的命运担心，不光抓你眼球,还扣人心弦。往往我们评价一部作品,这部作品太好了,扣人心弦,一波三折,起伏跌宕。

比如说地下工作者一个危险避过去了,下一个危险又来了,这个任务完成了,上级又下达了最新任务,必须把哪个情报拿到,于是新的矛盾又来了。所以我们大家看戏的时候,首先看它的矛盾冲突激烈不激烈,这是一个。另外一个是人物形象是不是特殊?是不是突出?我们搞话剧的要塑造人物形象,比如说我创作和表演的《有事您说话》,郭冬临演的"郭子"这个人物,它就写了一类人物,明明没有这个能力,但是为了在单位人家看得起我,有点地位,不惜打肿脸充胖子……

赵丽蓉演的那些角色,很有典型性。跳探戈舞那个,就是老树要发新芽,穿着大红衣服,你看看我们过的这个生活,显示老年人的青春,就是这个状态。我演的《都是亲人》,我不吃包子,我要吃鱼,写的是一个痴呆老人。蔡明演的是好心眼的打工妹,每个人都有自己的性格,要写人物形象。我们看一个艺术作品,特别是戏剧作品和影视作品,看矛盾冲突有没有,然后是塑造没塑造一个人物形象,第三个专业名词是人物关系。演戏在某种程度上就是人物关系,我们每个人在生活当中都在扮演不同的社会角色,你在儿子面前是父亲,但是在父亲面前你就是儿子。在上级面前你是下级,在下级面前你是上级,角色在随时地变化。但是说话的口气,办事的行为是不会错的,形成这种人物关系了。

另一个是演戏和做别的不一样,有人说搞话剧的是皮厚胆子大,会说普通话。非也,艺术门类不同,特点也不一样。你比如说跳舞,它是肢体语言,就靠自己的身体,各种动作。

搞美术的,他的创作工具——画笔、颜料、画布、纸,他用这样的创作工具去完成他的创作对象。搞作曲的都得有一架钢琴,想起一个动机就弹一下,这样来谱一首曲子。我们是创作工具自身,由我自身创作一个人物形象,自身都靠什么呢?一个形体,一个语言,就是台词。看你的话说的怎么样,你的形体怎么样。如果你演年轻人,年轻人自有年轻人的形体,老年人自有老年人的形体,在形体把握上就不一样。

另外是台词,同样一句话看你怎么说,你要把台词后面的情绪说出来。所以一个演员拿到剧本以后,你这句话怎么说呢?一个是形体,一个就是语言,这就是我们的创作工具,同时又利用这个工具创造出形象。刚才我讲到人物关系，没有跟大家说清楚。在一个戏里人物关系越复杂、越奇怪，这个戏就好看了，有一句话叫"无巧不成书"。

举个简单的例子，比如说我去落户口，派出所民警不给你落，提出很多问题，甚至打起来了。结果随着戏的演进，派出所民警是落户口这个人失散多年的女儿。还有一个是网络人员约会，起的是网名，比如说泥鳅和玫瑰，咱们两个人哪天见面，见面以后是他的前妻，这样就有意思了。

我长期在部队，对部队的作品很熟悉，有一个小品：有一个战士当了两年兵之后想变成一个志愿兵，多在部队待几年，不愿意回农村，对部队也有感情。不断地找连长想变成志愿兵，连长说别这样，组织上有安排，名额都有限，不是谁想留都能留，不要再缠着我。结果礼拜天这个战士又来了，找到了连长家里，就和我演跳探戈舞那个老头一样，我还是怕您把我甩了。结果连长的妻子来探亲，来到了部队。妻子问你找连长，他一会儿就回来。聊天挺热情的，"你是哪里的？""山东的。""我也是山东的，你山东什么地方的？""我是威海的。""我也是威海的。"继续聊天，哪个村的等等，离得不近，聊了半天论起辈儿来了，叫他三爷，我给你沏茶。后来连长回来了说你怎么又来了？妻子说怎么说话呢？叫三爷。连长不明白，妻子讲了半天，快叫三爷。大家都乐了，这就是一个作品当中的人物关系，很有意思。

所以我们看戏的时候看它的矛盾冲突，人物形象和人物关系，戏剧是一个综合艺术，集体艺术，不像说相声就两个人，你没有灯光，大白天的我就能说。我也不需要一个舞台，我就可以说。唱大鼓的，有一个鼓架子，打着鼓就可以说了。戏剧是综合艺术，服装、化妆、灯光等等。就像我和赵丽蓉演《妈妈的今天》，探戈舞那个。幕后我们排练的情况你们不知道，最初的剧本是我演赵丽蓉的大儿子，巩汉林演二儿子，我们这两个儿子同时都怀疑妈妈在外面有黄昏恋，但是我不自信。赵丽蓉老师比我大十五岁，当时她是六十三岁，我是四十八岁，我觉得我已经很老了，快五十岁的人，我管赵丽蓉叫妈，叫不出口，不自信。而且我演巩汉林的大哥，我又比他大那么多，我觉得怎么都不自信，不行。

而且我们两个人的行动是"顺"的，舞台上出现不同的人物，他得有不同的行动。行动不是动作，是你办这件事情的整个过程。我们两

145

个人都同时怀疑老太太有黄昏恋，你就是怀疑出花来，总的行动线是一样的，人物是"顺"的，不好看，我主要是不自信。演员不自信是演不好戏的。后来剧本里有怀疑妈妈和张大爷的内容，我心说张大爷为什么不能出场呢？把剧本里的张大爷变成一个角色出现在舞台上，既解决了"顺"的问题，又解决了不自信的问题。可是我这个"张大爷"和赵丽蓉老师让人家感觉是谈恋爱，年龄应该差不多，赵丽蓉老师六十三岁，我四十八岁，毕竟我还年轻一点，所以就用化妆了，我就把头发都染白了，花白的胡子，显得年龄大一点，我的行动上再老一点，观众有理由怀疑这个老头儿和赵丽蓉可能有黄昏恋。我在《有事您说话》里面演一个人物，"小郭子你去练什么功了？"这个人物，我手里提了一个小带鱼，兰花指，说的是上海话，我们有一个约定俗成的概念，上海人的生活过于精细，一顿吃好几个小菜，不像北方似的，炒一两个菜就吃饭了，它能有四五个摆盘，这个就是通过道具来塑造人物。有时候糟践上海人，我们不是地域歧视，讲的是人物性格的区别。十个人围一圈吃饭，买两瓶啤酒还说大家吃好喝好，喝它个一醉方休。中央戏剧学院用我这个人物做素材，不管是刮风、下雨、打雷在舞台上经常出现。所以，综合的艺术手段叫做集体艺术，或者说综合艺术，每一项都是一个艺术手段，都要发挥这个艺术手段的作用。

有时候我们在舞台上看戏，灯光都是蓝的，你就会觉得阴暗、冷漠，蓝色、灰色，这都属于冷色。橘、黄、红都属于暖色。太阳出来大家心情都好，雾霾一来大伙心情都不好，都觉得没精神。所以说在舞台上灯光给观众的感受是什么？你看的时候不经意，但是给你的感受是不一样的。所以我说大家通过各种讲座，在对艺术的欣赏方面就会增长很多知识，大家知道怎么欣赏一部戏剧和一台歌舞，在文化修养上也会提高很多。

我们演员到最后拼的就是两样，一个就是文化修养，一个就是生活阅历。下面我们讲有些演员的生活，给大家曝个料，也把面纱撩开一点，让大家看一看演员是怎么生活的。别人说我坐公共汽车，有让座和不让座的，假装睡觉和看手机，旁边站一位老太太都不管。

有一天我坐 22 路，前面有两位年轻人，实际上心里知道来了老头、老太太，我就在那里站着，旁边还有一个老太太也站着，我的腿不太好站不住了，我就到前面了，那个老太太也站到那里了，这两个人照旧不让座。实际上就一站,其中一位年轻人下去了,我就过去了,这时候又上来一位老太太,我看着比我还老,我说您来坐,那个老太太说不用,我下一站就下,拎着一个包,晃晃悠悠的。

我就想这就是接地气的,我创作公共汽车方面的节目时,就有很多素材,这就是接地气,脚踏大地。现在有些作品不愿意看,离我们太远。最近有一个电影是《小时代》,穿名牌、炫富,离生活很远。我写一个文艺作品,必须和老百姓的生活接近,取得老百姓的共鸣,你才有观众,否则你就是自娱自乐。我们的文艺作品都是写给观众的,自娱自乐算什么本事呢? 花那么多钱自娱自乐。

主办单位给我出了一个题——戏剧与生活。"生活"是怎么讲呢? "戏剧"好讲,我是干这行的。演员的生活并不像大家所听到的、传说的,我觉得并不是这样的。你比如说赵丽蓉老师,老太太住在紫竹桥旁边,两间屋子,一个小厅。我一去,她说你抽烟,人家给我的,给你,大前门,当时是最好的,她自己抽叶子烟,从老家拿来的,拿烟袋锅。那个年头刚兴微波炉,她说:"文启,我们吃烤鸭,凉了,得热热,我买了一个波什么炉。"我说:"叫微波炉。"屋子里没有什么高档的东西,比如说密电码,她说以为是好吃的萨其马,儿子问什么是萨其马? 老太太说听了很难过,都没有吃过,说什么得买点儿点心吃。到了点心铺,买了点儿点心。让三个儿子上那个屋子里"托着点心吃",她就去做饭了。回来时三个儿子都光着膀子,她说为什么呢? 你不是说脱着吃吗? 听着像笑话,但是很心酸。

后来老太太出名了,没有一个观众说"我就烦那个老太太",我经常听到说烦这个,烦那个,但大家都很喜欢老太太。她出了名以后应邀去演出,演出一场就给几万,完了她说:"文启,他们怎么给那么多钱呢?"我说:"您名声大,我们就挣不了您那么多钱。"她说:"说实话,我接那钱的时候手都出汗。"说明她的平民感是很强的。我们演戏的时候从来没有助理,都自己排队领盒饭,有的年轻人来了以后两三个助理,还有保镖,怎么接近老百姓? 有人说照相,我就和三个人照相,照完了就不照。有什么了不起的? 想和你照相是喜欢你。如果你和生活保持距离怎么演戏? 网上又出来揭露一个演员,本来拍一个电视剧要三个月,他说我只有半个月时间,别的戏里还有。怎么拍摄呢? 拍近景,剩下的干什么? 跑步跑过去用替身,穿上他的衣服别人跑,替身演员,露脸的时候拍。半个月,三十集戏拍完了。

现在科技也发达,比如说在艰苦的地方拍戏就得去,不是这样的,后面挂一个蓝布,用电脑的抠像技术把他置身于上面。所以说这样的演员,我本身不敢恭维。另外一个是说演员都有钱,高价和天价的演员,拍一集戏几十万,有,个别人。为什么呢?这和投资人、拍电视剧剧组的制片人以及电视台,都是连锁反应。这个片子拿到了,首先考虑这个片子能不能卖出去,卖出去靠什么?靠一两个知名演员,比如说宋丹丹演的,陈宝国演的,周迅演的,这个就能卖出去。如果没有名演员,没有卖点,电视台不要。你拿不好的电视剧,没有名演员的电视剧,没有收视率,电视台是搞收视率末位淘汰制。投资人投五十万,卖出去以后必须得挣一百万回来,靠什么卖?脸,所以说这一部片子当中真正挣大钱的就一两个人,剩下的钱怎么办呢?能压就压,并不是都挣大钱。比如说我这样的人,"李老师有一个片子角色特别适合您,您来,但是有一样,我们经费特别紧张,可能要委屈您。"这话说得好听极了。"咱们拍片子,这次算是第一次愉快合作,下回一定给您补。"我从四十岁拍戏一直拍到七十岁了,没有一个剧组给我补的,也没有一个剧组说我们剧组经费是比较充裕的,没有,全紧张。

我们普通人离婚,或者说夫妻之间有什么事情的,媒体不会报道你。演员是公众人物,有名,报道出来了就觉得演艺界真乱,其实也不尽然。但是报道出来的你们知道了,实际上普天之下,大家不知道的太多了。所以说对文艺界要有一个正确的看法,有时候也挺不容易的。严顺开大家知道吗?演一辈子戏了,结果最后这个电视剧有一个下河的情节,七十多的人,也下河了,回来以后中风了。我现在这个耳朵就好像堵着棉花一样。拍电视剧,被一个枪声的炸点炸聋了。一个特务朝我开枪,我演一个老八路,从一个大院里的小屋出来,特务出来我也出来,他返身开了一枪,必须得有一声枪声,在大门的门缝里安了一个炸点,推门出来的时候就得响,枪声弄得比炮还响。当时我就觉得耳朵听不见了,想着可能慢慢适应了就好了,结果一直到现在,在家和我老伴说话总是打岔。

好多在用替身,很多演员骑马摔伤的都有,并不是说演员怎么样。跟普通人一样,我接触的演员都是一样的,比如说沈丹萍说了关于雇保姆的问题,也是名演员,在家做饭、买菜、擦桌子等等都有。保姆也有不好的保姆，东西总是没，钱总是没有。怎么回事？她丈夫是外国人，说不要总怀疑别人，两口子还发生矛盾。保姆走了之后，整理床铺的时候发现寄包裹单，这些事都是能（在生活中）遇到的。我穿的衣服也不都是名牌。这身打扮也就是百十块钱，我觉得没有必要。

昨天我看到一个新闻，外国年轻人一穿名牌，别人会觉得很奇怪：哪里来的钱穿名牌？反而老年人穿名牌，觉得和他的资历、身份相称，老年人有自己的积蓄，儿女不管，自力更生。和我们不一样，我们挣的钱都给子女留着。所以说生活方式和生活态度绝对不一样，有些人说演员穿的衣服都很特殊，这个（其实也）是演员的特有心理，塑造角色的时候，他希望我这个角色和别人不一样，在生活中往往认为"我也要突出我的个性"。实际上我们生活当中（普通人）也都有（这样的心理），很多年轻人染黄色，染"奶奶灰"等等，染得和苞米叶子一样，也突出了他的个性，心理都是一样的。

第十九讲　为事业要拒绝撒欢儿

主讲人：李光羲
时　间：2017 年 4 月 10 日
地　点：北下关街道大钟寺社区

　　李光羲，又名李光曦，祖籍天津。著名抒情男高音歌唱家、歌剧表演艺术家，中央歌剧院国家一级演员，享有国务院颁发的"有突出贡献的优秀专家"称号。全国政协委员、国家教委美音教育促进会理事、文化部技术职称考评委员剧院艺委会主任。

　　生于 1929 年，代表性曲目有：《松花江上》《太阳出来喜洋洋》《牧马之歌》《延安颂》《红日照在草原上》《周总理，您在哪里》《祝酒歌》《鼓浪屿之波》《何日再相会》《远航》《北京颂歌》以及歌剧咏叹调、外国民歌及艺术歌曲等。

　　曾获文化部演出评比一等奖、"首届金唱片奖""建国四十年优秀歌曲首唱奖""改革十年优秀演唱奖"等。

　　我今天到这来感觉特别亲切，为什么呢，1992 年北京市成立社区的时候我住在潘家园，那个时候他们推荐我做社区委员，可是我已经超龄了，我心想说你们找个老头子干什么，但是盛情难却，我就一直是社区委员，参加了很多活动。当时北京市一共选了五个试点，我们潘家园是一个试点。今天到大钟寺社区来特别亲切，因为这些年除了演出之外，我就是一个老百姓，不唱歌的时候在家里边买菜、做饭，经常参加老百姓社区的活动。

　　刚才有一个年轻的朋友说你在马路上送给一个人唱片那个事我

们都看见了，是怎么回事呢？有一天我从银行出来，正好走来一个人，激动地问我，"你不是李光羲吗？"我推着自行车，他说很喜欢我的歌，我说你这么恭维我，我口袋里有一张唱片，就送给他了，结果没想到他把这个录像播出去了，过几天一个朋友打电话，说你在马路上骑着自行车送人唱片，我说你在哪儿？在纽约。我说纽约都看见了。没过几天又来一个朋友，"您真不得了，真接地气。"我说你在哪儿？说塞浦路斯。后来还有维也纳什么的，现在这个科学发展确实是这样，我爱人说你别信口开河在马路上随便说，人家给你传播全世界了。

我昨天从岳阳回来，之前又在武汉，他们邀请我去讲课，四天讲了五堂课，都是老年学校、音乐学院这些地方。老了是老了，但我想人活着只要你还有一口气，还能做点事，就应该回报社会，年轻的时候听党的话，让干什么干什么，退休之后谁管你，就凭自觉。我有十个字："过好每一天，争取有点用。"假如说我今天谈论我的艺术经历和人生感悟对于大家有所启发，我就算没白跟大家浪费这时间。

我的业余爱好和大家一样，爱唱歌，爱看戏。1954年考了北京歌剧院、中央歌剧院，考了之后大家一看，年轻人形象还可以，声音不错，正好那个时候周总理建议在天桥建一个天桥剧场。北京人都知道，以前中国都是戏园子，一个大剧场，一个舞台，没有什么后台。不像欧洲文艺复兴之后建立的歌剧院那样的近代化剧场，具有完备的舞台，有吊杆、灯光，有大的后台，可以排练等等。戏园子会兼具观众席、舞台、后台。世界上凡是有名的大城市，像发达国家的首都，都有他们国家的剧院。周总理说，过去八路军农村包围城市，我们没有剧场，拉个土台子就演戏。今天解放了，在大城市就应该建立剧院，既然有现代化的剧场了，我们就要有好的节目。

那年二十五岁，我在中央歌剧院演《白毛女》。当时组织了一场音乐会，按照欧洲的形式，舞台上一架钢琴，没有话筒，没有电声，跟现在欧洲高雅艺术是一样的。合唱队对群众演员说，你们这些年轻的朋友谁想唱，准备几首歌，练好听一听，领导批准你就上台。我们一大帮年轻人特别积极，经过重重选拔审查，最后就选上一个人，叫李光羲。

1954年的冬天，天桥剧场在开音乐会，那天的节目大概有十几个，十几个演员上去唱，最后有三个节目最受欢迎，观众热烈鼓掌不让下台，郭兰英，张全，他是从美国留学回来的专家，另外就是李光羲，剧院就说哪儿来的李光羲,这么受欢迎? 我非常喜欢唱歌,但是由于父亲去世的原因,十七岁就不念书了,高中二年级就到一个发行股票的企业里面,我用毛笔给股东写名字,靠这个工作了七年。五十年代常开会。每次开会,领导讲话之前,这个单位、那个单位互相拉歌。突然有一天,有人说李光羲会唱,请他唱一个独唱,我就站上去了,也没有什么紧张,就觉得好玩,就唱,受到大家的喜爱。

我在台上一撒欢儿,观众非常欢迎,大概有两三年,在任何剧场开会都少不了让我唱独唱,实践出真知,这个太难得,太珍贵了。我们剧院后来来了音乐学院的高材生、毕业生,还有国际获奖的,可是他们没有太多的经验,没有机会站在舞台面对观众唱,个个都很紧张,都得用一两年的时间克服紧张情绪,怎么李光羲到台上不紧张,就是因为在这之前天天上台,这个非常有帮助。特别是我没有正式学过唱歌,也没有系统规范的东西,上台高兴就撒欢儿,偏偏就是这个状态是演员上台最难得的心理。如果你紧张的话,你所唱的歌,你所表现的人物,你所表达的情感就会受限制,很难发挥你的艺术才能,去表现情感,表现人物性格,所以我算幸运。

改革开放之后,有的记者问我,你在舞台上五六十年了,什么时候走红的。我回答:"头一天上台。蒙上了。"当时苏联专家在中国各个方面的建设,包括文艺方面、歌剧方面的专家从莫斯科来到北京辅导我们。他想把他学生的成绩向周恩来总理汇报,就出了一个主意,说你们既然学了美声,我给你们排一场戏,欧洲文艺复兴之后最时髦的,最盛大的歌剧《茶花女》。那时我参加工作两年了,领导人一看,在台上唱得不错,没演过戏就学习吧,当时三个人在那儿演,我就排了第二号人物,天天跟着老演员看戏,也没有机会上去排,但是很认真,这个人的角色、演唱,按导演的要求都记下来了,等到晚上人家走了,我就在那里照猫画虎。

那个时候一个星期工作六天,别人都休假,我就到那儿去自己练。星期六下午导演说李光羲看了几天排练有什么感受,能上去唱一段吗? 我就上去了。完了之后说,"不错,不错。"这两句话就给我鼓励了,我的付出得到了肯定。一部歌剧十五大段唱,五十多个高音,不像现在准备俩钟头,上去唱一首歌。所以说演歌剧就是艺术上的重工业。当时自己年轻,愿意做这个工作。

等到 1956 年 12 月底，我们就彩排、公演，专家说我要那个小青年，就让我去，那是国家大事啊，不像现在司空见惯，演多少节目啊。地方上很多文艺界的领导、名演员，意大利著名歌剧演员都赶到北京来看这个戏，有的从广州走一个星期，还有的从乌鲁木齐走十天。大家都在猜测男主角是哪国的留学生，其实我就是业余爱好的小青年。

谈到艺术，我觉得有两个基本条件，第一这个人必须有特色，李谷一唱李谷一的歌，李光羲有李光羲的曲目，人家一听就听原版。假如嗓子好，也爱唱，上台都唱别人的歌也不行，必须创新。第二条需要积累，真正成名的大家看，很多人都是一辈子的功夫，我现在觉得这一生我选择了自己最喜欢的职业，走了这么一条路，今天在这介绍符合这个规律。别人说李光羲你这辈子当演员可真没白来，确实是这样，我是下了一辈子功夫的。

还有一个呢，什么叫艺术？过去都是正统的演歌剧，唱民歌，"文革"之后通俗音乐进来了，邓丽君出现之后，吸引了大批的年轻人，公开谈爱情，什么歌都是我爱你，最后死在怀里。在情感这方面，得到个人的抒发和愿望的实现。通俗音乐一来，铺天盖地，全世界都一样，把这个古典的东西、传统的东西挤到一边了，所以八十年代我们十年不演戏，不唱歌，等到一恢复业务，拨乱反正，遇上通俗音乐的市场，小青年一听就说下去吧，很多老演员就是十年的荒废，等到恢复的时候又遇到这么一个情况，就彻底上不了台了。我还好，我有几首歌，像《祝酒歌》《北京颂歌》《松花江上》都是大家很喜欢的，本身是经典作品，我又唱出来了，所以没被打倒，没被轰下去，但是心里边老是有点不自在。

付林说李光羲咱们别较真，他们就是玩闹，就是撒欢儿，也不讲什么大道理，就是爱唱什么唱什么，爱怎么唱怎么唱，咱们干咱们的。大家知道 2014 年我和刘美丽、杨洪基三个人参加了北京春晚，唱通俗歌。之前我也是觉得通俗乐这么好不得研究研究，我就听。确实有非常好听的旋律，动人的内容，有一定情感的深度，有很好的作品。我平常在家练，等到有机会我就唱，果然大家特别欢迎，这还是前几年的事，所以后来电视台知道我们也能唱通俗歌曲，给我们个机会。从 2014 年参加北京台的春晚就上去了，2014 年、2015 年、2016 年三年，一开始唱《我不想长大》，然后再每个人唱一首通俗音乐，我唱的小沈阳的《大笑江湖》，唱出来之后他们认可，不但认可，歌星跟我说，李老师您这么大岁数到台上跟我们抢生意来了。

最终的一句话，你搞文艺，就是要满足人民的喜闻乐见，在台上人家听进去，有美感，同时不是瞎闹。当然也有一个界限，大家知道现在通俗音乐最时髦的叫摇滚音乐，大家都分得出来吧，就是有爵士乐，有RAP，有摇滚。摇滚是什么呢，摇滚是通俗音乐发展到七八十年代的时候年轻人撒欢儿，有人就提出来了要什么旋律，不要听调，咱们就是满足肢体和精神上的愉快。比如我唱一首歌，唱词大家都能听得清楚，旋律很美。美和明白，就这三个字代表我们从事艺术表现的全部内容。人家呢，美不美，不用好旋律，叮当半个小时没有调都是那样。

我想起我小的时候，大概二十世纪三四十年代，看到美国的电影、纪录片，探险到非洲去，黑人吃足了喝足了围一大圈，光着身子……怎么过了半个世纪又来了？

有一天我在重点中学讲音乐，我一边讲，有学生就悄悄在那儿说话，后来我忍无可忍，我说同学们你们在那儿说什么呢，能不能上台告诉我们，你们这么有兴趣，一定是很有兴趣的事你们才忍不住必须讲，后来他们不说话了。这个时候站起来一个同学，"你是唱艺术歌曲的，你喜欢不喜欢摇滚？"我说我知道摇滚，但是我不喜欢。听音乐需要获得一种美感，因为我们是人文领域的东西，我一定要弄明白，因此需要有好的歌词，演唱得很清楚，或者精神上的喜悦和启发。

摇滚这两个都不占，你们喜欢是时代的潮流，挺好，也挺正常，我都理解，但是你们没有真正理解摇滚，这个话你们同意吗？你们知道什么是极致的摇滚？在美国曾经开过一次全世界摇滚大会，全世界的摇滚乐团都集中在那儿去过节、撒欢儿，唱到兴致最热烈的时候，很多年轻人脱光了衣服……在美国就有这个事，请问同学们这种事在中国行吗？你们喜欢摇滚能够喜欢到那个程度吗？他们都不说话了。

后来散会的时候，校长说："李老师，不懂也不能拦，他们就是瞎闹，您这么一说替我们解决问题了。"

我不是说我搞传统的东西，我搞抒情歌曲就这么看不起别人，因为那个存在，那也是一派。什么是现代派，就是没调。有一个著名的，得过各种奖的，中国的一位作曲家，他的理论是什么？是响儿。音响就是音乐，碰石头、抖破布都是。去年我在国家大剧院又是他的节目，挺隆重的。乐队在台上四五十人,刚一举手就放孩子放的炮,一共响了三次,完了之后他才指挥,这次敲的石头,就是没有调,各种各样的东西碰撞,这叫现代派。也允许。

刚才我讲了演完《茶花女》之后,后来演了《货郎与小姐》,又演了俄罗斯的经典《叶甫根尼·奥涅金》都获得了成功,后来演了《刘胡兰》《阿依古丽》等等民族歌剧,一直演到1984年,我五十五岁的时候,年轻的朋友起来了,我就不演了。实在是太累。后来唱这些歌,刚才讲的《东方红》当中《松花江上》,后来的《北京颂歌》《祝酒歌》《周总理,你在哪里》等等,我这个艺术道路不光是我自己的努力,也得益于当时的文艺环境。

1955年我刚到剧院半年,临时派我去参加三八妇女节的演出。到北京饭店,在B座,是当时北京仅有的一个现代化的会堂。我到那儿去就一架钢琴伴奏陪着我。到那儿一看,何香凝、蔡畅、李德全、邓颖超,所有这些领导人,那个时候见到王光美,就是刘少奇夫人,她们都很年轻。我一个小青年,从天津到北京,能有这个见识特别高兴。后来我就唱《延安颂》,唱到一半儿,突然间大家鼓掌,怎么这个时候鼓掌?回头一看,周总理来了。后来周总理说别鼓掌,总理就在那儿听。从那天开始,经常让我参加中南海的国宴,就是毛主席、刘少奇主席、邓小平这些国家领导人和外国元首会谈之后吃饭,吃完饭表演几个小节目,经常跟我去的是刘淑芳,唱美声的,还有赵青,一般都是几个女的节目,男的就是我一个。

从1955年的三八妇女节一直到周总理去世,总理的这个提携使得我自己感觉,我唱歌是在为人民服务,还能为国家重要的领导人会谈服务。我知道它的分量和价值。来之前有记者问我怎么坚持下来的。别人问我说,"你搞一辈子文艺的经验是什么?"我说就一个字:"难。"太难了。我现在八十八岁,到处请我去,现在条件又好,出门都是高级轿车,要不然是头等舱,要不然是五星级饭店,直接看到现在各方面改革建设的成果,还吃各地的风味、大餐,可是我的多少同行已经不行了,走的走,退的退,几乎就没什么人了,五六十年代,有的八十年代都不行了。为什么这样呢?就是克制,所有撒欢儿的事,抽烟、喝酒、撒欢儿什么都不干,就是保证上了台唱好、演好,要早睡觉,锻炼身体,绝对不能对不起观众,就是这样一个愿望。这样一个节制(持续)

几十年,我们家人没有跟我一块儿过过节,一到过节我得上台,但是值得。

那天我跟蒋大为他们做"向经典致敬"这个栏目,因为陈爱莲说的一句话把我感动了,她是孤儿,她说我小的时候在孤儿院,父母都不在,人家就让我学习,说将来可能做生意,干什么都有,我就喜欢舞蹈,我就坚持下来了,我这一辈子把我全部的生活的注意力融在舞蹈事业上了,她就是那样,别人说这人怎么疯了,大家吃饭她在旁边就劈腿、撑腰,她随时为这个跳舞蹈的肌体做准备,所以她才能坚持下来,我也是。

唱好一首歌很容易,也不太容易。大家知道我们谁都不是天生的创造者,比如说做业余爱好,我都听李谷一唱的那首歌,听毛阿敏那首歌,它让你感动的在哪儿,旋律好听,声音优美,表现激情,你就按照你的理解去模仿,看看自己模仿到什么程度,天天练,唱着唱着,实践出真知,就把那个味道品出来了,到关键时刻唱得不错了,给有经验人听一听,他给你提一提,就这样。所以我这一生没有学生,我说你不用去学,假如在音乐学院有美声,美声和一般发声不一样,要明亮,气息振动等等有一套科学的办法,需要学习,但是从表现上来讲,就靠你自己,有一句话叫什么呢,教不会,学得会。教是什么呢,老师让你这么唱那么唱,关键是你自己想学,你自己下功夫去品,去实践,这是最核心的。

另外一个,你有没有足够的欣赏的才能,回头人家唱挺好听,一到你那儿,嗓子不搭调,还怪里怪气的,但有孩子唱得特别有味。所以怎么唱好一首歌,当你喜欢一首歌的时候自己听,自己实践,琢磨这个味,通过自己的消化,就唱好了。

第二十讲　扮演朱德元帅的情缘和感触

主讲人：王伍福
时　　间：2017 年 5 月 10 日
地　　点：北下关街道大钟寺社区

　　王伍福，国家一级演员。

　　1948 年出生，从三十二岁开始成为一名特型演员，在四十多部电影、电视剧中成功的扮演了朱德总司令。多次参加了中央电视台和地方电视台的各种文艺晚会和大型活动。受到中央首长及朱老总夫人康克清同志等亲属的肯定和好评。在朱德家乡四川省仪陇县获赞——"王伍福是仪陇人民的儿子"。

　　代表作：电影《太行山上》，电视剧《八路军》《换了人间》《井冈山》等。先后获得第二十六届中国电视剧飞天奖优秀男演员奖、第二十四届中国电视金鹰奖观众最喜爱男演员奖、第二十届军事题材电视剧金星奖优秀男演员奖等。

　　非常荣幸来到这里和大家见面，科长非常谦虚，说我们这个胡同这么小，我觉得可不小，说是胡同，它的威力、威慑力和影响面真是一片广阔天地。刚才看了讲坛的宣传片，有好多嘉宾也是我的合作者，前两天我还和我的搭档卢奇通过话，大家不约而同到这儿，我感觉到真是缘分。

　　我的职业就是演员，扮演朱总司令有近四十年了，演的片子已经九十多部了，有心人给我统计说接近百部，不管多少，拍了这么多电影、电视剧，今天跟大家讲述下扮演总司令的感触和我如何走上特型演员之路的。

妈妈是我的第一个启蒙人：学话剧不得了

我从十四岁当儿童演员，为什么不上学当儿童演员了呢？当时我在家里是老大，我们家"四大金刚"，兄弟四个，加上父母一共六口人，这样生活不是很宽裕，二十世纪五十年代父亲的工资也不高，还得养活这么一家人，所以自己就想早点参加工作。也想上学，可是家里的经济状况不好，特别想早日帮家里，这就是机会和命运。

学校让我报考儿童剧团，我也不知道学什么，扛着铺盖卷去了天津人民艺术剧院儿童剧团。当时去了三十多个孩子，其中有几个孩子是我的发小，鲍国安，就是演《三国》的曹操那位，还有海军的周振天，现在是剧作家，我们是同龄人，一个被窝出来的。去了才知道是要学话剧，我对话剧很生疏，也没喜欢过话剧，原来听我父亲爱哼哼京剧，受点熏陶。回家后跟妈妈说要学话剧，我妈妈当时说，儿子，话剧是不得了的，有很多演员都是大学毕业的，有的就是从舞台上演话剧开始的，后来成了电影明星；没想到我妈妈是我的第一个启蒙人，学话剧不得了。

《平津决战》开始了我的朱德特型演员之路

咱们上了年岁的老干部、老朋友都知道过去叫干一行、爱一行，当时演话剧学得信心满满，又能够给家里经济上帮助一把。但是不巧，没有几年儿童剧团就解散了，紧接着，北京部队的文工团和一些文艺单位到了天津，又找这批孩子，我又有幸被部队录取，到了部队的文工团，也是演话剧开始。当时什么角色都演，1980年我们拍了一台话剧叫《平津决战》，里面毛主席、周恩来、朱德都有，那时候扮演领袖觉得了不得，都是大事，先试装，看看谁最像，试完装就觉得我还比较像，但是不放心，那阵儿我年轻。演别的戏可以，但是演朱老总行不行，我觉得我不会选上，结果还选上了。

这台话剧一演出，一出场观众就报以热烈的掌声，而且我都听到底下观众笑，每次出场都报以热烈的掌声，对我鼓励，到了中南海演出，这台话剧得到当时杨尚昆、杨得志等首长的肯定，说朱德最像。所以用我们团长的话说上上下下都认为朱德是最像的，这样有些电视剧就由我去拍摄了。

与康克清大姐见面的场景我永远都忘不了

老同志们都知道，1964年咱们国家搞过《东方红》大型音乐舞蹈史诗，邓玉华老师参加了。1984年文化部要继《东方红》之后再搞一台大歌舞，就是《中国革命之歌》，也是全国明星荟萃。那阵儿唱的是以李谷一为首的很多歌星，再有就是演领袖的明星，也从全国选。我被选去了，还是继续打擂台，过程不说了。最后选定的就是古月的毛泽东，王铁成的周恩来，王伍福的朱德……在拍电影之前是演出，演出若干场，党和国家领导人都看了。有一天朱老总的夫人看演出，在中国剧院就坐在第六排，很近，但是每每当我出场的时候，这么近还拿着望远镜看，连连说像、很像，每次出场她都这样说，当时的《新闻简报》就报道过这个。

特别遗憾的是康大姐没有上台，我们盼着上台接见一下多好，结果没有上台。我演出当中侧目来看，康大姐在第六排坐着，遗憾的就是没有上台。但是第二天早晨，任远远——任弼时的儿子给我转达，因为他们住邻居，说康大姐原话是："告诉王伍福，很像很像，演老一辈无产阶级革命家要继承发扬他们的光荣传统，学习他们的优秀品质。"康大姐给我的嘱托是最大的鼓励。虽然说没接见，但是我牢记在心里。

不久在国际饭店，一次归国华侨联欢会上康大姐又去了，我们当年就是大歌舞这台主要演员，扮演领袖的都去了，穿的是开国大典黄呢子的军装，歌唱家们，有李谷一，还有相声界的马季、姜昆都去了，古月说康大姐又来了，得好好合张影。那个年代没有手机，我就拜托一名记者，我说康大姐上台和我握手的时候，你一定提前找好角度拍一张。演完了把我们安排在第一排的最中间，康大姐由两个人扶着从右边上来，笑盈盈的，一一握手，我就扫着快到我这儿了，老人家笑盈盈到我这儿了，大姐一皱眉头，低下头了，两手握着我的手抖动着、颤抖着，不抬头，就那么低着头，我当时多想让康大姐抬抬头，康大姐就低着头、抖动，后面的演员都没接见，两个人搀扶着她从侧面就走了。

我当时茫然站在那儿，我知道康大姐虽然一句话没说，但是她老人家想的什么，我心里是明白的，我心里是清楚的，那个情景我永远忘不了,她笑着过来,一见到我,看了看脸之后,眉头一皱,低下头,浑身抖动着。一个是在中国剧院演出对我的嘱托,我牢记心里,再有这次没有合影的接见特别有意义,我永远忘不了这个情景。所以大姐对我的勉励,每次去扫墓,我还背诵着大姐对我嘱托的那几句话。

我是仪陇人民的儿子

我年轻时候也盼着得奖,一旦得了奖,心里的浪花翻不起来。是什么原因呢?我觉得给我勉励和荣誉的,第一是康大姐,第二是家乡人民。我是四川省仪陇县人,仪陇县称我是他们的儿子,送我的一面锦旗,上面写着"王伍福是仪陇人民的荣誉",比奖状还奖状。我曾四次去朱老总的家乡,每次感触特别深。县长曾经给我打电话,"王老师,在家乡王伍福的名字和朱老总连在一起了。"我说我可不敢当,我王伍福算什么,我就是扮演老总的。但是一到了家乡,感触确实不一样。

第一次,1999年授我锦旗的时候,少先队员们在县门口等着。据说三个半小时了。9月初,天气还是很热的,我还没有到那儿,一个少先队员晕倒了,他们敲锣打鼓在那儿欢迎。在行车路上颠簸得厉害,当年老总就是从这里走出去的,从家乡走到昆明七十多天,我想的是这个。所以在铜像前敬了个礼,我落泪了,看到群众和儿童那么欢迎我,后来授予了我锦旗。他们还为我颁发了证书,我常骄傲地说我是仪陇人民的儿子。

第二天我就想,我自己悄悄地走到县里去,不要让人家知道王伍福,清晨六点多我自己在县里一走,对面的一个老大爷喊:"王伍福!"一般我在外边有些观众认出来我都说"你是扮演朱德的吧""你是扮演老总的吧""你是不是王什么福",他直接喊:"王伍福!"然后过来握着我的手,"多拍点朱老总就是对家乡的支持。"

敬爱的朱老总没有墓碑

所以县长把我看作是他们(那片土地)的儿子。这个都是我塑造朱老总的动力。年轻时候也盼着得奖,还盼着演朱老总的主角,拍到三四十部的时候,觉得朱老总不像毛泽东那样的片子那么多。当我第一次盼到《朱德元帅》这个主角的时候,我到八宝山去拜谒朱老总和康大姐，我去跟他们表决心，我就是掉一些肉、脱几层皮也要演好。

到那儿我挨个找墓碑，好的没有，一般的墓碑也没有。我就到办公室找负责的同志，我说朱老总的墓碑在哪儿？我来拜一拜。平时我不愿意让人家认出来，但是这个时候我就主动说我是演朱老总的演员，负责的人说革命公墓得有家属证，我就拨电话给老总的女儿，正讲着呢，负责的人说不要打了，让我进去。

本想着革命公墓，老总的碑一定是很受重视的，最后打开大门一看，没有墓碑，三排骨灰盒存放，老总和康大姐的骨灰盒在第一排的中间，稍微高了一点。当时我都扫了。三排在那儿，很宽敞的，没有墓碑，我当时抱着鲜花不知道怎么落到地上去了，我敬了一个军礼，说，"敬爱的老总，您是开国元勋，您是开国领袖，红军之父，十大元首之首，三军司令……"我不由自主就跪下了，磕头。我控制不住了，"外面多少好的墓碑，高大的墓碑，没想到您连墓碑都没有。"

给我打开公墓的那个女同志看着我，也不说话，唉了半天，我就出来了，她也很沉默。关上门之后送我，说，"什么时候想来你就来。"我说，"好，谢谢。"最后我走出来，从八宝山一直溜达，我就想静下来走路，一下走到古城那边，想的是什么，浮想联翩。

我一直在学习如何接近朱老总

所以新闻媒介每次都问我，这次拍完了是第几次扮演朱老总，这次有什么不同，我说没有什么不同，我就是向老总又走近了一步。老总这么憨厚，这么平易近人，当美国的记者到延安见朱老总的时候，他是这样一个印象：一进窑洞，只见一个穿着灰色棉衣的农村老大爷，可是当他一开口，才知道他是将军，是个大丈夫。老总给人印象就是一个农民，可是我说了他有农民的憨厚，有母亲的慈祥，有统帅的风度，有大丈夫的气派。他是领袖，又是平民，他是元帅，又是士兵，他是战将，又是诗人。第一次扮演老总的时候——我们这个专业都是要求接近人物，过去我到部队文工团演战士、排长、连长到团长，地方的生产队长等等，了解生活，接近这个人物。我想，演朱老总我怎么接近呢？我之前都是仰视着看他，是个伟大的领袖，是三军的司令，是人民敬爱的朱老总。我怎么能靠近他，怎么能接近他？

慢慢地就想起来我上小学的时候，语文课文中有《朱德的扁担》，还有朱德自己写的《回忆母亲》。老总也像我们这么爱母亲,勤劳、简朴、憨厚、慈祥,对妈妈有那么深的感情,他从小就吃苦,所以到长征的时候,老总说我没觉得苦,我没觉得饿,因为我从小就挨饿,我从小就走路,七十天从家乡走到讲武堂,母亲给他打下了吃苦耐劳的烙印,所以他在长征中,在革命途中没有觉得苦,没有觉得累。他和普通的人一样爱母亲,他和战士们一样。虽然在井冈山是"朱军长",和战士们一道挑粮,有的甚至叫"朱妈妈",特别慈祥,但是战场上是个战将,是个大将军。

再加上我刚才谈的那些,使我确实和老总贴近再贴近,直到现在,每演一部,我都是接了剧本重新像当初那样看资料,从零开始,绝不是说我已经演了不少了,就那么演吧,不是,每次都有不同的感觉,新的感觉。

拍戏背后的故事

从最初话剧舞台上到走入影视,每次看作品,都能设身处地,想起拍戏的困难之处。咱们干每行都有不同的苦,我们吃的苦就是战场的苦、季节的苦。冬天拍夏天的,穿单衣,夏天拍冬天的。像《长征》,登雪山是真正登去。刚才还聊雪山是真的吗?是真的,三次上雪山,几乎冻得说不出话来。十八年前还行,我上去没有什么反应,这次拍红军大会师,到了阿坝就有反应了,身体和年龄不饶人。

上雪山还好,刚才大家看太行山那个,1937 年 9 月 25 日,是震惊中外的一天,《太行山上》电影,还有《八路军》的电视剧,我是十一年前拍的,两个片子的主角同时拍,而且是冬天,穿着单衣。冷是小事,每个镜头拍完之后大衣一裹。但是胶片拍电影,一说话冬天有雾气,胶片不饶人,穿着单衣一说话有雾气,每个镜头都得喝凉水、冰水,拍了四个多月,导演一喊:预备!下面不是开始,都准备好了吗?冰水,冰水先喝下去,有时候着急,用点儿冰嚼了,一分钟、两分钟、三分钟、四分钟,嘴里一拍摄就没有雾气了,每个镜头都这样,这样四个多月。两个多月时候,牙松动了,八颗牙,拍完了掉了八颗牙,没办法就得喝这个水。一天不能喝点热水呀,得喝点热茶,一冷一热,现在牙就是八颗假的。有时候改善生活说每个人点一个菜,我点的菜就是烩豆腐。一个是职业,一个是吃这个苦也是正常的,没办法。浑身都是土,而且有时土不够还得往身上撩，不炸到身上不行。有一次我回到宾馆一脱衣服，裤子一抖落，出来半簸箕的土，没办法。

我刚才说了，这个时候不会抱怨，我怎么拍这个片子，就得是实景、真景，当年红军八路就是在这些地方，才能打败日本鬼子，打败国民党。我们走的路有时候都是山路、窄路、小路，国民党不会走这个路，日本鬼子不会，现代化了，汽车轮子，人家都走那个，所以能够战胜他们，你打你的，我打我的，我们有我们的战法。

拍戏还有些无法解释的事情，尤其对扮演领袖的演员来说，是在学着，他们的业绩在潜移默化感召着我们，也有好多不可思议的事情，我们常说领袖的光环照耀着我们。其中有一场，马是双腿抬起来。导演一开始说拍这场戏要把马练好，因为是遵义会议之后的第一仗，老总到前线，这个时候一上马，两个腿立起来，方显总司令的大将之威，这个挺好。我说从明天开始练立马，动作很危险，大家一致要求用替身，我说导演提出这个要求来了，咱们不能示弱，还没有练两次我就从马上摔下来了。那天奔赴湘江之后，紧急情况，下雨了，本来地就滑，我的马又负伤了，又换了一匹马，这样我从马上摔下来了，看着手就肿，当时到医院，一拍是骨折，大拇指整个骨折，说完了不行你得用替身了。我特别扫兴，演员不愿意用替身，好像自己没本事，让人替高难度动作。

结果拍这场戏的时候，我是穿着破皮大衣，马倌儿立起来之后再拍我，我再穿上衣服，就是我正面的一上马，王伍福正面，他是侧面一立就接上了。结果那天怪了，本来很专业的马倌儿，上马就不好好立，打它也不好好立，马倌儿有点在众人面前难为情，就打马的脸，我说你别打它，一会儿我还上马呢，回头再惊了。他就怪它不好好立，最后勉勉强强立起来了。"老总上，上马可以，"把大衣一穿，我一上立起来了，没想到，全场鼓掌。导演说这个镜头要升格，就是做慢动作，知道立起来侧面多漂亮，现在是 2/3 的脸，立起来不可思议！我不说话了，刚才怎么不好好立？我最后发自内心，老总在天之灵保佑，我只能这样解释。

就像当年"心连心"演出似的：下着大雨，中央电视台告诉演员们老区人民都在下面没有打伞，演员上来不要打伞，当时下着大雨，"毛主席""周总理""朱总司令"，还有卢奇（演的邓小平），我们几个人，一

163

上场雨就不下了，还出了一缕阳光。接着我们下来之后是杨洪基老师，他一上去又下了，他特别灰心，唱完了之后下来，走到我们几位面前，说：我服了。这是领袖的光环，没法解释。

有时候拍摄下雨，大家都说："主席，你拜一拜吧。"这种细节有的是，没法解释。还有我去老总的家乡，乡长陪着我，我到祖坟那儿拜，到故居房间里头，我躺在那儿……瞻仰故居有两个多小时，去的时候下着小蒙蒙雨，我瞻仰的时候不下了。乡长说到家乡吃个家乡饭，我说行。一上车小蒙蒙雨又开始下了。你说赶上了也好，我们说领袖光环，他鞭策着我们老老实实做人，都要不忘领袖，你扮演的是领袖。

做特型演员也有些困扰

我出去不愿意让人认出来是什么原因，认出来人家就说老总，太有幸了，这是对老总的热爱，不是对王伍福，你无非就是个演员，扮演老总的，观众和群众热爱的是老总，所以这个一定要清楚，不是你王伍福如何如何。认出来有时候人家愿意让签个字、照个相，就要满足人家。可是我的思路就是不认出来挺好，咱们都是一样的，就是普通的人，无非我是干演员，科长是干领导，职业分工不同。认出来得满足人家，不能说不签字或者不合影，也不好，还是轻松一点，就这样随便一点好一些。

认出来有时候买东西都不好砍价，比如买一个草帽，我说这个帽子多少钱？"你演朱德？"我说我可能像，不是。"你就是，你喜欢吗？喜欢拿走没关系。"我说不行，小本生意哪能这样呢，要让我拿走不要了。当时帽子大概优惠到二十多块钱，标的价多少钱？五十多块！我不好意思。因为你演朱德人家少要二十块钱，我说我再看一看，你优惠我一点还可以，优惠那么多也不好。到第二家，看出来你了，你像一个人，你像朱德，喜欢这个帽子？我说多少钱，五十多，翻一倍，那边才二三十块钱，你这儿五十，我说考虑考虑。一个是特别优惠的给你，以前遇到过好多，还有一个认为你有钱，真想买也不能压价，扮演朱德的跟人家砍价？还是越随便越好。

我爱人教育孩子也是，出去问你爸妈干什么的，就说部队的，搞宣传的，搞文艺的，别说你爸是干什么的，我们都比较低调，我觉得低调倒好点儿，怎么随便怎么好。

饰演总司令有很深的感触

多年来扮演总司令,自己也有一些感触,也在默默地受着教育。老总的人格魅力感动着我。他老人家一生到最后,两袖清风地走,只有两万块钱,不让子女继承,交党费。拍《朱德元帅》的其中一场戏,老总开家庭会议,我挺喜欢那场戏,拍这场戏之前我还给家人打电话,还校对了一下,是不是这样告诉女儿朱敏:"你做人民教师很好,不要回家,跟学生们住在一起……"

儿子朱琦,当时已经是团级干部了,说不让他从政,老老实实当工人,铁路工人挺好。过去铁路系统的老同志们都知道。我说建议剧本把这个加上。所以我挺喜欢那场戏的。说朱琦,就是他儿子,你现在做什么?有人说是团级干部了,说你不要从政,你要做工人,做铁路工人挺好嘛。还真是做了这个。朱敏同志写了一本书——《我的爹爹朱德》:"我爱父亲,因为他是亲人;我抱怨父亲,因为他是领袖。"她十四岁才见到朱老总,我拍《朱德元帅》的时候有这个情节。

在电视台做节目的时候,谈朱德家风,和朱德孙子一起谈,也是谈到了这个情节。而且朱德给家里规定,车是党和人民给我和你康妈妈工作用的车,你们不要坐。家里的公务员,就是咱们现在说的保姆,也是为了我和康妈妈工作派来的,你们不要指使她。老一辈无产阶级革命家对自己这么廉洁,对家里那么严格地要求,我觉得我们确实钦佩,肃然起敬。

第二十一讲　实际你没有什么了不起

主讲人:臧金生
地　　点:大钟寺服务社区
时　　间:2017 年 5 月 25 日　下午

　　臧金生,国家一级演员。中影集团北京电影制片厂演员剧团团长。

　　1959 年生于天津。1986 年毕业于北京电影学院表演系。2003 年于北京大学艺术学系研究生毕业。中国电影家协会会员,中国电视艺术家协会会员,中国文联文艺志愿者协会会员,中国电影表演艺术学会常务理事,北京市语言学会朗诵研究会理事,北京电影学院客座教授。

　　主要影视代表作品:在央视版《水浒传》饰演鲁智深、《赤壁》饰演张飞、新版《西游记》饰演猪八戒、《神话》饰演秦始皇、《蛙女》饰演刘铁生、《还珠格格 3》饰演缅甸国王猛白、《倚天屠龙记》饰演金毛狮王谢逊、《笑傲江湖》饰演不戒大师、《大唐芙蓉园》饰演安禄山、《于成龙》饰演鳌拜、《铁血将军》饰演韩复渠等。

　　真不知道从哪儿开始讲起,感触很多,我演了很多。我最早出道,在座有年龄大的知道《蛙女》,我演上海滩大流氓头子,我跟宋佳主演的,再早是二十世纪八十年代拍的《淘金王》,我演的男一号,也是我跟宋佳、刘老师演的。

　　我以前当过五年特种兵,拍完《水浒传》之后记者问功夫是真的还是假的,会不会武术。当兵的时候,正好是 1980 年,我在部队,军艺的

166

学员下部队锻炼，我是他们的军事教官，我给他们上课，给他们训练，教他们打枪打靶，他们的领导还有导演，说我们就希望你把他们培养成像你这样的战士，后来他们的导演王老师包括副主任赵老师，包括当初的戏剧系主任张宣老师和郑伟、李文，说干脆把你带到我们军艺去吧。

实实在在讲，他们没有下部队锻炼之前，我从来没有听说过有一个解放军艺术学院。现在七九级、八零级学员出名的有很多，比如吴玉华、杨树全、刘佩琦、巫刚、宗平、刘莉莉、张庆春、穆宁，很多很多。后来把我插到八零班读书，那个时候已经十月份了，一月份就放寒假了，他们讲干脆我们1981年直接录取，1981年跟着新生再上，我就在部队又多待了半年，等了半年，自修了大学的中文。

有的时候我们会跟孩子们讲，任何事情都是给那些有准备的人准备的。你的成功不是平白无故的。（我）那个时候自修了大学中文，然后开始学外语。我们经常去靶场打靶，原来（的靶子）是个方的，有个人头，中间是绿色的，两边的裁下来，因为当兵，那个时候六块钱、七块钱、八块钱、十块钱，到了第五个年头才拿了十五块钱，就是津贴。他们知道我好学，把所有的靶纸裁下来，白颜色的，然后给我。我用小钉子打几个孔，用铁丝一穿钉成了小本，我们就是那么过来的，可能在座的叔叔大妈们都有这种经历。

等到1981年准备上大学，恰恰赶上要大裁军，裁军一百万，解放军艺术学院据说要解散，各个科系都没有招生。部队里也不放我走，因为我是团里的标兵，军事训练的尖子，又是骨干，还是被提拔的对象，我说不行，坚决要走。我当年入伍时连队的指导员，后来在我们团当副团长，找到他请求，这样打了招呼才放我走。

我是从天津入伍的，进了工厂，学徒，二级车工，但我从来没有想过搞（表演）这一行。实实在在讲，当时我是他们的军事教官，组织他们训练，给他们讲军事课，现在也有很多朋友还有来往，他们实际是我的启蒙老师，教我朗诵，给我材料，后来凭着他们给我的材料，他们教会我所谓的表演，考的大学。

回到地方之后，进了工厂，当年我来北京考的中央戏剧学院，没敢报考北京电影学院，因为电影学院太难考了，"亿"里挑一，而且招的很少，我感觉我自己的形象适合演话剧，电影不适合我，于是乎没敢考。

回天津之后，准备文化课，中戏这边有戏，准备录取了。结果电影学院没有招齐，全国设了几个考点之后，最后又在天津增设了一个考点，我一想反正考过中戏了，报名试试，就这么着最后北京电影学院在天津正经八百招了我一个，等于我是漏网的鱼，最后拿上来的那一拨，所以我很幸运，非常幸运。

上了大学非常用功，非常努力，因为当年我已经超龄，1980年我二十三岁了，他们规定是二十二周岁以下。当初电影学院和戏剧学院同时归文化部管，同时报上去之后，文化部连查都没有查，两家学院都录取了，直接批了，等于我是被破格录取的，选择了北京电影学院，这么着才上了。我自己感觉像搭上了最后一列火车的最后一节车厢，扒上去的。

当兵对于我后来饰演那么多角色，有很大帮助。比如说鲁智深，鲁智深本身来讲也是行伍出身。前一段中央八套刚刚播完的一个电视剧，我演一个（大家以为）特别没有文化的大军阀——韩复榘，虽然戏不多，但是我把韩复榘这个角色、这个人物形象彻底颠覆了。让我演这个角色，本身也有军人出身的原因。

现在很多演员，总恨不得导演多给我几个镜头或者怎么着，实际不在这个，戏有大小，角色无大小，戏没有多与少，只要你认真去创作，按照这个人物的轨迹去创作，很好地理解这个人物，你一定会有所收获。当然不是说现在的小鲜肉，现在的小明星怎么怎么着，有的人说我从来不坐地铁，我从来不坐公交，你有什么呀，你只是职业不同，我知道你有车，我也有车，我可能名下不止有一辆车，但是你有车并不能代表你如何如何。

我跟好多学生讲，有时候，坐地铁的时候多琢磨琢磨（车上）这些人，这母女俩从哪儿来，拎着东西，北京人、外地人，从哪儿来，到哪儿去，走亲戚、看病，而且有很多人物语言，未来可能在你创作人物时，能从中得到很大的启发。现在孩子还有一点特别可怕——不怎么读书了！我感觉到很可怕，世界上也统计过，包括欧洲、日本、东南亚、美国和我们中国在一起，我们读书的量很少，又不读书，又不接地气，你的知识从哪儿来？创作的源泉没有了，你跟叔叔大爷，大爷大妈好好聊聊天，他们那种对生活的体味、生活的经验，可能能够传授给你，你慢慢地以后大了，成家立业了，那些老话，那些经验不都是那么一代一代传下来的嘛，包括家风、民俗，我们的生活习性，方方面面，都有一种不断的传承。

我因为上了电影学院,才有了慢慢不断成长的机会,很珍惜。那个时候学校在朱辛庄,很远,不歇礼拜六,就是礼拜天。我进城有几件事情要做,第一是看展览。看各种各样的展览,第二是逛书店,大部分的藏书都是那时候买的,七毛钱、八毛钱一本。第三件事情,吃八方,吃遍北京的名小吃,因为我那时已经参加工作五年了,属于带薪上学。我有助学金四五十块钱,家里再给我点钱,我是班里的老大,箱子底永远压着三百块钱,万一有同学家里进不来钱,都从我那儿拿钱。我头一次进西安饭庄,新街口那儿(从那儿坐 345 路回昌平),一进去之后,吃一碗羊肉泡馍可以走了。我第一次去怎么感觉都像逃荒。坐下之后才知道,羊肉泡馍特别有名的,包括烧卖,包括烤馒头,鼓楼那边开了很多小吃一条街,喜欢吃,包括马凯餐厅……那个时候面包坊就是义利面包坊,喜欢吃,也体会到很多民间老百姓的民俗文化,对于创作有很大的帮助。

演了很多的古装形象,很多人可能叫不上我的名字,我叫臧金生,"臧"正音是一声,很多人见到我,说你是演员,可能知道演鲁智深,有时候叫不上我叫什么名字,我倒很高兴,因为我们创造的是人物,我们追求的是我要饰演的那一个,而不是让大家记住我,是记住我所创造的人物。

刚放的视频当中,看到了包括(我演的)"秦始皇"(的形象),我还跟范冰冰演过《大唐芙蓉园》里的安禄山,范冰冰是杨贵妃,那个时候她还没有那么火,现在刘涛多火,《还珠格格 3》我演缅甸国王,刘涛演我的女儿,《还珠格格 3》里边出了很多后来的有名的演员,当然不包括臧金生,像黄晓明、马伊琍、黄奕、刘涛,这些都是《还珠格格 3》里边出来的。

　　……

我有一个观念,这一辈子吃多少苦,受多少累,挣多少钱,有几个孩子,你为孩子所受的累,或者享的福,都是有定数的,不要都"望子成龙",都成龙了还得了,我们都是普通的老百姓。过去我们能炖上一锅红烧肉,能吃碗炸酱面,能包顿饺子,这是幸福,现在这些都不愁了,现在从精神享受上来讲,可能孩子忙,见不着,有时候他们忙,有空你们可能帮助他们带带小孩,包括我儿子,不跟你交流,不爱搭理你,那怎

169

么办？有时候主动地去假装问问，能给你回几个字就不错了，"挺好的""爸知道了"……

我总认为，实际你没有什么了不起，我有一个观点在"鲁豫有约"中说过——你说你有钱，比你有钱的人有的是，你说你有名，比你有名的人有的是。倒过来想，我们有时候也有不如意的地方，也有这样那样的生活中的坎坎坷坷，总有一亿人不如咱们吧，不说全世界，不说解救2/3苦难的百姓，我们就说在中国，即使农民还剩下五亿，有的靠种植、养殖、卖房、卖地脱贫致富了，总有一亿人不如您吧，大爷、大妈，您都在亿万人之上，您还有什么不知足的，您肯定都在亿万人之上，所以一定要知足，只有这样来讲才能感觉到生活是有滋有味，今天吃炸酱面太香了，少放点肉，搁点鸡蛋吧，就是一种幸福指数，这就是实实在在的，让我们感受得到，触摸得着的一种幸福感。

我大学毕业分到北京电影制片厂，现在剧团当团长，我来剧团已经三十一年了，日子过得很快，包括（在咱们这个讲坛）看到一些老师，像沈丹萍都是我们剧团的人，很高兴。

我说心里话，我们小时候看电影，有时候在室外看电影，露天的电影，我们看《侦察兵》，看于洋老师的好多电影也好，我特别知足，做梦都没有想到后来跟这些老艺术家成为同事，我现在又接任了于洋老师曾经当过团长的北京电影制片厂剧团的团长，过去像赵子岳、郭允泰、陈强、于绍康这些都是我的同事，在我们剧团当过头儿的，过去做梦都没有想到，最后自己当了演员，又从事这个专业。运气、时机，没有解放军艺术学院下部队锻炼，没有我带他们，也没有今天，也改变不了我现在的命运。

今天上午我是给马金会（音）老师做一期节目，他们是王为念和王芳主持的节目，天津卫视的节目，没有我的恩师，最后我考试考到电影学院，他要不招你，最后说给你淘汰掉了，你也不会有今天。所以说要知恩、感恩，知道学会报恩，有时候我特别信这个，你只有对人家更好，你只有更加善良，你得到回报的东西，那种幸福指数才多。

可能大家知道我演戏少了，还兼着中影集团业务发展部方面的事情，还有职称评定委员会的主任，每年大家评职称的时候，由讲师到副教授再到正教授，评国家一级演员、二级演员，都是经过我这里签字同意的，我主持评审委员会有一个原则，希望所有评委，在评审时不违反原则的情况下，硬件各方面都能过的时候，尽量给参加评审的人员高抬贵手，你要做主任的时候，主持评审会的时候，要公正、公平、公开，要尽量按照要求、规定去努力地做，在不违反原则的基础上不要卡人。我们有很多人特别恶，在自己有点儿小权力的时候，总想利用小权力卡别人，最后卡的是自己，这就是过去讲的善有善报，恶有恶报，人家又不拿你的，又不吃你的，又不偷你的，又不抢你的，为什么那么对人家？对人家善良一点，尤其我们年轻一代的孩子，很努力，他们也很不容易。我们评职称五年一个坎儿，熬了五年，上不去又得往后熬，今年不行明年接着评，早一点儿让他得到这个荣誉，钱上涨不了多少工资，实际就是对他的一种鼓励和认可。有些人特别恶，就是有点儿权力我要卡你怎么着，太坏了，不利用这个权力就好像没在这个社会上存在过一样，退休之后没人理，然后让人骂。

人还要与人为善，要心地善良一点才能得到很好的回报，我现在除了演戏之外，社会活动多，但是我有一条——我已经连续坚持了六七年了，我每年要到藏区去，因为我姓藏，中国有六大藏区，这六大藏区我走遍了，每年都去藏区做慈善，实实在在深入到藏区，到寺庙去，到普通的人家去。但是我跟北京的医疗工作者去得更多，帮他们做志愿服务，他们筛选到很多先天性心脏病的儿童，越早发现对他们未来的成长越好，很小的时候接到北京来做手术，孩子们来，我也会起早到西客站接他们，带他们到医院，做手术之前会推着手术车哄孩子，他们见到你不会怕，需要帮助可以拿出我们微薄的钱捐赠出去。

还有一项特别好的事情，比如捐助一个爱心浴室。捐助一个浴室需要二十万，可能就捐一个，没有能力，就做普通的志愿者，到那儿做一点普通的事情。这种坚持、坚守、坚毅、坚定，一个人做一件事情容易，如果能够坚持下来——我坚持到今天是第七个年头，我感觉到很宽慰，很欣慰。虽然高原上空气稀薄，我们捐助了"母亲浴室"，我曾经讲过一句话，他们感觉到很亲切，可能我们捐助的"母亲浴室"洗涤了藏族同胞的身体，但是捐助这些钱，洗涤的是我们的灵魂。我们洗涤了我们的灵魂，这些是金钱换不来的。

下面再聊聊（拍《水浒传》）"倒拔垂杨柳"（的故事）。（戏是在）无锡水浒城拍的，把柳树移植过来栽到了菜园子边上，因为（开始）没有拍，柳树扎根了。最后要拍的时候，真有点儿邪乎：那么粗的柳树！

（拔树）前面有一点戏——我自己琢磨，首先看看这个树，较较劲，我还特意夹了一下，用靶子撞了撞，这场戏拍的时候用了吊车，那时候吊车还没现在这么先进，1996年拍的，没有十八米大吊什么的，没有。钢丝绳拴上树枝后，我拔树的时候，它一起吊，我低着头拔。拍这个戏之前，我特别感谢空政话剧团的著名导演鲁继先，曾经演过《陈毅出山》的话剧，还有《大宅门》演过贝勒爷，剧组特意请他来给王思懿作表演指导。

鲁继先是李雪健和刘佩琦他们的老师，他又跟《大宅门》的导演郭宝昌是非常好的朋友，我们关系混得也不错，我要上场之前，他说注意啊，怕这个树拔起来的时候悠着我，怕我控制不了它。我在这儿特别使劲拔的时候，只听得"嘭"的一声，钢丝绳断了，现场围观人很多，十来秒钟鸦雀无声。因为那是后怕，起初只想着把这场戏拍好，这是鲁智深重要的桥段之一，必须拍好。只有把这场戏拍好，才能一点一点把这个人物塑造好。导演吓得跑过来，说没事吧，第二段再拍，用了双股的钢丝绳，才把这场戏拍完。

后来真是后怕，一抬头钢丝绳在我这当啷着呢，我在工厂待过，有好多叔叔大爷都在工厂做过，钢丝绳是那么拧，原来有死结，从那断的，断掉之后，那一头上去了，这一头下来了，下来的时候就跟钻头一样，扫着就下来了，如果钢丝绳随便碰到一点就是大口子，整个打上了骨头肯定完，我们忽然想起了最早的，可能有的看过《海岸风雷》，船舷上被人打下去就是钢丝绳打下去的，非常辛苦。刚才看到我参演的《赤壁》，我演张飞，也很感慨，2007年的12月17日，这个戏已经快完了，最后收尾的时候武戏导演已经走了，甩了一部分戏给他的副手郭建勇。还有《关西无极刀》，西北银川拍的，我演大游侠，拍《赤壁》之前和郭建勇就有过合作，他知道我有点身手，他想剩下这点戏给我拍得更好一点。爆点儿料，拍《赤壁》拍到中间，大家有点疲倦的时候，吴宇森导演剪了23分钟的样片，给所有的人员放，其中有一段就是我在马上打。胡军说我打得那么好，因为有他们公司投资，然后请导演喝酒，最后又加戏，最后他的戏也拍得不错，实际不用请导演喝酒也能够拍好。

拍这个戏的时候是冬天，我们演员五点多钟到现场，我们演员有一个化装车，有一个帐篷，可以在这里边休息，先去吃早餐，然后再上车化装，化装都是我们厂子人，跟我很熟，说今天我要杀青，我说谁说的，因为最后那点戏，大约还有两个半天就拍完了，就是今天拍完还有一个半天，我的戏就全部可以杀青了。我说我人缘混得没有那么差吧，这么烦我，说要准备鲜花，我说我今天拍完，明天还有半天我就杀青了，我就在后边等着。有一个保镖，有一个助理，有一个商务车，说让臧金生来吧，因为化装比较费劲，到了现场，我原来以为这场戏应该替身就拍完了，结果到了现场之后他跟我说，他是宝鸡人，宝鸡有很多人说河南话，我会说点河南话，虽然我不是河南人，但是我跟他见面就说河南话，因为我们俩熟，他说这个动作你自己来，我就傻了，他形容的这个画面大家想象一下也非常震撼。

那么大的荧幕，一匹马倒下了，一匹马又倒下了，站起来一个像狮子一样的张飞，我要的是下来之后跑进来、飞将起来撞这匹马，像多米诺骨牌一样，两匹马倒掉，倒掉之后再跟曹军的两组兵一杀，最后把他们的兵枪拿过来砸断，杀青在这，要一个镜头下来，我原来以为这个撞马的镜头拍过了，到了现场之后很冷，说这个镜头你自己来，已经拴好马了，因为我拍过这个戏，等于有经验。《水浒传》当中，大家知道林冲吐血而死，鲁智深有一场戏，站在旁边一拳把马打倒，这个镜头我拍过，只能拍一次，因为马有七八岁的智商，最轻也得有七八百斤。《水浒传》打马的时候是底下牵着威亚，上面给他一个反运动力，这样走马才能倒，结果底下牵着上面没牵，我说你这样不中，冬天很冷，他说试一下，我飞将起来撞那匹马，结果马没有被扳倒，直接把我扔到十来米远，我坐那儿说办不到你不相信。郭建勇就骂，"让你使点儿劲怎么着……"

后来想起来，人要学会说不，后来慢慢随着自己年龄增大，会有所感悟，年轻气盛总有好强的时候，要学会说不，要会说不可能，没有那种闪失。又拍第二条，马就不干了，你凭什么扳我，开始马能听得懂，就骂底下的兵一定要使劲，然后我一下撞上去了，马整个兜了一圈，回过来，我一看不好，毕竟当过兵，我一闪，闪出了腰、胯、膝盖，还没有到底下马就到了，小腿就给我砸折了，那种感觉嘎嘣一下，我当过兵知道，也经常做野外生存的训练，而且我当过特种兵，砸完腿之后迅速坐在地上了，我就知道我这个腿等于歪过去了，我坐地上赶紧捋直了，一下捋回来了，真的不知道疼。因为离得远，郭建勇就说站起来看看，赶紧溜达溜达，我说折了，不要管我。后来他们说，你那么镇定，头套怎么摘的我也不知道，护着我腿，我告诉他们，我说拿个苹果箱，军大衣一披，枪弄折两边一比，固定住了，问我去哪儿，我说回北京，进积水潭，当初还要拉我去河北，我说不，回积水潭，在积水潭住了好久。后来打了四个钢锭，一个钢钎，拍完《西游记》之后，配完音，我做的手术，把这个钢锭和钢钎取出来。

《西游记》怎么选我演猪八戒，也给大家爆料一下，《赤壁》完了之后，我腿折了。2008年复出之后，演的第一个戏就是《倚天屠龙记》，我演金毛狮王，戴个隐形眼镜，我很不适应，两眼瞎了，拍金毛狮王的时候，他们说拍《西游记》，我说这个有点意思。我这个人不唯上，特别愿意跟底下人打成一片，跟服、化、道关系都非常好，我说《水浒传》演了鲁智深，《赤壁》演了张飞，《红楼梦》里边没有合适的，不可能让我演贾宝玉，《西游记》演沙僧可能好，我瞄准了演沙僧，后来才想起来，我拍那一版《倚天屠龙记》的时候，我演金毛狮王，我那天去《倚天屠龙记》签合同的时候，经纪公司的人都在，徐锦江也想演，没让他演，后来让他演沙僧。

我想演沙僧，后来有一天制片主任赵导给我打电话，"老臧，说想让你试试猪八戒。"我说不想演，电话挂了之后，紧跟着化妆师，就是央视版《西游记》导演杨洁的闺女丫丫，打电话说猪八戒的戏特别出彩，戏又多，你来试试。后来张纪中给我打电话（我跟张纪中合作了好几部戏），条件之一，不试戏，同意演猪八戒就不找人了，就是你了，他说你要来直接签合同，咱们再试妆，这对我是偌大的信任（后来才说，试妆的材料太贵）。

他也是综合考虑，几方面的因素，第一演猪八戒这个人首先能够吃苦，我们每天要比别人提前两个小时化妆，戴老猪头，全部粘到脸上，动了外边才能动，不管寒冬暑夏必须要这么做。第二还得有点儿名气，还有点儿新闻炒作点，一说演过这个演过那个。还有一个主要的问题，钱还不能太多。实际演猪八戒是张纪中提出来让我演的。爆一个小料：猪八戒那么多演员（演过），只有我一个人是原声，我自己配的音。我个子一米八几高，猪八戒要矮一点，我有时候就是这样的，而且猪八戒俩脚尖往里扣点，显着人傻。

和大家在一起聊天很高兴，有机会还愿意来和大家一块儿聊天，一块儿交流，共同享受我们美好幸福的生活，谢谢。

第二十二讲　感恩的心情

主讲人:方青卓
地　点:大钟寺社区居委会
时　间:2017 年 6 月 12 日　下午

　　方青卓,1955 年 5 月 10 日出生于辽宁省大连市,汉族,中国大陆女演员,吉林动画学院客座教授。

　　1972 年上山下乡。1974 年考入辽宁营口市文工团。1979 年进入沈阳市话剧团。1979 年开始排辽宁第一部电视剧《最后一班车》,饰演女主角。1982 年进入上海电影制片厂,进入影视圈。1987 年因参演《雪野》获得第七届飞天奖女主角称号。1988 年赴日本参加亚洲电视研讨会,并做了发言。

　　2002 年参演喜剧《妙手神捕俏佳人》饰演铁心兰。2005 年参演贺岁片《别拿豆包不当干粮》饰演刘翠翠。2007 年参演《圣水湖畔》(第二部)饰演马莲。2010 年参演新《还珠格格》饰演容嬷嬷。2011 年参演公益电影《暴走妈妈》,因陈桂贤一角、获得第三届纽约中国电影节"亚洲受欢迎艺人奖";第九届电影频道传媒大奖最佳女主角;第十五届上海国际电影节最佳女主角。

　　先向大家行个礼,感谢玲玲(侯京玲科长)发的奖,也感谢非常好的编剧。我从艺四十年得了很多奖,不管悲剧的还是喜剧的,不管中国的还是外国的,今天此时此刻非常在乎这个奖,因为这个代表着大家喜欢我,我想跟大家说我一定不会只来一次,我搬到海淀区已经十五年了,海淀区有个公共频道,我经常看。

我是大连人，一不留神嫁给了北京人，到北京三十年了。

我昨天晚上在想，今天应该讲什么呢？我觉得今天就讲——"感恩的心情，快乐的生活"。

因为大家都知道，所有的人都一样，所有的家庭也都一样，幸福的家庭是相同的，不幸的家庭各有各的不幸，这个不幸不是说有什么灾难，只是说这些不幸，那些原本相爱的人随着岁月、随着大家的身体、随着外界因素的干扰，不再相爱了，或者缘分到头了，他们会吵架、伤心、彼此仇恨……就是这样一个情况，这样一个规律。

有人说爱情到底是不是天边云彩做的枕头？我们的爱情是不是餐桌上吃剩的草莓，到底是不是？其实我今天要跟大家说的是：也是，也不是。就看你能不能找到我现在的生活秘诀，就两个字——"感恩"。感恩非常重要，有了感恩的心情，什么样的灾难、困难，什么样的仇恨都不会在乎了，因为你感恩。

有一句话说得好，磨难是化了妆的祝福，爱是恒久的忍耐，爱是永恒的等待，爱是相信，爱是宽容，爱是不自夸。

我感恩什么呢？感恩的事情太多了，首先感恩今天此时此刻朋友坐在我的面前，在听我一个人说话，同时祝福大家。我感恩我的母亲给我一个好的性格，给我一个好的身体，我的母亲八十六岁，现在还健在，她就有一颗感恩的心，永远在说"什么事都不是事"，东北人都说"没有过不了的火焰山"。

我还要感恩我母亲给我一双明亮的眼睛，我小的时候眼睛不是很好，我记得经常有眼屎，妈妈带我上医院洗眼睛，经常给我吃葡萄，很好吃，我就会戴着眼罩，妈妈把葡萄塞到我嘴里，葡萄我真爱吃。

有一次我正好把葡萄洗了以后，我一吃，我说这个葡萄怎么带皮，葡萄不是不带皮的嘛，我妈笑了，说我给你剥了。一个简单小的记忆，小的细节就知道母爱有多深了。所以我和母亲不会忘记葡萄的记忆。在我今年六十二岁的生日时，我求别人给我画了一个小葡萄，不要大的，就要小的，一看到葡萄我就会想起母亲对我的爱。我从小经常大鼻涕，就去洗鼻子，我妈说要听话，不听话将来就割掉了。小时候也生一些病，跟着妈妈上医院。

我五十多岁的时候，看了一部电影，叫《母亲的眼睛》，写自己母亲的眼睛捐给别人的故事，每个人长久地睡去，也就是死亡，死亡之后六个小时情愿把自己的眼角膜捐给有关部门，就可以救八个盲人，八个盲人是什么概念，会有八个人因为你的眼睛而复明，而看到东西。当时电影里面，我是助阵嘉宾，我马上跳到了台上，我说把我的眼睛拿去吧，但一定写"眼角膜捐赠者方青卓"。我（回家）一说，丈夫不同意，我妈妈同意但没有用，因为我已经结婚了，没法给我做主。

后来我等了几年，等我儿子十八岁那天，我跟我儿子说，孩子，你是妈妈的好儿子，你给妈妈做一件事情，他说什么事情这么神秘，我就把这个事情跟儿子说了，儿子非常支持，他说好，你把我的也签上吧，我也愿意做这样的好事情。我笑了，我跟孩子说，你的眼角膜捐不捐取决于下一个女人，不是妈妈，是你的女朋友，将来是你的媳妇儿，你说服她，你跟她写一块儿，这是更好的。

我要说的是我感恩，我愿意把我的眼角膜捐出去，后来办了这样的手续，我非常高兴。有很多姐妹听后哭了，那个时候会有八个人一块儿跟你们交流，我以为捐了眼角膜会让儿子跟他们成为朋友，后来才知道法规不允许，那就只当留在人间的善吧，这就是我要说的感恩第一条。

捐了眼角膜以后，非常巧，有一个辽宁爱之光防盲基金会，他们因为一个朋友的介绍找到了我，我和这个何教授——何教授是我们辽宁爱之光的发起人，可以在网上查，"爱之光防盲基金会"能看到我的名字和我们的团体。我已经在大树底下乘凉了，他们做得非常好，每年医治很多白内障老人，不要钱，给他们做白内障的手术。

我跟他们团队联系的时候也是因为人的介绍，我也不认识他们，我寻思给捐赠人带什么礼物，我想起我把眼角膜给他看看，一给他看，这个何教授非常感动，他说怎么那么巧，我们找你的时候一点都不知道，你还是这样一个善举的人，我说我应该这样做，因为我觉得一个人的号召会有很多人来响应。因为我的号召以后，有很多年轻人说方阿姨，我也想把我的捐了，他们纷纷来做这件事情，让我知道一个演员，一个叫"明星"的人，他（她）的善举是多么重要，所以我深深感恩有他们。

我在生活当中，非常感恩，我昨天还想，我要说两个感恩的：一个感恩是事业，我小的时候就喜欢人来疯，我妈妈因为我人来疯简直恨死我了，每次都说来人的时候你能不能不说话，妈妈咳嗽以后你就不要说话了,明明听到妈妈咳嗽,我就非要说不可,客人一走,我就悄悄地又擦桌子,又扫地,(我妈)说你刚才的劲儿哪儿去了,我这么咳嗽你都不知道,你在那装聋,一个女孩不要总插话,怎么那么兴奋,我就是人来了才兴奋,很有意思。后来我妈妈改成梳头,我妈妈的头发都快弄掉了,我根本不看,还照样说,客人一走又把我臭骂一顿。小时候在幼儿园就是说快板的、唱歌的、跳舞的,小学也是。长大以后上山下乡,也是唱歌的、跳舞的,会弹琴、会跳舞、会朗诵、会报幕,上台什么都敢说。只是胆子大无所谓,更重要的是我们一百个人,我是第二个被抽出来,老天给我这么一个性格,到现在也是,现在还知道点儿礼貌,让大家讲完我再讲。

不知不觉就干上这一行了,辽宁省营口市的一个普通的演员,讲故事、演话剧,演了很多,到了就演主角,那个时候年轻漂亮,声音也不哑,也用功,我是个不服输的人,一个人的事业坚持到底就是胜利,这句话真对。营口市文工团待了四年演完戏又考到沈阳市话剧团,辽宁省第一个电视剧就是我演的,1979年的《最后一班车》,演北京最后一班车的售票员,和周总理的一段故事,黑白片,片酬一块钱,霍尊的爷爷演周总理,霍尊的爸爸跟我们一块儿,小时候就爱唱歌。

《最后一班车》演了就得奖了,非常高兴。我就发现我怎么上镜头那么自然,怎么上镜头两个眼睛那么好看,那个时候二十四岁。后来开始有电影厂找我,我有九次没成,九次的希望、失望是什么样的概念。

有的是话剧团演主角,电影厂让试镜头没有时间;有的是坐着飞机去了,坐火车又回来了,没试上;还有的被后门顶了,我印象非常深刻,我准备好了全国粮票,准备好了钱,我爸我妈给我做了一个红烧肉,喝点酒祝我成功,黄了。后来到第十次说不用做了,也不用再祝你了,总也不成。我还说我死了的时候(碑上)一定要写"未来电影演员方青卓",因为九次都没有成嘛。

第十次,上海电影制片厂来找我试镜头,我当时想第十次一定要努力,一定要试成,我还记得当时我们演话剧《草地兵变》,霍尊的爷爷说:"小方,如果这次试不成,你还会去吗?"我说我一定会去,我一定要试到最后。他说:"这就对了,真棒,祝你成功。"那个时候是坐火车去的,还是硬卧,我从小就爱看书,就写东西,三十岁的时候就发短篇小说，到今天，写了六本书了。

我就这样上了火车，把剧本整个看了，到了上影厂，一口气试了六天镜头，几乎跟所有人的戏全部演了一遍。一个星期过后，导演推开我的门说，"小方，我们给你送定心丸来了。"他说这是你的合同。我看了以后确实哭了，我还以为我到这儿不会哭，确实我掉眼泪了，我跑到厕所里，先掐我自己看是不是做梦，不是做梦，疼啊，这是真的，多少次做过这样的梦。

我说希望像沙漠里的水，我张开干裂的嘴唇，希望像沙漠里的小木屋，看着永远进不去，写了很多这样的书，今天我的合同成了。我哭了以后，导演问我怎么哭了，我说导演我都试了第十次了，导演说如果试不成你会怎么样，我说我一定会再来的，因为我就是为拍电影而生的。

正因为当时的不容易，从那以后再也没有停过，演过讨饭的，今天一看能演地主婆。接着没有停过，我在荧幕上很出彩，那个时候妈妈给治得好，眼睛好了。演第二部电影是西安电影制片厂拍的，第三部接着去峨眉电影制片厂，叫《为什么生我》。还让我参加电影节，但是要交一万块钱的人民币，我实在拿不起，那是 1984 年的事情，让你参加电影节一万块钱拿着就行，组委会就让你去，八几年一万块钱！哪有那么多（钱）？我正腌酸菜，我说不可能，给别人吧。

四个电影以后，我又回沈阳话剧团演话剧，接着拍电影，一直演主角，在长春电影制片厂拍了《旷野又是青纱帐》，又演《雪野》，演一个女人和四个男人的故事，演《离婚七年》，我那个时候是离婚三年以后，年轻漂亮。所有给我当配角的老师都是我小的时候看着他们电影长大的，我演得也用功，这个电影让我拿到第七届飞天奖最佳女主角，我也因为这个去了日本参加首届亚洲电视研讨会，中国就去了一个人。我有一个胸牌，写着"中国方青卓"，我非常感动。

后来因为一部公益电影——《暴走妈妈》，我演了 2009 年感动中国的一位母亲，叫陈玉荣，是真人，比我大一岁，因为儿子得了肝癌，她就暴练走路，四个月用生命的马拉松救了自己的儿子，肝的脂肪走下来了，成功给儿子捐了 45％的肝，我的片酬只有二十万（公益电影，钱比较少），我全捐了，首先捐给陈玉荣，给她六万块钱。

我得了上海国际电影节最佳女主角，又得了纽约中国电影节最佳女艺人奖,还得了一些奖,电影得了二十多个奖,不是我演得好,是陈玉荣的故事感人,后来给工作人员,比如重点服装组一万,灯光组一万,导演、制片、音乐人,我的助手给了一万觉得不够,又给一万,因为到纽约又拿了奖,这么多年拍戏没有把钱捐了,就这个捐了,因为让我知道母亲的伟大,让我知道集体的力量。

演了四十年了,不断拍电视、电影,做公益节目,还要做访谈节目,今天我跟丈夫说,"咱们家地方挺大,哪天给我置办一套东西,我要做一个自媒体,这么有才的人……"这是瞎说,应该是这么想说的人不给她个平台,不得疯了。

跟所有女人一样,要讲一下爱情。第一次婚姻不够开心,刚结婚半年就离婚了,不能说人家是坏人,当你看着对方不好的时候,你照照你自己,自己还有一身毛病呢,人家接受你就不容易了。

我找到我丈夫,他是摄影,看到他非常好,"北京爷们儿",不爱说话。我也对"北京爷们儿"没有什么概念,觉得他像森林一样,像海洋一样的神秘,让我去探索,真要是结婚几年以后熟了,也不探索了。现在我才知道夫妻俩是什么,当时结婚是心跳,他喜欢听我说话,现在按时说话,我们彼此都很胖,血压高。现在分着睡,这么大岁数还在一块儿,多热,冬天就是暖和,他也打呼,当时听我丈夫的呼也挺甜蜜,但是那个时代一去不复返了。现在就是感恩吧,他的咳嗽声也觉得亲切,因为他是一个能够接受我的男人,也是生活了三十年的孩子他爸爸。

我有时候在想,他每天给我沏茶,偶尔会不在家,等我自己沏茶的时候,不是觉得手烫了,就是味儿不对,失去以后才知道,他每天沏茶得谢谢人家,等他回来给我沏了,我说谢谢,他说你有病吧。还有泡澡,孩子泡完,我接着泡,我丈夫再泡,一定是我丈夫在那儿刷浴缸,习以为常了。我妈妈问我,"你丈夫干什么呢?""刷浴缸呢。"

还有一个事让我感恩,北京人一定等人吃饭的,我们东北人没有这个习惯。我有的时候回来了,我都吃完了,也没有给我丈夫打电话。他说,"我都吃完了,你怎么也不打个电话?"我才知道在这些普普通通当中,真的应该感恩,不是人家应该做的。

我丈夫是一个很有条理的人,东西要摆好,都要收好。我特别不喜欢这样,我喜欢随意,一看什么都有。他说太吓人了。我说你给我做个箱子,又摆满了,箱子外边又有。说这个地方缺个椅子,你说做个椅子。谁知道,堆满了我的衣服。东北人嘴也厉害,高兴的时候我就高高兴兴地说,生气的时候我就不愿意了,我说,"哪儿那么干净呢,家嘛,过日子嘛就是什么都有,都有用。有一个地方干净,让不让我去?"他说什么地方,我说棺材。我有时候想我丈夫也不容易,一天守着我,东西还这么乱,基本接受一个半疯的女人,我得感恩他。所以感恩所有的事情。

每个女人的脸就是家里面的天空,一个母亲早上起来高高兴兴的,喝碗粥吃点咸菜全家人都快乐。你做好多菜,骂着。嘚着嘴能快乐吗?快乐的女人等于快乐的家庭,快乐一个家庭等于快乐一个民族,等于快乐一个国家。因为我就是这样做的,我的丈夫性格也不是很好,他总是皱个眉,我说,"你好吗?""什么玩意儿好不好。"我说,"你血压好吗?""没量。"我说,"你没量不行,你一定要量一量,你死了也行,可是你没死,我还得伺候你。"这样一说他就笑了。

早上问候也是非常重要,有的时候孩子也是,我跟他说半天,"你睡得好吗?""妈你别总像演戏一样,别这样的。"我这么热情,他们还觉得我像演戏。我有写日记的习惯,我的快乐绝对不能锁在我丈夫的眉头上,我的快乐由我自己做主,我可以问他们,他们愿意回答就回答,不回答拉倒。

有一天我跟我丈夫说,"你比我小四岁,头发都白了,你看我比你大四岁,我的头发还没白,我的老没有长在头发上,长在肚子上。"我丈夫说,"你美什么美,傻子都不会长白头发,因为傻子不想事。"多气人!"你说我是傻子,就是傻子,可是你这个娶傻子的人可太可怜了,怎么娶了个傻子,还跟傻子睡觉,你怪可怜的,我这傻子开始可怜你了。"在家我就知道了,家这个地方不是讲理的,有的时候气,你就气你的吧,明天再气他,把时间分开,一三五,二四六。一定要快乐每一天。

我们现在这个年纪了,快乐每一天就是快乐一辈子。在家不讲理,在家就讲爱。有的时候他忘了,说咱一句,说腿怎么越来越弯了,我说小的时候缺钙,"我记得以前就能钻个小狗,现在能钻一条老母狗。"多狠!我说他说的可不真话嘛。他说,"你还等着我们给你鼓掌啊。"就这样乐着挺好的。

我的婆婆是军旅歌手,八十四岁,一个人生活,偶尔过来,她总是这样，高高兴兴的，本来她说过来，我没敢，我说在上面不知道会瞎说什么，我还怕你，她说我看你什么也不怕。在家就是有一颗感恩的心，时时有一颗感恩的心，就算他们发火，我也会觉得这都是我应该做的，发火是对的，因为常年在外面，总跟外面人工作嘻嘻哈哈的，在家他们撒个娇，耍个脾气，让暴风雨来得更猛烈些吧。

我家里有几条狗，有时候就跟狗自说自话，其实是让他听，我说当时追我的时候不是这样，一会儿给你们看照片，现在他变了，变就变了吧。一调侃，他也就笑了。昨天我还在想，孩子十岁的时候，有一次我回家，我丈夫说，"咱们上颐和园吧，追你的时候上颐和园划过船。""不知道穿什么衣服好。"男人没有这个心气给我挑衣服，他说行了，我说好不容易去一次，找件衣服还这样，我太生气了，非常伤心。

东北人的劲儿来了，拉着孩子就走了，我还拿了一万块钱，本来想走，我太生气了，孩子不知道，"妈妈你怎么不等爸爸了？"

我说他有事，今天妈带你去。孩子跟我划船，说，"妈妈你就这样谈着爱情吗？"我说，"对，爸爸为什么不来，你给打个电话。"我假装打电话，"你那么忙啊，能不能赶来，赶不来啊……"自说自话，当演员的妈有点欺骗性。两个电话弄完了以后，"妈妈，咱们吃麦当劳吧。"我说好，吃的过程当中，我儿子问了好几次，"咱给爸打一下吧。"我心里很惭愧，自己一时激动就这样，可是不能拿着一万块钱上飞机，回老家啊。

一个内心的沉淀，也不能跟孩子说，又回家了。不回家上哪儿？还没舍得花，没敢告诉孩子。一回家一看，我丈夫找了个师傅，正在院子里种树呢。我说来了，跟客人说快喝水。客人走了以后，孩子需要上技术学校，我丈夫说行了，差不多得了，我们俩都表演给孩子看，孩子说我妈给你打三个电话都在开会，怎么还种上树了。生活当中有很多的事情，有的时候就是要想开，都是一样的。晚上我跟我丈夫说，这一万块钱被我拿出来了，没花。（他）说你现在长本事了，还要跑。就这些小事情，家里边不止一次，但是拿一万块钱"出逃"的事情还真不多。

还有一次过节，各个宾馆都打折，我丈夫很早订了一个赛特的宾馆，说咱们在那儿住三天。我说好，可是我正在演戏，丈夫说非要去吗？我说非要去。"说你哪儿疼不行吗？"拿起电话的时候真的开不了口,我宁可得罪我丈夫,我跟我丈夫说,"不行他们不给假。""你到底说没说?"我丈夫就要听,(想知道)到底他在我心中重要,还是事业重要。我说实话,"演员聚在一起不容易,必须要拍,你们俩先去,我晚上到。"非常扫兴。

那天拍完以后,太阳落山了,我告诉开车的司机说绝对不回家,还是回去了,所以这些小事情现在看来,他这个急,他这个骂也都是为了我好,我也是以事业为主,拍戏四十年了,从来没有迟过到。一个女演员好像一个阵地上的旗帜一样,因为我经常演女主角,全体工作人员都是为我们服务的。前两天,非常可笑,我就不提什么戏了,(男演员)竟然拍着拍着说等一会儿,去抽根烟。我看了一下工作人员,他们说,"他经常这样。"那先拍那个女孩,说那个女孩去休息了……也许正因为他们没有像我这样的磨难和等待,像我这样的境界。我们就是向老演员学习,像谢芳老师这样的,永远不会等他们,所以他们永远是我们的榜样。我要做一个不是走哪儿大家给你鼓掌、给你献花的明星,我要做一个人民的演员。

第二十三讲　认真去玩儿

主讲人:李绪良

地　点:大钟寺社区

时　间:2017 年 7 月 28 日　上午

李绪良,国家一级演员,牡丹奖获得者,著名戏剧表演艺术家,中国煤矿文工团说唱团演员。

小品代表作:《石记理发店》(合作演员:石小杰),《跟我回家》(合作演员:潘长江、买红妹),《舞会归来》(合作演员:许娣),以及《石记理发店》《打今儿说起》《得不偿失》等。

参演影视作品有《我爱我家》《东周列国·春秋篇》《东方朔》《剧场逸事》等。

(刚才主持人)说(我)是老街坊,说是邻居,一点不错。因为我家就在西直门外南关头条,咱们这儿是北关,完了北下关娘娘庙往北,咱们这个区变大了,原来北下关没多大,现在北下关"壮"起来了,不光是这个壮,而且能搞这么大的活动,能找这么些演员来了不起。

刚才咱们作家问我,说您是煤矿的?煤矿文工团?我说不是,我是北京曲艺团的演员,我从那儿退休的,我们上一级的单位叫北京歌剧舞剧院,我不是煤矿的。为什么说这个事?这事儿怪,网上我不知道怎么写的,说我是著名相声表演艺术家,我在微信里说这多可乐!还有说我是中国曲艺家协会副主席,我不是,咱们别相信网上,都瞎说。有一次我参加一个会,让我坐前头桌,来了一个人,是姜昆,姜昆是中国曲艺家协会的主席,姜昆就问我,说李老师您是副主席,我怎么不知道啊。我说你不知道啊，我也不知道，人家那么写着让我来我就坐着，你也就陪着我跟那儿待着。

大街上也有人跟我说，"特喜欢您的相声。"谁相声啊？我跟大家说，我不是没沾过相声，我们那儿很多相声演员演出全是我给排练的，包括我那些学员，可是我在国内的舞台上没说过相声，我演过化装相声。说没说过，我不敢说没说过，在新加坡说过。当时我们带小孩到新加坡演出，新加坡要求我们四个小孩两个大人，让我们演一场晚会，六个人，怎么演？常贵田跟我说，您跟我一块儿说相声。我说没说过，现对词儿，准备完之后说了四十五分钟，如果说"著名相声表演艺术家"，我就那么一次。

我的学生许娣，大家看《我的前半生》，人家给我发一微信，说许娣她丈夫是中国台湾人，我问许娣怎么回事，许娣说我哪儿知道，人家那么写的，为什么我可以问她呢，因为许娣是我带了多少年的学生，我亲自教出来的，我教她的表演，我是老师，我是班主任，我还是他们青年队的队长，带他们演出，我了解她，她的丈夫是她同班同学，也是我的学生，一直多少年都在这儿。网上有些东西别相信，正经场合我都得申明，咱们得辟谣，要不然说我蒙人，我没有蒙人。

"做戏剧的配角，做人生的主角"，这个题目太大，我觉得应该说，把配角当主角演，生活中自己就是主角，真是这么回事。我们演员演戏，怎么演好戏，演一个人得是一个人，得是那么回事儿，有时候我们给孩子辅导或者导演，第一要求就是话说清楚了，第二点是"说人话"。听着"说人话"这话好像挺难听，其实不是，有些人说的话，他说不明白，那就不是人话，说了（符合角色的）人话，演的是这个人物，演出来才有意思，（角色）再小也（会）给人留下印象。演一个很大的角色，没有认真下功夫演出来，人家没有什么印象，那才不是一个好的角色，也不是一个好演员。

在生活当中，咱们都是老百姓，咱们不是官儿，你自己努力各方面的东西做好了，你就不是主角嘛。每个人在生活当中（会）不断地变换各种角色，咱们在人生舞台上都很自然地、从容地演着自己的戏。我爱琢磨字，"戏剧"这两个字，老祖宗发明得太好了。什么是戏？戏字原来的写法是一个虚，一个戈，就是假的拿着武器，现在又改成一个又字一个戈，又拿这个武器，所以戏剧是假的。虽然是假，但是要把假的变成真的，比真还真。曹雪芹就说假亦真来真亦假，经典。要说俗不俗，俗，但是细琢磨意思，非常深刻。假的东西必须特别真，越假的越真，假花像真花才好，真花要像假花才有意思，觉得这不是花。

我举一个例子，我们家那个葱在那儿开花了，我觉得花挺好玩儿，照了相发在群里头，只有个别人说是葱花，好多人说韭菜花，还有人说蒲公英，这怪了，咱们每天都离不开葱，愣不知道葱花什么样，真花像假花才有意思，大家多数不认识，细细看这是葱，它才好玩了，所以"真的"和"假的"之间的关系，作为演员来讲，你演的时候，你演假的要演真，越真越好，人家才爱看，才能留下印象，才能起作用。

我最有资格说老街坊，我们就在南关护城河，往北一绕，那边是北京火车站，我的小学就在北京火车站旁边，最早叫扶轮小学，后来叫铁路第三小学校，小时候玩儿的话，从西直门一直顺着河玩儿到颐和园。我会玩儿，以前抓蜻蜓，十几个品种我都可以说出来，我看见一个都能叫出名来，知道公的母的，细致不说了，都可以写书。对咱们这儿特熟悉，咱们这儿娘娘庙一带种稻子和荷花，我上中学的时候到了壹零五中，我是壹零五中的第一班学生。谁是壹零五中的，或者铁道学院附中的？后面有一位老兄举手了。我那会儿上学都从北下关这儿走，对这儿非常熟悉。

我待的地方都离不开"西"，我出生在西直门，上学在西外大街大柳树，我上大学的时候在北京三中也是西城区，大学是北京艺术学院，在什刹海还是西城区，工作单位在西单，后来我住在西四，搬家到西八里庄，如今在西四环，现在七十多了，将来我也得是归西天，都离不了"西"。

我说点儿什么也许对大家有帮助，就是关于考艺术学院。我高中毕业那会儿，我父亲是铁路工人，开火车的，后来当一个小的股长，不知道怎么划成右派了，我从领导阶级变成右派子女，负担非常重。

那个时候身体很好，当空军不让我去。不能检查身体，根本不要，那会儿我学习还是挺好的，在班里当过学习委员，还是课代表什么的，不行。那会儿可害怕了，没辙，考别的大学之前有艺术院校招生，我从来没跟这些接触过，试试去，以前没演过戏，考试不懂，不懂也倒好了，我一到那儿考试，老师问我喜欢什么，我说喜欢打篮球，"会打吗？""会打。""你打一个。""完了？"我说完了。"进了吗？""进了。""那么准？"我说我是前锋。居然唱一个歌——《革命人永远是年轻》，老师初试让我通过了。后来复试，跟一个女的表演，她老想突出自己，我刚要上场，她说别，她希望自己多表演会儿。后来我才上，我也没有负担，我说，"别做功课了，费电，身体也不好。"表演完了，老师问我为什么管她呢？我说她是我姐姐，她这么费电，身体不好，光开夜车也没用。老师说你为什么到这儿，说她管用吗？我说管用，我爸我妈都让她注意身体。"你刚才为什么不上？"我说她不让我上。结果她没考上，我考上了。

我为什么考上？后来我明白了，我没负担，我不是想使劲表演，让人瞧，现在学生考艺术院校使劲化妆，上美容院弄双眼皮，嘴往下的非得往上……老师是糊涂人啊，考试的人见多了，一看你，假，不要你，你装什么样，不行。艺术院校考生和别的一样，考你什么呢，基本素质，你没有负担，上台你很随便，都放松了。其实人在最放松的时候，是最自然的，出来东西是最好的。跟演员拍戏一样，有的人，导演跟他说，您记住了，说明白的人都糊涂，不说明白的人明白。你看篮球比赛时候，体操的教练，游泳的教练跟运动员说，运动员拿着水上去了，这是人明白的，不明白的什么呢，教练说，他说我知道，我知道，知道什么呀，上去就完了，为什么，负担太重。最从容的、最自然的，表演得最好，生活里也是这样，你最不在意的会做得很好，努力去做可能不行，都是反着的。

我就考了艺术院校，到了艺术院校之后，我心里头想什么呢，我自己家庭条件不好，我入团到工作以后，1965 年才入了共青团。那会儿的政策是很严的，我觉得我应该努力，在台词上、表演上各方面下功夫，编小品上弄什么的都努力，我做的过程中，老师也有那种概念，觉得你形象也不好，家里又是那条件，老师也对你有点儿"另眼看待"。我那会儿表演的时候，做得跟别人不一样。我就想，凭什么大家都一样？你自己做得有意思，自己觉得好玩比什么都强。我表演过一个小品，回到家之后往凳子一坐，刚要写字，屁股后面开了一个口子，怎么办，没办法，自己又不会缝，找了针线慢慢缝，不会穿针，把针插桌子上弄，后来针找不着了，我就拿吸铁石去找。后来老师拍桌子跟我急了，说这是猎奇，就是说你搞怪。

现在的老师有的糊弄，我们那时候真当回事儿。拍桌子跟我说，"你服不服？"我表面上不能不服，心里不服。那会儿也挺硬。毕业排戏给我排得很简单，我想演什么角色你都得好好演，有一个戏里演日本兵,日本兵扛枪在那站岗,我们一块儿想什么招,本来站着持枪就行了,我们俩跪着,自个儿觉得好玩儿。

还演一些戏,大家可能知道吴雪,就是一个著名的表演艺术家,原来是青年艺术剧院的院长,也是系主任。他看我们的戏单提出我表演。还有张连文,演王铁人,他在壹零五中的时候,我是高中的,他是初中的,跟我弟弟又是同班。吴雪也非常喜欢他,可是当时他练功不行,弄到山西歌舞剧院去了。吴雪院长一说我好,我们老师马上改变态度,毕业大戏又让我演出,我心里也觉得特别高兴,我得争口气。我们学校那会儿培养民族化,学的东西非常多,曲艺、歌舞、京剧、昆曲、芭蕾,什么都学,所以毕业之后到了北京文工团,一晚上的演出是十三个节目,十三个节目我要演八个。还有一个大戏,我没演好人,演了一个地主……那时候我们这些演员在一起建立了非常好的友谊,到现在我们那个群的人还经常聚会,有真正的友谊。

1975年我们有一个学员班,因为我原来搞话剧的,所以让我当了班主任,带学生,许娣和她丈夫都是我班上的学生,还有陈志峰(音),还有几个,后来我又带了一班学生,就是在1982年,那班学生就是现在大家熟悉的于谦、李伟健、刘颖,我是他们的班主任,也是他们青年队的队长,带着他们演出,节目都是我排,后来他们毕业之后,我们还一起演出,这些孩子也非常争气。

像李伟健、刘颖、于谦……为什么能够出来?其实我们那会儿培养的学生并不多,因为我们那个单位是一个老的北京曲艺团,有这样的艺术土壤,这些孩子从八九岁到学校,认认真真跟着老艺术家一起学,一起锻炼,积累的东西多,艺术的感觉好,才能成长起来。李伟健九岁的时候,我在少年宫发现了他。那会儿我办故事班,我讲故事,他上我那儿学,从那儿认识他,带起他来,后来带他到中央人民广播电台的广播剧团,后来又到北京曲艺团,我一直带着他,帮着他弄很多东西,锻炼起来,就是一点一点锻炼起来的演出,作为演员培养也是这样,应该按照艺术(规律的)顺序。

我还搞过长篇小说,搞《雁鸣湖畔》《阿里马斯之歌》《高个子姑娘》《三千万》……后来搞相声剧。1979年去南方演出,看了上海滑稽剧团的演出,老团长于真说咱们也弄一个戏,把这个戏移植过来,喜剧有意思,大家看过没有——《您看像谁》。我跟刘思昌、陈涌泉,陈涌泉就是李金斗以前的搭档,我们三个人一起改编,琢磨半天,后来叫相声剧,说我是"创始人"绝对不虚。相声剧里的人有刚才说的陈志峰,还有马华。马华也是我的学生,就是那个健美教练,后来去世了,也是我们的主角。还有一个是张蕴华,就是李金斗的爱人,也是我们那儿的主角,还有一个王桂兰(音),也是女主角。

我们那个时候演相声剧火到什么程度?有很多姑娘给我写信,我没敢跟人家见面,我都四十来岁了,我们的演出,西单剧场把门都挤坏了;上南京演出,卖说明书的都挤到厕所去;北到哈尔滨演出,南到南宁,全国好多剧团学我们的相声剧,演了四五年。演那个相声剧,我是队长,也是改编者,导演之一,同时我在戏里也是主角,我不是老演配角,演过主角。我拍电影也是主角——《喜怒哀乐》。我那会儿就想演戏。每一场都得对得起观众,演之前好好想今天的台词,想今天的内容,想今天的准备,上场有什么不合适,自己再有什么新的处理,不断琢磨着。

大前天我在微信上收到一个视频,那个视频说有一个京剧演员,两分钟的时间在后台人家帮他化妆、穿衣服、喝水,演杨子荣,说着话,拿着话筒唱几句,又穿衣服又走,这就是艺术家,真牛!我马上回了一个,我说这不是牛,我说不齿于人,你对得起谁,你是演员,得对得起工作,你糊弄事儿。我们演员讲入戏,您在准备演之前,您得进入那个规定情境,你要想这场什么时候了,我从哪儿来,怎么回事,就是我刚才说的什么是假,什么是真,你这样才能真。杨子荣什么情况?你什么都不想,还让人家弄,拿起话筒就唱起来了,是杨子荣吗?摆什么谱儿?你有什么了不起的,观众花钱干嘛来了,对得起人家吗,就说不花钱,对得起人家的时间吗?我不管他这演员怎么着,这样的我看不起。盖叫天我看过他的演出,八十多岁了,演林冲,后台谁都不说话,自个儿在那待着,演起来之后,那上台的劲头儿,人家上台演出能跟人聊天、喝茶吗?你问问人家,每天的演出四五点钟就进去,您得入戏,得准备,心里踏踏实实,符合当时的情况,上台才不一样,没有这个上去就来,能不假吗?真不了。感动得了观众吗?不能。

我演电视剧有这个体会,我再小的角色,我跟导演要剧本,我都看看,别人可能叙述到这个人怎么回事,你自己得去琢磨。我顺便说起来,我接触的一些演员,王志文大家熟悉,现在我们还有联系,王志文这个演员我很佩服,我跟他合作过,他演我儿子。人家说他戏霸,说他演出到时候就走,说不排就不排,我一接触,我觉得王志文做得很好,王志文跟人家定合同的时候要求好——我是演员,我要对得起你们,你们也要对得起我,八小时工作制,我从化完妆准备上场开始,到最后一场结束要八个小时,他是这么要求的。

为什么呢?他说了,人的精力有限。你连着拍三十个小时谁受得了,那能是艺术品吗?大家全得跟着耽误时间,剧组为了省时间,别的方面为什么不省,让大家全受罪、受累,人在疲劳的状态下不可能是艺术创作。我跟王志文接触,这点做得很好,他不是为自己。不但跟我,因为我年纪比较大,他尊重我,一般的群众演员来,他也尊重人,你就是有两句词他也得跟你对多少遍,这句话怎么说,这叫切磋,不"切"能行吗,不"磋"能行吗,得下功夫。

刚才我说京剧演员的事,我给王志文也发了这个微信,我说这样的人不齿于人,这不是艺术家,王志文说这样下去,戏剧非没落不可,说得好。你不尊重艺术,艺术能尊重你吗?你不热爱生活,生活能热爱你吗?所以大家不管做什么工作,不管干什么都是这样,我在《狸猫换太子》中演郭槐,郭槐是一个大宦官,太坏了。我跟大家说我怎么演的。开始我拿到剧本,我跟导演说,导演说那是您考虑的事,我们演员在拍戏当中,导演有他的想法,反回来说,演员有演员的想法,这两个搭起来很不容易,搭好了之后才顺畅,凡是戏拍得好的,都是演员和各个方面合作得好,其实剧组别瞧着那么神秘,就是打工,但是认真和糊弄事儿不是一回事,很多演员能做到这一点。

从开始到最后,我一直盯了四个月。在南方,很热,我演这个人物怎么演的呢,郭槐是一个大坏蛋,是一个太监,很多坏招儿都是他出的和实施的,是坏人,我就想怎么才是坏人,你演他坏怎么演呢?咱们平常看的人能看出来谁好人,谁坏人,谁是杀人犯,谁是劳动模范?随便一看看不出来。但是各方面的情况都能展现出来,我演这个郭槐我就想,虽然他是太监,但是他是一个人,人各有不同的追求,他为什么要对李妃娘娘那么好,干那么多坏事?咱们认为是坏事,对于他来说不是,他为了他自己,为了娘娘,他忠于娘娘。娘娘十几岁进宫,就跟娘娘在一起,所以他觉得娘娘做的都是对的,做什么都为娘娘着想,兢兢业业地做,认认真真地做,越努力去做观众看他越坏,客观的结果是显示出坏。就像有些贪污犯、杀人犯，还不觉得自己坏，其实更坏。

最后有一场戏我是这样演，皇上给他们俩赐死，连娘娘带他都得赐死。这场戏最后他给娘娘梳头，他看着娘娘说，"娘娘，您还像小时候那么漂亮，还是那么精神，一晃多少年过去了，您没变样啊，娘娘，我还给您梳最后的头，让您高高兴兴的、痛痛快快的，娘娘我对得住您。"我演这个戏的时候，非常认真，我乐着说，"走了！"一会儿，一把剑戳到地下，这太监死了。如果演成简单的坏人就没意思了，你得演出这个人的真情。这是我演戏的体会，大家说应该这样吗？

观众：应该。

非逼着大家鼓掌，我这人戏了。

……

老年人都关注健康，把健康看在第一位，但我觉得健康这个问题得认真地多琢磨琢磨，什么是健康，怎么样能够健康？第一应该是身心健康，身心健康才最重要……刚才我跟作家就一块儿说起来，前些日子微信也说三伏天治很多病，三伏天不能吃凉的，否则到冬天就会有什么病，我一看这个就别扭了，人家都说面还得吃凉面，吃芝麻酱面，家里虽然有空调、冰箱、冷冻柜什么的，还得吃点冰棍，喝点汽水，但是人家告诉三伏天不能吃！我说别逗了，我在西直门出生，我们家挨着护城河边，我从小上颐和园、动物园玩去，哪有矿泉水，我渴了趴河里就喝，那时候干净，现在我也不敢喝，但是从那会儿养成习惯，三九天我照样喝凉水，感冒了也喝凉水，没事，我肠胃适应了。

我头一天跟专家聊，专家说具体情况具体分析，不一样，胃寒的就要避一些凉的，适应的就无所谓，人家又说胃这个东西得搞清楚了，不是养胃，要刺激胃，适当辣的吃点，适当咸的吃点，适当苦的吃点，胃的适应能力就强了。其实人也是这样，您在屋子里养花为什么长不好，条件太优越了，但是它不经风，不经雨，长不好，人在世界上生活也是这样的。

……

对于咱们老年人，我自个儿的体会，就讲一个"玩"字。老祖宗了不起，刚才我说了"戏剧"那个词，其实很多字，形声字、多义字都很不简单。我特爱琢磨"玩"字，简单不简单？简单，八画。咱们民间喜欢"八"，八画。这个玩字是"王"和"元"，"王"是什么，王爷、领袖、头领、第一。"王"字了不起，"王"在汉字里头还代表玉，凡是玉器的东西都用这个王字，也是最宝贵、最珍贵，旁边一个"元"字，"元"是什么，还是最高的，了不起的，元首、第一，现在还代表钱，这俩合一块儿组成"玩"。这个"玩"字很好玩，又很珍贵，都是第一，凑一块儿，但是"玩"说明了一个生活的根本。凡是动物，包括人，到世界上干什么来了，生存、生活，要老生存怎么办，还得生殖、繁殖，所以人跟动物在世界上就两个事，一个是生存，一个是生殖。人和动物都一样，这两个本事从哪儿来？玩，从玩上来的。咱们小孩会什么东西都得玩儿，动物也是玩儿，它生活的本领，找食、避开敌人，咱们人生活在世界上各种本领，都是从小时候最初的玩儿开始。生殖的本领，动物也是从玩上学会的，人其实也是这么回事。

少年之家曾经办过一个刊物，叫做《学与玩》，我觉得非常好。小孩学什么东西，你就得让他玩儿，硬着头皮摁在那儿，学不好，有不了本事，咱们大人干什么事也是。什么是兴趣，有了兴趣才是玩儿，以玩的心态对待没有负担，才能出来成绩，否则强迫你，朱建华，奥运会为什么跳不过去，负担太重了，全国人民的希望，祖国的重托，家里人的期盼，什么都凑在一块儿了，脑子受得了吗？像演员演戏，想太多就傻了，刘翔破纪录的时候蹦到了台子上？陈景润为什么取得那么好的成绩，都有玩儿的快乐在工作里面。玩儿的心态做不好没关系，我玩儿了，不怕挫折，如果硬着头皮，花多少钱弄什么，没达到，人崩溃了，所以玩儿非常重要。

人从来到这个世界上，就是与苦难做斗争的过程，一辈子你想幸福可以想，但是不能老幸福，就是和这些困难做斗争。我为什么演喜剧让人喜欢，有意思，增加生活情趣，你期盼，你有追求，不断就往前去了。北京（话）说这"玩儿"非常了不起，没有负担，不行了搁一边再重来，玩儿怕什么，不要紧的。也许病了找大夫瞧瞧，不要都当回事，谁能没病，什么都不要紧，咱们就会高高兴兴的……我觉得愉快是可以做到的，是人主观能动的，绝对能行，有什么困难我高兴啊，我努力对待，那些事扔一边儿，不要紧的，咱们一辈子生活各方面都不容易，对待生活和各种事情都要高高兴兴……

第二十四讲　唱出中国的律动

主讲人：姜嘉锵

地　点：大钟寺社区

时　间：2017 年 8 月 15 日　下午

姜嘉锵，著名男高音歌唱家，国家一级演员，先后担任中国音乐家协会理事、中国声乐学会副会长、文化部艺术专业考评委员、中国艺术家联谊会理事等，享受国务院颁发的有突出贡献专家政府津贴。

1956 年开始从事演唱专业。任职于中央民族乐团。先后获得第六届世界青年联欢节上获金质奖章、文化部首届评比演出中获声乐表演一等奖、"全国听众最喜爱的歌唱演员""八十年代中国艺术歌曲创作比赛"金奖，并获第五届"中国金唱片"演员奖、中国台湾第九届金曲奖"最佳演唱人"奖等。

曾赴二十多个国家演出，并应邀在日本、新加坡、新西兰、澳门等地讲学并举办独唱音乐会。

好多人以为姜嘉锵是我从艺以后起的名字，嘉是美好的意思，锵是铿锵有力，实际上我生下来就是这个名字，一个老人给起的，有时候命就是这样，我们家里五兄弟都叫姜嘉，都是金字旁，我们五个兄弟就差半个字。我们家书声琅琅，都特别讲究字的文化含量。

我的歌唱历程。我原来不是搞这个的，从小姑娘开始家长送她学习，学习她喜爱的事情，唱歌、跳舞、朗诵，我就特别羡慕，我小时候哪有这样的条件，能吃饱饭就不错了。

我是 1935 年生的，十一月出世，现在也快八十二岁了，我小的时候就在我们家乡，浙江瑞安，受到这种熏陶，琴棋书画的感染，我们家就是这样的，到处都是这样的声乐，所以在这种环境中成长。

我的姑父也是一个文人，经常就在院子里摇头晃脑在那里吟诗，记忆最深的就是他还吟"云淡风轻近午天，傍花随柳过前川……"我看老人这么摇头晃脑我也这样，四岁就会了。我们温州瑞安怎么念呢，我给大家学一学。

我的一个表兄是一个中学老师，他就说我荒腔拖板漏风，可是我长大了以后，恰恰是干了和这个有关的，歌唱事业。所以我感觉到我这一辈子还是很幸福的，从事了自己喜爱的职业，一直从青年时代到老年。

我是二十世纪五十年代的时候从学校里毕业，先是化工，以前是杭州化学工业学校，后来变到现在的浙江工业大学，第一届毕业生的名字里就有我，所以我也冒充自己有大学文凭，其实不是，造假造不了，的确学校就是这个，我也算沾了浙江工业大学的光了。

毕业以后，当时那个年代正是我们国家经济发展的年代，五四级的，分配到当时最大的化工企业（原来是日本人在那建的），一直到六十年代全国各地化工企业的不少人物，厂长、工程师、研究所所长等等，都是那里培养出来的。

因为我们国家经过战乱以后，很需要恢复建设，所以那个时候我到大连去参加这样一个工作。国家非常需要建设人才，我们学习的时候，学校里课本都是国家的，吃饭也是国家给的。

虽然九块钱一个月，每顿饭赏一个橘子，还有水果的。我就在这样的年代里，1951 年在学校开始学习，从来都不知道什么叫礼拜天，虽然是高中的三年，但是学的都是大学的课本，后来我们硬着把这些都学了，所以没有礼拜天这样一说，我们都说礼拜七。打饭的时候都是每分每秒学习，因为任务太重了，担子太重了。

下午上了四节课以后，一定要到外面玩去，不活动把自己身体搞坏了，大家打球、跑步的时候我就在教室里唱歌，唱着唱着变了，弃工从艺了。问我喜欢哪个运动，我说哪个都喜欢，但是都不喜欢，跑步跑不快，问我有哪些运动，没有运动。但是活到现在八十几岁了，身体还那么好，其实受益唱歌。

　　唱歌是需要用气息的，气息就是我们医学上所说的要大量地呼吸，要大量吸收氧气，补充自己的能量，是这种情况，唱歌当中就锻炼了，大家说我不锻炼，其实还是锻炼的。我的肺活量比一般人大一点，这就是锻炼。

　　学校毕业以后，我刚才说分到大连化工厂，那个年代生活是非常艰苦的，我到大连的时候，苏联的同学还没撤，因为1954年日本人投降以后，驻军还没有走，还没有签订条约。1955年以后他们撤完了，所以我去大连的时候，大家看见兵全是红军，当时他们对我们还是很不错的，看见都是老大哥，俄文都是叫这样的，因为中苏是兄弟，关系很好的，后来就不行了，他们撤了专家了，害得我们很苦，但是也锻炼了我们。

　　我们现在的导弹专家，做潜艇的，都是那时候逼出来的，我们厂里的都撤光了，都是自己一点一点弄出来的，我觉得那个时代对我的影响还是很大的，发愤图强，这个影响很大。那个时候的爱国主义的氛围很浓，爱自己的祖国，要拼命为自己的祖国争光。所以时代给了我很大的力量，考虑问题应该都是从祖国出发，把祖国利益放在第一位。我记得抗美援朝，后来的一些学习以后都强调这个。

　　参加工作以后，那个时候我还是经常到苏军的俱乐部，专家俱乐部，为军官们和当时研究中国建设的苏联专家们演出，所以给了我很多锻炼的机会，也唱了好多歌。

　　我开头说，我这个乐感肯定不错的，那个时候什么专业条件都没有，就硬凭自己琢磨，慢慢学的。我老感觉时代赋予我一种精神，任何时候我都琢磨怎么把我的事业干好。

　　1954年参加工作，1956年中央歌舞团大学到东北地区招歌唱演员，就在大连，我高兴极了，就报名去了，厂里不让我去，我说开个证明让我去报名，我能考得上，那个时候我已经转正了，拿的工资是一个月六十三块钱，1955年的时候，六十块钱了不得了，应该说高工资了。

　　好几百人考，一轮一轮刷下去，最后把我留下来了，有一个女高音，已经去世了，有一个男高音喝酒太多了，吃肉吃太多了，现在痛风，也不能唱了，就剩我一个人了。那个时候条件的确是很辛苦的，1956年我到了中央歌舞团以后，正好碰上1957年要在莫斯科举办第六届青年联欢节，我们是参加合唱队活动的，考试的时候，我什么都不懂，但是自己还是会唱的。叫我唱民歌，我也不懂，因为都爱唱苏联的歌曲，后来叫我唱中国民歌，我不懂什么叫民歌，他说你会唱东方红吗？我说会，唱完了他们就录取我了，所以我是能唱中国民歌的一个人，不是唱俄国歌曲。

到了中央歌舞团，那个时候刚刚组建中央歌舞团，在一块的时候就是东方歌舞团中央乐团，那个时候都没有的，都叫做中央歌舞团，是1956年才开始分开来中央乐团，现在叫交响乐团，1962年才把东方歌舞团转过去，1960年是我们把中央民族乐团分出来，分是为了更好地发展中国的音乐事业。

后来我一直在合唱队里唱合唱，我这个人就是好音乐，结果把几乎所有合唱中的领唱部分都学会了。领导说这小伙子不错，给他唱吧，结果又锻炼了我，像刚才唱的《下四川》，还有一个《茶山谣》，后来唱独唱、领唱，几乎每次演出都派我去担重任。我也很高兴，一天光唱歌，就这样慢慢自己在队伍里边成长起来了。

那个时候大家都一心一意为革命，唱歌也是为了革命，因为喜欢这个事业，所以每天很高兴，而且机会特别多，上山下乡，采风，我们团里需要自己继承民族声乐，民族声乐是什么，大鼓、单弦都是，我们唱民歌不像现在电脑一点就出来了，我要唱浙江民歌都出来了，我们为了学习民歌，自己背着铺盖下去，坐在卡车上不错了，到了县城下车，然后到乡里、村里就走吧，跟农民一块劳动。晚上回来买一包烟坐在炕上跟他一块聊天，也不叫民歌，地方上有什么小曲唱给我们听听。他们那个歌声里充满了一种生活气息，所以这个对我太有感受了，比如走西口，跟东北的闯关东是一样的，为什么说姜老师唱得特有感情，我说是跟农民接触，都是从他们艰苦的生活中受到的熏陶和教育。

生活给我很丰富的滋养，那个时候在学校里看的书是那些名言，人到老了，回首往事不会感觉自己虚度年华，这一辈子干出事业来，都是这样熏陶的。学习雷锋，为革命牺牲，还有抗美援朝，都给自己带来很大的鼓舞。

1965年下半年的时候，那个时候周总理提出来，他说我们文艺界要培养干部，德才兼备的干部，他说了我们几个阶段，开始培养了一个干部，叫李步朝(音)，抗日战争，我们的团长李贯之(音)等等都是干部，战争环境是最能培养人的，六几年的时候，中印边界已经打过仗了；后来和美国人打仗，是我们援越抗美，我们过去帮助越南，抢修铁路，任务很重的，帮他们建设，后来中央觉得这是一个很好的机会，让文艺工作者去锻炼。

北京有三个队，一个是公安部门一个队，一个忘了，还有一个是文化部的一个队，选了十三个人，把我也选进去了。团长跟我说，说组织给你一个任务，那个时候组织是第一，党给的任务一定服从，一定完成任务。第二句话，说你要做好牺牲准备，我才知道要去越南，那个时候我爱人大着肚子马上就要生了，二话都没有说。当我离开家的时候，我爱人站在门口眼巴巴看着我，就这样分别了，所以我特别感激我爱人。

走的前一天，周总理还在民族文化旁边的展览厅设宴欢送，我是感觉到党对我们的信任才有这样的举动。十二月底出关，前段时间还在适应那个环境，在广西，完全按照部队的要求，后来到越南去了。到越南完全是战争环境，美国飞机轰炸，很厉害，这个时候部队还不公开，我爱人知道我到越南去，但是不知道我在哪儿，我跨过了国境到越南的第七天，我大女儿出生了，所以叫姜越，越南的越，今年也五十多了。

我爱人跟着我吃了不少苦，她 1960 年采风的时候，我们背着铺盖，坐着卡车，从延安坐汽车沿着山北的黄土高原，有很多歌都是那个时候采风来的，到了延安的时候，（人）下了卡车，看着就是一个"出土文物"，满脸都是黄土，所以也是很艰苦的。

我们那个时候为什么注重向民族学习，向民间学习，就是想创立自己的民族文化，弘扬自己的民族音乐。那个时候省的歌舞团都不叫现在的名字，都叫浙江省民间歌舞团，陕西省民间歌舞团，还有少数民族地区，比如广东，叫广东民族民间歌舞团，云南也是一样，非常注重自己民族文化的继承和弘扬，所以就是在这样的环境里过来的。

唱歌要唱中国歌，中国应该有自己的声乐学派，从那个时候开始有了。所以我一直在这样一个环境里长大，对自己中国的一些音乐，特别注重它的传承。那个时候《梁祝》的协奏曲已经出来了，也是向民族学习，和西洋结合的一个产品。恕我直言，改革开放以后，外边东西涌进来了，崇洋这种思潮相当严重，现在哪个省都叫交响乐团，把西方的交响乐引过来了，没有自己下工夫创作自己民族的交响乐，不多了。

当时一个是《梁祝》，一个是三宝的妈写的《嘎达梅林》，两部交响乐，不多呀。现在交响乐挺多的，全是西洋的，演唱也是这样。为什么当时要建设自己的中华民族的声乐学派？因为有两拨人，一拨是苏联来的，一拨是从欧洲学习过来的，他们想努力为人民服务，唱中国歌，但是这个过程当中就出现了语言的问题。我们就是搞民族的，有自己的歌唱语言，所以那个时候有一个争论，说你们不科学，你们倒是科学，但是老百姓不爱听，当年唱歌就是这样。那个时候是中央西洋歌剧舞剧院，后来分开了，音乐学院分出来中央音乐学院和中国音乐学院，1962年慢慢就分开了到现在。

我个人的观点，学习西洋音乐出身的人，对民族的文化不大重视，也不大敢学。歌唱语言是一个语言艺术，中国的语言学不好，不知道中国有什么表现方法，中国人的审美是什么，不研究这个，都拿欧洲的一套审美，一种情绪来衡量，当然没法发展，发展不好。现在我们怎么样唱好中国歌曲，这个了不得了，五十年代的时候不是这样想的，咱们从半殖民地的社会过来的，你们这些唱京戏的，唱单弦不叫声乐艺术，觉得你们不科学……

说到这里，就要谈到中国古典诗词歌曲，我为什么那么喜欢唱中国古典诗词歌曲，唐诗宋词它的语言是最精练的，现在老年大学中文班读诗，一个字包含的内容简直太多了。我说搞中国的歌唱也好，诗词也好，想使中国的声乐文化能往高处走，必须要学习语言，学习语言怎么表现，现在大家考虑的语言，他不敢对他的语言做分析，我们也是一样的，吸收世界一切先进的文化来充实自己，充实自己的歌唱，我也是这样，在这个过程中不断琢磨欧洲的唱法，来丰富我们自己的唱法。

我最早就是跟一位古琴家学古琴，后来也学了昆曲，后来更多的就是音乐研究所的王迪老师给了我好多教导，使我自己越唱越琢磨，越感觉有东西，觉得中国文化太美了。

我给大家讲"关关雎鸠，在河之洲"。这个是最有对比的，一般唱法的人怎么唱，我怎么唱，是不是把语言唱出来就行了，它的律动什么的，我就琢磨了，别人唱出来的没有那么多味道，我唱的就不一样，感觉到古琴的弹奏是最有古代韵味的，后来我把它唱出来，后来反映不一样，很多人都写文章。1984年初的时候唱的《关雎》，因为有人说不太喜欢学过声乐的人唱，没有一种中国的律动，这是我自己给我出的课题,这个声乐怎么出来的,大家听听现在我放的,大家感觉和一般唱的有什么不一样。

(播放音乐)

作者不满意原来那些人唱的,能唱出味道的,能唱出中国文化的,就介绍我唱了,后来跟我说一句话,说把这个歌唱得面貌全非,全不一样了,第二句话不是贬义词,是褒义词,说你唱得好。唱歌一个是语言,第二个是找它的形象,以情带声,喜怒哀乐,完了以后大人、小孩,古代的人、现今的人,男的、女的,岁数大的、青年人还是小的都要考虑,你去设计一个歌曲的形象。

刚才大家听了《下四川》几句,你得了解这个歌产生的背景,它的环境,再就是民歌,那是一个很辽阔的地方还是江南,或者是大海边,它是黄土高原的地方,我把这个气定位下来,它是古诗词,我就想它是古代的,另外是年轻人唱的歌,古代的年轻人。第三它是中国的,我突然想到按照当时人的欣赏习惯,考虑的是戏曲里面的小生,于是琢磨它里边的一些动作,还有考虑到对文化相通的,你的书法里,你的太极拳里,是中国的东西都要有共同的东西在里面,律动都是中国的。

我举个例子,欧洲的芭蕾舞,小伙子一站,中国的小生你看看,看见小姐好漂亮是这样的,现在没法听古代那个时候怎么唱,于是把我想起来小生或者书法,还有太极拳的感觉,我都给抓过来了,这种律动、感觉都把它放到这个歌里了,所以大家听到是这样的,我追求的艺术就是有形象,有韵味,从弱到强,刚才说走路,开头是慢,后来速度快,这个就是中国的律动,睡不着觉屋子里头悠哉悠哉就这样的,我都给挪过来了,所以听起来是这样的,音乐是讲究对比的,没有强,没有弱,没有断,没有连,没有高,没有低,没有明,没有暗那是音乐吗?鸟还能叫呢,牛也能叫,我说我唱歌不能缺少这种律动,这个律动就是从中国文化里边找的。唱的时候,"河"字断一下,书法里边有留白。有时候我分析一些作家名著的时候,此处无声胜有声,留给观众自己思考的空间,我就把这个字唱成这样了,这里边有好多书法的东西,一提气,一下,一点再写个什么,那一点的时候心里一定是有东西的,这个东西拿过来用在歌曲上。

当时我这么唱了以后,音乐院长非常有感触,这首词的演唱,还有北京歌舞团当年的舞蹈编导,说这是跳舞的,是一个舞剧呀。唱歌不是自己亮声乐,要唱出情来,余音绕梁,三日不绝,回味无穷,中国讲写意,所以好多东西无形当中在艺术创作过程当中体现出来,余音绕梁,三日不绝,回味无穷,以前戏迷听戏剧的时候,京剧的唱段都熟得了不得,北京现在有一个齐先生,都是票友,唱得可有味儿了,就体现了它的文化,在这个里边都有了。

我从事的声乐艺术,是二十世纪初期从欧洲介绍到中国来以后,在舞台出现的一个门类,在音乐会上,采用的是音乐厅的舞台形式,不是戏曲舞台,也不是曲艺舞台,也不是旷野的民歌,这是一种艺术形式,我们要创建这样的艺术形式,好多东西都值得大家去思考、去实践的,我做到了,我相信我的后来人、年轻人,他们也一定能够做到,多方面接触中国文化的这种思维方法,继承下去,将来中国的声乐会走向世界,那个才叫和世界接轨,我们和世界接轨可不是中国人在世界上哪个歌剧院挂头牌唱的是他们的,而是唱的是中国的文化。

因为我最近讲课很多,我就希望年轻人从这些方面迈出自己的大步,现在中国的实力已经到了这个程度了,世界第二大经济体!文化拿什么?我说的文化、歌唱艺术能拿出什么?今天我们会哪些欧洲的歌剧?我们有我们的文化,用这个工具表现我们中国人的感情,宣扬中国的文化,介绍中国人审美的取向,所以我一直在这方面做一些思考和实践。我给大家唱个歌吧。有人问我你是哪一派?什么哪一派?中国派!

第二十五讲 好心态才能拥有好人生

主讲人:陶玉玲
地 点:大钟寺社区
时 间:2017 年 8 月 25 日 下午

陶玉玲,著名影视女演员。

1934 年出生于江苏镇江。

电影代表作品有《霓虹灯下的哨兵》(饰演春妮)、《柳堡的故事》(饰演二妹子)等。参演的其他作品有《二泉映月》《归宿》《任长霞》。因电视剧《张培英》的表演获全军第五届电视剧最佳女演员奖。并于中国电影诞生九十周年之际获表演艺术成就奖杯。2005 年获得中国电影表演学会授予的"百位优秀演员"称号、国家人事部广电总局授予的"有突出贡献电影艺术家"荣誉称号。七次获得中国共产党优秀党员称号。

首先向在座的街道领导和各位兄弟姐妹问好,今天是向你们学习来的,向你们致敬来的。我是一个离休干部,十四岁参加中国人民解放军,现在已经八十三岁了,我还是一个兵。原来我住北太平庄六号院,后来才搬到了总政第二干休所,归安德里北街居委会管,我原来也是咱们社区的。

我是党和军队培养的一个很普通的文工团员,是江苏省镇江市人,我十四岁的时候,镇江解放了,那时候我们比较喜欢文艺活动,当时有高级部校文工团,现在的总政话剧团,演了一个戏是《白毛女》,我当时想世界怎么还有这么剥削人的事情,因为我们是新解放区,不知

201

道还有这么苦的人。镇江有四大家族,姓陶的就是一家。原来条件很好,后来抗日战争,日本鬼子来了,家被炸了,家分了,有的逃到上海,我们逃难逃到扬州,又回到老家镇江,是这样的。

我当时十四岁,解放军解放了镇江,我们跳舞,和他们一起学大腰鼓。有一个文工团要招生,我堂姐陶立芳,她唱歌比我好,报考了。我的婶婶知道了以后赶快把她拽回来了,不让去。后来我的堂姐姐就没有干文工团,现在她在西安银行里工作,当然也是很好的工作,但是没有能够当兵。

但是我怎么会去当兵了呢?我们当时是初中二年级,华东军政大学在招生,条件是满十八岁,高中毕业。但是当时情况是只要你参加革命,不管你高中生、初中生、大学生、小学生,你只要报名就都能够录取。我们就去报考了,考官问我们多少岁,我们瞎说十八岁,其实根本没有,但是也都录取了。录取了以后,开始是很艰苦的。不能带自己的东西,全部是睡在砖头地上,铺了一层芦席,参军的时候先都住在那里。然后是行军,从镇江要走到苏州,不是坐车走,镇江要路过常熟,然后走到苏州,一直走,满脚都是泡。

那个时候我们女生大队就有教导员,教导员还帮助我们挑泡,那个教导员现在还在北京,我们也保持着联系。教导员的爱人后来是我们军大的政治部主任,等于是我们的启蒙老师。当时走到了苏州,有一些男孩子,他们大概怕女生拖后腿,就离开部队了,离开了苏州,但我们几个女生都留下来了,我们一直走到了南京。整个的华东军政大学是上万人,现在是南京军区政治部所在地,后来变成了军事学院,在那个地方陈毅元帅给我们上的第一堂课,在座的老同志都知道“为人民服务”,这个就打下了我们这一辈子的基础,也造就了我们革命的人生观。

后来我们在华东军大又分系,比较幸运,当时上了文艺系。我们的班主任是后来上海戏剧学院最有名的戏剧教育家吴仞之先生,我们受到了最好的启蒙教育。这样,在文艺系我们学习了苏联的斯坦尼斯拉夫斯基的表演体系,演员的自我修养。文艺系毕业后留校了,那个时候解放军、各个军队的文工团,他们都有丰富的经验,但是没有理论和文化的基础,于是把这帮老同志又招到了南京军区给他们上表演理论的课。

我当时在那里学习，又被我们文讯班留下来当辅导员，辅导这些老同志。这样我就得了一个中国人民解放军陆军学院的大学文凭。毕业以后，分配到了南京解放军艺术学院，就是现在的南京军区前线话剧团。前线话剧团，顾名思义就是要到前线去，那个时候前线是哪里呢？福建。对面就是马祖，打着背包，坐着大卡车，卡车上都要装上伪装，因为那个时候不断往这边打炮，我们也往那边打炮，随时都有危险。

我们到了厦门，突然东山岛战斗打响了，马上我们就接到了军区的命令，叫我们上前线去。但是我们是话剧团，当时带了四五辆卡车的服装、化妆道具去厦门演出。马上叫我们走，这些东西也不能上前线，团长连夜动员会唱歌的人唱歌，会跳舞的人跳舞，会说相声的人说相声，把话剧团变歌舞团上前线。当天晚上，前线歌舞团也在那里。

我们变成了歌舞团，马上到福建前线服务。前线下来的伤员，我们帮着包扎。战斗结束了，晚上坐在野外，搭了临时的台子，没有现在今天这样的条件，给战士演出。

演出其实不是多么精彩，但是情绪很高。我们是代表了总政首长、军区首长到了战斗的前沿，我们喊口号，向胜利归来的战士致敬，他们喊口号，感谢军区首长的关怀，这实际上是鼓舞士气，能够战胜敌人，能够不怕牺牲，这是部队文工团所起到的最大作用。

有的时候，福建最高的山，战士一个人在那里站岗。我们一个团开着大卡车上去为这个战士演出。谁知道那天换挡没有换上，就不断地往下退，眼看着马上要翻车，这边是悬崖峭壁，这个车翻掉，前线话剧团就没有了。但是团长一声令下，这就是部队，谁也不准跳车，就看着车往后面倒，眼看着悬崖峭壁，谁要跳了车会一下子翻了。谁知道后面一个巨大的岩石，把我们挡住了，这个车没有翻，也没有人跳。

我们走上去，为那个战士服务，连队要拿车送我们，我们团长坚决不要，在皎洁的月光下，唱着苏联的歌曲，非常浪漫。为了一个战士演出，（我们）觉得自己干了很伟大的事情。《东山岛战斗》，我演女乡长，总政就知道了，把我们叫到了北京演出，那是第一次上北京。1953年，总政领导觉得这个戏写得还是很好的，但比较粗糙。赶快又请北京的专家帮助我们修改、排练。这样，第一次就在新街口的剧场演出了。这个时候，剧照登在了北京的戏剧报上，后来，我们这个戏就下部队演出,演了一百多场,演遍了南京军区所属的部队。

这个事情就这么巧,就因为演出很长,一天演三场,演话剧四个小时,三场下来十二个小时,化妆时间太长,起了麦粒肿。当时八一电影制片厂要拍《柳堡的故事》,我不是电影演员,但是因为这个戏是我们南京军区写的,胡石言同志写的,黄中将同志向八一厂推荐说我们团有可以演二妹子的,有可以演副班长的。八一厂就组织了一个班子,王导演、摄影曹静云等等大师级的人物就到了南京。

当时,我到了杭州,下部队演出,他们追到了杭州,我又到了舟山群岛,等他们到了舟山群岛,我又到了岱山岛,浙江最小的岛,终于追到了我。可是,因为我日夜地演出,我就是一个独眼龙,这里完全肿了。他们很失望,这怎么办呢?还得拍照,拍照回去给厂里面的厂长审查,那个时候挑演员不是导演说了算,八一厂要整个看。后来要给我拍这个照,拍那个照,我当时想我都肿成这样还拍照,就随他们去,爱怎么拍就怎么拍,就因为我这个态度,王导演看中了。这个女孩子很纯,太朴实了,他们拍了各种眼睛肿的"独眼龙"的照片,拿到了八一厂。他们吓了一跳,你们全国找演员,怎么就找了这么一个演员。王导演就说怎么样,大家就说把她调到北京来看看,我就到了北京,第一次被调到八一电影制片厂。

等他们见到我本人之后,大家都很满意,很朴实,眼睛也不肿了,很可爱。第一个感觉很甜,再加上导演给我拍戏的时候,讲二妹子,给我们加点"糖"。其实朱军同志拍《艺术人生》,他数了一下,二妹子根本没有多少台词,加起来一百零二个字,我叫了三声"副班长",另外要求参军,就这样一些词,但是这个角色给观众留下了深刻的印象。军爱民、民拥军,军民鱼水情,军民一家亲。《柳堡的故事》被选为百部优秀影片之一。柳堡现在已经成了一个非常有名的地方,他们有一个女民兵班,无论是在抗洪救灾,还是在经济建设,都是走在最前面,她们是全国的模范民兵班,现在已经变成了民兵连,我现在是她们的荣誉连长。

谁要到苏北去旅游,都会到柳堡乡。我想把二妹子民兵班带到北京参观国旗护卫队的训练,参观他们的内务、学习。没想到护卫队真同意了。结果,还真来了。后来民兵班建得完全像部队的营房一样,村里面也给他们很好的条件,也有很好的供大家参观展览的地方。

这次南京军区比武我也去了，完全和男孩子一样摸爬滚打，都是神枪手，很不容易，一些女孩子成为全国的模范，不是一朝一夕的，她们付出了代价。她们有工作、也有家庭，但是她们总是冲在一线。所以，我觉得我们演一个戏，能够让它在女民兵上起到一个骨干、带头作用，这也是我们戏的作用。

《霓虹灯下的哨兵》是根据《文汇报》上一篇文章，介绍南京路上好八连，后来我们南京军区许士勇、南京军区新闻部长深入到好八连，了解好八连，要写成一部戏。这样，我们都去了，在好八连生活了一个月，男同志和他们站岗放哨，我跟他们做后勤，到他们家属那里一起。一直到现在，《霓虹灯下的哨兵》都有它的生命力，拒贪腐，永不沾，一直有它的生命力。

这是1963年演的，我们在上海演，演了以后就被总政调到了北京。在北京演，向周恩来总理汇报，总理看了七遍，他说看了《霓虹灯下的哨兵》，他和邓大姐当天晚上都没有睡着觉。反腐倡廉一直是我们党提倡的，而且这个戏反映很好，和社会上的各个阶层都联系在一起，不是很枯燥的戏，和上海的大背景都联系在一起。所以，总理觉得非常好，说要请毛主席看。毛主席跟我们上台握手，"大家都说我不看话剧，但是今天看了你们的话剧，这个话剧写得好，演得好，话剧是有生命力的。"这几个字，后来写在南京军区前线话剧团的大门口，鼓舞着一代一代的话剧人。

《霓虹灯下的哨兵》后来演了很多场，周恩来总理还请我们剧作主要的创作人员到他家里去吃饭。总理说我和你们一样，也是25斤粮票一个月，后来我的先生就收了我们每人二两粮票，要不然我们吃一顿饭，总理都没有饭吃了。我们把粮票收了以后交给了大姐的秘书赵伟。总理说是我家里的菜，我也没有做什么菜，请你们的司令员作陪，当时的陈毅司令员，也是我们军区的，张茜同志也来了。

文艺工作反映了部队的生活，生活是创作的源泉。习总书记要求我们文艺工作一定要贴近生活，贴近群众。今天我来到了咱们社区，我觉得对我就是很好的生活，将来万一我演一个社区的角色，我不能演主任，现在我年纪太大了，没有八十多岁的主任。但是我可以演我们社区的大姐、大娘、大嫂，可以参加社区的活动，这是我的生活。我看你们一个个打扮得那么漂亮，都比我年轻，都比我好看，我将来要演的时候，就不能太老态龙钟的样子。

最近在深圳拍了一部戏，但是戏份儿不多，因为多了以后你背不出来，也吃不消。中影公司的《你可安好》，向十九大献礼的影片。我刚刚又拍了一个，和《庐山恋》的主演郭凯敏。拍了一个扶贫主任的故事。

大家都知道我的身体情况不是特别好，其实我应该说是很好的，我从当兵一直到现在，从来没发过烧，从十四岁到八十三岁。但是人有倒霉的时候，我也不知道怎么回事。在拍陈国军导演《趟过男人河的女人》，那天下雨不拍戏，我牙不太好，到301医院去看牙，主任说牙上颚长了一个东西。我说我们这些人吃饭快，快吃快拍，可能是烫的。他说不行，你得留下来。我赶快给陈导演打电话，301医院说可能还要一个礼拜左右才能回来，我说你们等我，他说我们一定等你，谁知道我一住进去，上颚窦要毁容，把眼睛挖掉。主任拿着国外的医学书，跟我说从国外病例来说，上颚这里不拿彻底是不行的。我说我不干，那时候我六十岁了，要有主张。他说不行，你家属得来，你们八一厂得来人。当时厂长是王晓棠。后来我们制片主任、我的先生去了一起研究，说尊重陶玉玲的意见。但是必须做，不做就要死。就是这样，后来301医院的主任林勇海（音），我一辈子记住他。他蹲在那里，四个小时把它拿掉了，腺样囊性癌，拿掉了。当时我想你要这样给我毁容了，我自己都没法活。

结果，301医院的技术确实是很棒。这个戏就没有拍成，后来袁霞（音）老师替我去演了，腺样囊性癌。我到了地坛，很多癌症患者在那里练。还有一个气功，吸气功。从总政大院穿过去，早上四点钟，人定湖坐104路到中医院，大家说中西结合，我到了北京中医院找了最有名的（大夫），我女儿博士生导师的一个同学介绍我去，在《养生堂》做过节目。包括一些领导，也都要排队，病历一个一个插着，早上四点多钟都六七个人排队，不会插队。每次都是早上四点多钟，不到十二点钟回不来，因为等看到你的时候已经快十点多了，等你拿到一包一包配好的中药也就十二点多，天天如此，十年如一日，真的是这样，一个人得病太不容易。

我走到哪里拍戏，一个箱子是服装，一个箱子是中药。那个时候不像现在，熬好中药带去放到冰箱，那个时候没有，必须带着中药和药罐子。你住着宾馆人家不让你熬药,一熬药整个楼道全闻到了,很困难。我就找了小饭馆,给人家一点钱,请你帮助我熬药,早上出去喝一次,晚上回来再喝一次,人家还是非常好的。就这样子,我坚持吃了十年的中药。所以,我觉得我们国家最大的好处是不像国外,开了刀以后什么也没有了。咱们开了刀以后,中西医结合调理,调理得你的基础比较好。北影的大导演谢天老师,他说我看见你这样出来我都想哭,又带着行李,带着中药、中药罐子,还要拍戏。其实不拍戏在家更难过,所以不断地治疗,不断地工作,就要有好的心态。人吃五谷杂粮,不可能不生病,你也不知道什么时候这里多出一块,什么时候那里又不行了。

在前年体检,肺部有一个阴影,我想完蛋了,去 301 医院做切片,肺癌,又是切除这么一大片,又是化疗。但是我现在也过来了,现在也没有什么太大的事。

去年的时候,大家关心一下自己,怎么照镜子？原来没有,这里怎么长出一颗痣,照片上也没有,我到 301 医院挂外科,外科叫我到皮肤科,皮肤科说你到美容科,我又到了美容科,美容科说你要做切片,我想又完蛋了,一做切片,果不其然机体细胞癌,我已经是三个癌了,人家说虱子多了就不怕了。我就是告诉大家要有一个好心态,吃五谷杂粮不可能不得病。我有锻炼,天天早上和总政的老干部,都是在那里做四套太极拳,三套太极剑。

大家都要有思想准备,但是要有一个好的心态,这个太重要了。好的心态给你的家人,给你的孩子,都是给他们安慰。包括给医生,你不害怕,都可以很好地解决问题。因为我们自己不要怕生病,天天锻炼怎么会生病呢？所以要根据个人的体质。

所以,我觉得我们对待生病,就要有一个好的心态。同时,要积极地治疗。不要认为反正就这样了,还要积极地到医院。第三点是中西医结合,中国有这样好的条件,我们一定要利用,我们老了要钱干什么？钱就是留着自己老了的时候看病、吃药。不能动的时候,找个护工,不要麻烦子女,把这些钱用来做这些事情就可以了。

最后,我祝在座的各位健康长寿,家庭幸福,万事如意。

第二十六讲　奏出自己的旋律

主讲人：范圣琦
地　　点：大钟寺社区
时　　间：2017 年 9 月 13 日　下午

范圣琦，萨克斯演奏家，国家一级演员、中国音乐家协会会员。

1933 年出生于山东的一个书香门弟。少年期间即学习吹奏萨克斯，成年后作为专业演奏家，经常在国内外演出，代表作有《二泉映月》《梁祝》《漫步京城》等。担任首都萨克斯重奏乐团团长。

范圣琦热心公益，在全国举办古典音乐及现代音乐讲座，并担任关心下一代工程艺术团独奏兼艺术指导、中国国家体操队艺术顾问、中国协和医科大学客座教授、老树皮乐队队长和"全国青少年素质教育"系列活动嘉宾及现场评委等。

到北下关，我在这里住了好多年。这次到这里来讲座，我心里特别高兴，北下关工委、北下关办事处，侯科长这么热情，带领大家搞胡同里的百家讲坛。我能到这里来，我突然感觉到我原来是小学生，现在升到高中了，谢谢大家。

我是 1933 年生人，山东龙口人。我六岁到东北，等于家里面是游击区，上不了学了。到了东北的哈尔滨，冲谁去了呢？我家很穷，我的姨姥姥很有钱，我妈妈的妈妈的妹妹，二十九岁守寡，丈夫故去。她有三个买卖，哈尔滨的肥皂公司，青岛和上海卖布匹。小脚，大字不识。

虽然是这样的,但是我们全家去了,我是老三,一共四个孩子,基本上隔一岁,甚至不隔岁,挨着生的。

我姨姥姥有个条件,把我妈妈当自己的姑娘,我们都是外孙,我供你们上学,你给我做饭。我大哥、二哥现在都在,老四和老五都过世了。我大哥是(原来)八一制片厂军教片主任,他的女儿和李玉刚恋爱,我二哥拉小提琴。我最早想学雕塑。

姨姥姥有钱,我们想买的东西都给我们。我妈负责给她做饭,做什么呢? 一点点地学做饭。姨姥姥不到外面吃饭,省钱供我们上学。当时我上的小学是日本学校,学的是日语,1939年学到日本投降,二次世界大战结束,学了六年的日语。六岁学,学到我十二岁,基本上成日本人了。小孩不懂,回家用日语叫我爹,我爹回家就打,怎么打我呢?"别说日语!"

鬼子投降了,经理拿上钱就跑了。房子等等一分钱都没有了,我姨姥姥是资产阶级,穿衣戴帽,金银首饰多,卖了吃饭。日本人要回国,回国怎么办? 卖东西。大哥买回来两支萨克斯,剩下两三块钱,回家我爹在那里打他……1948年初,我大哥参加贺龙部队进四川,解放四川,最后进西藏。公家给他乐器,这两件乐器归我。跟谁学去? 全不会。我到酒吧里找俄国人,"想和你学管","我上课贵","要什么?""钱我不要,大面包。"一上课,了不得,什么也不会。给我一个表,我开始学五线谱。"一个月以后把大小调背着吹,不会吹不要。"回家吹,练,练完了,不错。一个面包吃三天,俄国人很实在,"你是孩子,不能要你很多,大财东的子弟来学,二十个面包也可以,但是我就要三个。"

这个事情我是比较顺利。我这一辈子为人挺好,心善,孝顺,对我爹妈可好了。写《一条大河》的刘炽来找我了,有《白毛女》演出,他们在延安用的全是简谱,我还看不起人家,不认识五线谱。他教我识简谱,伴奏。奏完了说:"我们都是从延安来到哈尔滨,没有钱。你是小孩,出来还拿乐器,给你一毛二。"我叫他大刘,他管我叫小范。一毛二分钱大概能买二十斤粮食,几分钱一斤,这么生活。

我的生活就是这样,十七岁考到铁路文工团。但是有一点和各位不太好意思说,十七岁挣九十八元,我媳妇拿三十二元五角。为什么呢? 我有技术,谁给我定的? 第一任铁道部长,政治局委员。

我考铁路文工团的时候,领导一看小范真不简单。没有过两个月,有一个任务,"小范,你家出身挺好,贫农,没有参加过反动党派。十二岁当过儿童团团长,到铁路文工团十七岁,破格入共青团。中南海给毛主席伴奏舞会,我去,还得带七八个人去,你是乐队队长,你知道的曲子多。"

有一天给毛主席伴奏,北京叫平四,毛主席高兴,然后去抽烟了。刚演两个乐句,有人问你为什么演美国曲子?毛主席跳得可高兴了,别停,跳上了怎么停呢?怎么办?我知道,他不知道。当时我说心里话,音乐界有的人都不知道,那曲子叫《心情》,爵士乐的代表作,这个曲子很正派,是"二战"时激励美军反法西斯的。

我和我太太,我们1954年结婚,1955年有我大儿子。去年买的水晶玻璃这个,二十二万,镀金的。这个乐器在交响乐队当中,叫"少女的乐器"。木管当中拔尖,双簧管一进来就特别地好听。《天鹅湖》的白天鹅的主题就是用它吹的,八十年代到现在,九十年代、两千年,将近四十年没有吹,去年才拿大手。一方面是练一练,主要是纪念。一辈子追求这个东西,为什么这么贵买一个呢?我这个人总是图新,人类总是往前走的。我们现在的桌子、地板、矿泉水,都是我们人类自己创造的。人追求什么?追求最新的东西。

年轻的时候什么运动都会,单双杠、哑铃、速滑、乒乓球等等,刚才放的那些片子,陶玉玲是我妹子。1957年反右派,白天批判我,晚上我去八一电影厂去录音,二十一岁当右派,政治运动,无所谓。我自己能够正确地对待,没有关系。人活着要痛快,心里不要存事,比如说后面造谣等等转脸就忘了,最后他追悼会我还得参加,兄弟你早走了一步,人一辈子就过去了,有什么仇恨,无所谓。

有人和我借钱,"拿走,兄弟,我不要了。但是你有一点,抽白面、干坏事一分钱没有。赌博不行,一毛钱不给你。"我们乐队打鼓的,架子鼓打着棒着呢。家里最近有点紧,拿走,花就花了。

人不只是一天天的吃喝玩乐就可以了。我这么些年,我(的裤子)是用背带的。裤腰带吹曲子没气力,肚皮顶在腰带上,省劲。对健康不好,这里是松的,裤子不掉下来就行。刚才吹靠我丹田控制,一天吸氧气吸到肚子底下。我一天吸八吨到十吨,你们一天四到五吨。氧气吸这么多,血液循环好。我的血液循环好,各种病打不进来,我的防线坚固。所以说我的血管,去年铁路院检查,八十五岁的人,二十岁运动员的血管。

为什么呢？血管一老化，心肌梗塞、脑血栓全来了。我的血管是二十岁运动员的血管。所有的医疗主任，大内科主任，非常有经验的。"老爷子你一天到底吃什么？"想吃什么就吃什么。有人老了想保健，一天吃菜，肉不吃，坏了，等死了。不行，那是牛羊吃的菜。肉得吃点儿，不吃裂口子，猪肉、牛肉、羊肉无所谓。比如说朋友聚会，喝一小盅没有问题，烟抽了很多年别突然戒了。我二哥在加拿大上飞机戒的，把烟戒了，一年以后不到死在加拿大。

无缘无故死在被窝里面。在加拿大，人死的时候必须解剖。大夫说这位先生是否抽烟？我二嫂说抽，起码五十年以上，可能都有六十年了，也不知道具体是多少。不应该完全戒烟，尼古丁在身体里已经起到作用了。尼古丁这个东西没有了，怎么死的呢？五脏衰竭。抽烟一天一包，少抽点可以，别突然一下子戒。但是不是让大家吸烟，别突然戒了。我二哥是这样走的，什么事别走绝对的路。

我说的都是实话，可能在我身上起作用，别人身上不起作用。但是这是我的经验，适当地劳动，慢悠悠地，着急什么？也不找对象。儿女的事我从来不参与，什么我都不管，隔着代。儿子、儿媳妇玩股票，这个好，这个不好，两个人嚷嚷，那是你们的事。高兴了，我们一起吃饭。

有朋友岁数大了，（找老伴）孩子不同意。为什么非得孩子同意？孩子支持你更好，不支持我外面找一个，很正当的。该拥抱就拥抱，该接吻就接吻。人就是活在当前，活在现在。

现在的大妈、大姐、妹妹，该穿裙子就穿裙子，该穿什么穿什么。出去又漂亮，别总减肥，减肥骨头都松了。你再细，骨髓都没有了，胖乎乎挺好。我告诉各位，别学外国这些东西，人体是最重要。再漂亮，轻松过了，五六十岁又胖了。你减肥减了二十多年，小脸总贴纸，两个钟头又干了。

我的脸上没有什么大皱纹，到现在用凉水洗脸。不愿意用热水，八十多岁没有大皱纹。就是有一点黑斑，又快下去了。因为我爱人走了，想找老伴。最近交上一个，挺好的。

希望大家学一点音乐。影像资料我没有拿过来，在美国我参加一个老年乐队，加利福尼亚大学介绍我去的，一天一千美金，十天给我一万美金，黑人会计给我钱的时候说先生你收入很高。

我和他一块交流，六十岁以上参加老年人乐队，可能跟咱们屋子里的人差不多，带指挥。从古典音乐演奏，最后演爵士音乐。一个老太太起来吹小号，吹了七八十小节，吹了将近三分钟，一个人。我过去，不好问人家岁数，"您吹得很好。"她问我，"看我有多大岁数？"我说很年轻，六十五，说我八十五岁。吹着很棒，（她）问我中国有吗？我说目前吹成你这样的人没有生。八十多岁演那么棒，比我辈分老的人没有吹这么棒的。一种娱乐。一分钱没有。全部是开着车，准备着冷饮，矿泉水一喝就交流。也有人过来拿一支黑管，让我看一看好不好。我自己的乐器从日本投降那年，买来保护到现在，（我像）对待自己的爱人一样。外国人对乐器有很好的保护，钢琴锃亮。我们单位都是喝水的白印，烫的白印。他唱完了走了，一个白印留在那里了。

为什么说这样的事？今天我们走到社区，什么叫文化？不是北大、清华毕业就叫文化，那只是一个学府，学你的专业。真正的有文化是我们生活当中的一点一滴。进门看见妇女来了，赶快退一步让人家先走。看到老太太搀着别滑倒，这就是文化。在座的各位，都有礼貌，都比我爸爸和我妈妈强，你们做得很好。这么活着心里特别痛快。

我上公共汽车从来不坐，我比你年轻，你别让，我心里的状态是"90后"。站在那里显得我多健康。

我再给大家演一首改编的《梁祝》。1958年咱们国家需要有一首小提琴曲，周恩来布置的任务，上海写成的，外国人叫做"两只蝴蝶的梦"，梁山伯与祝英台。全世界非常有名的芝加哥交响乐团、柏林交响乐团，俄国、法国、日本、韩国的交响乐团，列为世界名曲……

中国的文化很悠久，我和小徐去年录了《春江花月夜》。我一个朋友给我打电话，这个音乐怎么这么好听？中国有很多的曲子外国人演不了，《我的太阳》唱了很多，《今夜无人入睡》……中国这个民族了不得，过去为什么没有？贫穷、战争。我们没有机会，不能拿钱投入到其中。《红高粱》在美国放了好几年，多一个都没有，人家不知道。美国人还问我，"你们中国女人还小脚、留辫子吗？"我说别闹了，那是好几百年前的事。有的老头、老太太到中国旅游，"你到中国去了吗？什么印象？""爬一个挺高的城垛子，长城。"还有什么？不知道了。

中国需要世界来了解中国，过去打仗、贫困，外国人照相出去宣传。我心想我大儿子知道,今天吃海参,又有高级的了。说实话咱们现在有钱了,慢慢宣传,介绍给外国人。前一段带喷泉设计家吃了一次烤全羊,犄角那块还弄了红绸子,吃了一口又脆又香,哈喇子直流。

中国的文化很深,现在中国很棒,从来没有想过中国走到现在,有汽车、洋房,我还买了这么多的乐器。说实话,感谢国家的领导,感谢诸位,感谢北下关领导。

第二十七讲　艺术与民族精神

主讲人：郑榕
地　点：大钟寺社区
时　间：2017 年 9 月 28 日　　下午

郑榕，北京人民艺术剧院话剧表演艺术家。

1924 年出生于安徽省定远县，毕业于国立艺术专科学校，1953 年，通过《龙须沟》中"赵大爷"一角的创造，奠定了他的现实主义创作道路。

郑榕参演过《雷雨》《长征》《龙须沟》《茶馆》《智取威虎山》《武则天》等古今中外戏剧，扮演了重要的角色，形成了苍劲、浑厚的表演风格。曾随《茶馆》剧组赴西德、法国和瑞士等国家演出。

很高兴和大家见面，先简单说一下我是怎么进的北京人艺。我是 1950 年从重庆回到北京的，刚进去那会儿认识一个管布景制作的，我在重庆认识的，回北京，我就先找的青艺，后来说满了，到人艺看看吧，我就找到这个人。他说我是管舞台布景方面的，我给你说说看行不行，后来行了，就当了制景人员，我是这么进去的。一共有十几个人，演群众的，长征什么的，歌剧的人，乐队的人，那样的人特别多，演话剧的人不多，韩斌是队长，延安来的，叶子大姐是副队长，于是之是团支部书记，有一批人。还有四个清华大学毕业生，自愿到人艺当演员，当时非常轰动的。一个《龙须沟》红了，大轰动，从未有的轰动。

《明朗的天》原来没我，后来因为全国第一次话剧会演，要发奖，演了工人，拿了一个三等奖，我就晕了。又演《雷雨》。有一年也是快国庆节了,早上起来在灯市口阳台上,听着大喇叭里头播,四个人的朗诵,有我,底下准备国庆游行,全国都听见我了,挺不得了。还有一个戏,志愿军的戏,叫我演市长。怎么也想不到,我是属于有历史问题的,(当年)我从家里跑出去到西安参加过国民党的一个训练团,(受了)九个月训,出来以后到国民党军队待了几个月,后来出来的,这属于污点。点了名,全院做批判,我也不知道怎么回事。先是演员队批判,大家挨个上来批。郑榕思想怎么怎么样,一表态,我说我的问题太严重了,我以后一定好好改,不老实改全员大会,都准备好了,完了批判,我就哭了。书记特别好,说你不要灰心,后面《智取威虎山》去慰问,还让你演,我演座山雕。从那以后我人生有一个比较大的变动,任何时候自己对自己,个人的东西要冷静处理。

我岁数比较大了,脑子有的时候不大管事了,好多肯定是很落后了,今天想跟大家交流一个什么问题呢,民族化的问题。

我就谈谈民族精神的问题,我的一点体会,主要是想向大家介绍一下现在"百年巨匠"的展览里头,有一个叫焦菊隐的,他是北京人艺的总导演,也是我的老师。我原来什么都不会,学校功课也不好,我能到今天,主要的是焦老师给我的教导,学习到了一点东西。焦导演是个话剧导演,但是他的一生很特殊,他在中国话剧最繁荣的时期,也就是抗战时期在重庆,没有人请他导演,他写了好多书,翻译了好多书,就导过一次戏。1951年,北京人艺要排《长征》,就请他出山来做导演,他那个时候已经是师范大学的教授,接到这个聘请,就欣然地出山了。

紧跟着,老舍先生写了《龙须沟》,剧院请叶子大姐(音)请焦导演拍这个戏,当导演。他犹豫了一晚上,没睡着觉,焦菊隐出身贫寒,他的曾祖父,是当年被慈禧太后贬掉的八大臣之一,贬成平民,从那以后他们家完全过的是北京市平民的生活,所以他小时候对于龙须沟那样的生活非常熟悉。

他在大学毕业以后,二十世纪三十年代初期,当了三年北京市戏曲学校的校长,这是很难得的机会,当时北京市戏曲学校就是"富连成"以外,第二个大的传统戏曲学习的一个地方。而且里边加了一些新的思想。高玉倩、王金璐……好多大家都是那里毕业出来的,都是焦导演的学生。在那儿当戏曲学校校长的时候,有些过去在戏曲专业上钻研得很深的人物,可能演出的条件不够,但学识非常充足,他就拜这些人为师,向他们虚心学习。这造成了焦菊隐和别的中国话剧导演不同的地方:第一熟悉下层的平民生活,第二条懂得中国戏曲里边的好多学问。请他来排《龙须沟》,他一晚上没有睡着觉,后来决定离开师范大学外文系主任这个职位。干话剧了。那个时候北京人艺的话剧演员很少,主要是给歌剧扮群众的。

　　焦菊隐来了以后,他通过一段时间排戏,发现了当时话剧的两个大毛病。一个毛病是不注重外部形象,话剧界早年在演员外部表演上下工夫,那是"资产阶级"了,我们突出思想性,所以否定了外部的表现,外部的表演,这是第一条。第二条,特别厉害的,表演情绪,那个时候台上认为早期话剧的表演形态、表演演技是资产阶级的,我们现在主要演人物的思想,要演思想性。怎么演呢? 也不明确,学苏联,学斯坦尼,那个时候拿到一个角色开始怎么做工作呢,叫"桌面工作",就是案头分析。这个人什么阶级,什么出身,什么思想,大家在桌子上谈,"你对这个人怎么理解"什么的,都是谈这个。怎么演,很少谈。焦菊隐认为这个有问题,演戏不能离开外部表演,特别是表演情绪,对观众没有打动,没有帮助,这是一条错误的道路,于是他就提出来体验生活,所有的演员下去体验生活两个月到龙须沟,每天一早去,晚上回来,回来写演员日记,向导演汇报。导演有什么意见在日记本上批,两个本交替,今天交这个,明天退回来,体验生活就不能光谈人的思想,离不开人的外部表现,这是很大的一个改变。

　　再有一个,过去对话剧表演有两种,一种是体现派,一种是体验派,斯坦尼算是内心体验派,是从苏联传过来的。以前都是体现派,就是我演戏怎么演出那个形来,这是体现派的东西,后来把这个否了,只承认苏联斯坦尼的体验派,但是怎么体验也不知道,自个儿瞎摸索,上台就憋情绪。比如我演《龙须沟》的赵大爷,生活很苦,好多日子没活干,没人找。头天晚上下大雨,屋里都给淹了,被子都淹湿了,得了病下不了床,上场半个小时我在背景炕上就想这个问题,等一出场把台词忘了,脑子里就憋那个,那个打不动观众。比如在街上看见一个小女孩要哭,劝别哭,别哭,怎么回事说一说。她不听,这个时候您不会跟着她哭,首先是要弄清怎么回事,这个表演情绪在台上是一个弯路,走的是弯路,自个儿觉得我这里想得都流眼泪了,我自己都要哭了,观众不感动,不知道那人干什么呢,我演《雷雨》,老憋情绪,想这个,想那

216

个，曹雨实在受不了了，打后台走到前台说，"快，快，快，受不了，受不了，我的剧本里头没写那些个东西。"

所以说表演情绪这是那几年的大毛病，认为这是由内心表演，改变了外部表演。焦先生把这两项给改了。改了以后他在《龙须沟》里头，那会儿取得巨大的成功，观众特别喜欢看，于是之是主角，那时候大红特红，都来访问他，这于是之有一个特点，他打小对贫苦的生活有体会，他也是家里过得很穷，他爸爸是张学良的一个营长，早就死了。

大家知道过去有一个老演员，叫石挥，这个石挥是体现派，就是表演派的代表人物，他是于之的远房舅舅，于是之受他影响很深，石挥在上海演《秋海棠》《大马戏团》，大红特红。后来于是之成功了，根据焦先生讲授的体现派的"星象说"，在演员创造前期的时候你们得考虑这个问题：这个人物什么形象，什么样的人，什么特点，怎么说话，怎么干事？这个理论跟石挥那套一样，于是之非常接受，后来成功了以后，对外面宣传的时候，就大谈"星象说"，以为这个"星象说"是焦菊隐的理论，其实不是，是过去体现派的哥格兰的理论，石挥传于是之，是这么一个错综的关系。

成功了以后，焦先生非常高兴，底下再排一个戏——《明朗的天》。他一看这个剧本里头都是大夫、知识分子、医科大学……我对这个生活更熟悉，更没问题了。上来就说这个人物是这样的，演员烦了，那会儿的演员不接受那个，就说他捏面人，拿演员当面人捏。于是之底下接一个戏《雷雨》。先让他演周朴元，他不演，他演大少爷，他对这个生活不熟悉。他说我要演一个角色我得一闭眼能够看到这个人物的外形，才知道怎么演。想不出来这个大少爷什么样，什么个性，什么都想不出来，于是失败了，后来给撤下来了，连走路都不会走了。

问题出在哪儿？后来，很晚了以后，焦先生走了以后，"文革"以后，发现《龙须沟》的资料里头，焦先生的副导演写了这么一句话："我认为焦先生所说的'生活起来'，就是行动起来。"焦先生自己日记里头有一大段话，就谈这个行动的重要性，通过行动表现一个人物。这个时候我们摸索了一阵，才弄懂了。过了《茶馆》，过了《龙须沟》以后，第二个苏联专家来蹲点儿，排高尔基的《布雷乔夫和其他的人》。这儿得插这么一段，斯坦尼排契诃夫，走内心体验取得了巨大的成功。苏联"十月革命"之后，人们的思想发生了变动，那都是知识分子整天光知道在屋里想,先出了梅耶荷德,在舞台上老演内心,现在的观众不接受了,因为契诃夫那个时代和中国 1949 年前知识分子(有)好多苦闷、好多思想,又说不出来,嘴里边可能会说很好,天气很好,心里头有很多东西,演员都挖这些东西,"十月革命"以后形势大变,就由契诃夫式内省的人转为高尔基式行动的人。梅耶荷德的第一个大徒弟造他的反,现在没人看他的戏了,要看热闹的,要看表现的,舞台上、剧场搞得非常华丽,剧场售票人都穿着那些服装,他最佩服中国梅兰芳,特别欣赏梅兰芳《贵妃醉酒》那个场面,就是宫女的舞蹈,梅耶荷德强调舞台上的表演,斯坦尼把他开除了。

梅耶荷德的第二个徒弟也起来造反,不像他那么厉害,反对契诃夫那样内省的人,舞台上那会儿表现这个,改为高尔基行动的人,高尔基是写革命的,后来被斯坦尼接受了,就叫形体动作方法。这个体系下第二个派到中国来的话剧表演专家叫库利涅夫,在北京人民艺术剧院蹲点儿,排高尔基的《布雷乔夫和其他的人》,焦菊隐当导演,让我演布雷乔夫,这是完全一个新的感觉。剧本写的是第一次世界大战,开幕的时候是第一次世界大战的第三年,快要结束了,剧中人物布雷乔夫,原来是一个穷苦的人,后来发财了,成了大富豪,在他晚年的时候,戏的第一幕,晚年的时候得了癌,就等着死了。包括他家里的人,包括社会上的人,包括教会里头的神父,都看中了他大批的财产,想来夺取,是这么一场戏。他那会儿要求舞台上一开始排戏就得搭上真实的布景,真实的道具。我演的布雷乔夫进来,走到一个大长餐桌中间,他是刚参观了伤兵医院回来,头一句台词,"这场战争毁了多少人呐",我就进场走到桌子后面说了这句话。专家就在底下坐着,苏联专家上课了,专家说,"下去!"我不知道怎么了,就出去了。出去以后,就把走道里挂着这么一个小镜框给挪了一下,它掉下来。专家说进来,我从外面进来了,我还是想着医院里边那个情况,到桌子前面,"这场战争毁了多少人呢","下去!"我不知道怎么回事,又下去了。

再上来,拿一张纸片边走边撕碎了扔在地下。(专家)说进来,我踩在纸片又说了(那句台词),大家哈哈大笑,(我)不关心周围的事和人,就在脑子里憋情绪。专家不理我了,也不跟我说话,随我怎么演。到了第三部,戏快完了,布雷乔夫当初的一个情人是一个女神父,叶子演的,这回也来盘算他的遗产,因为他是大富翁,说你造的孽可太重了，你这个病好不了了，怎么样才能解救你这个病，她说你得向神祈祷。说了半天，说到关键的时候，台就这么高，因为我们是学习，是在剧院里面，专家就跳上台来，蹲在我的膝盖旁边跟我说拧她屁股，我就拧，叶子一叫跳下来跑了，叶子说疯了，疯了，围着餐桌跑，我就围着餐桌追她，专家说，"拿起餐桌布抽她！"叶子一边骂，一边跑下去了，进了人物了。就是说进了行动了，不是说在脑子里憋情绪了。后来演出了以后，苏联报纸还报道了一段。但是第一幕始终没有换过气来，脑子憋的东西太多，他们来人看戏就说戏演得不错，但是第一步是个死人。

　　形体动作方法，正好和表演情绪相对着。焦菊隐是最用功的，拿着笔记本听着记，他得到了很大的启发。苏联专家上课的头一天在黑板上写下来，写"动作＝愿望＋目的"，就是"我要干什么""我对谁"，这是两条主要的动作（线索），演员只考虑这个，不许考虑别的，上场来不管演《雷雨》也好，演《茶馆》也好，演赵大爷也好，上来干什么来了？你要干什么？你跟对方交流，你要（求）对方是个什么人，你就把这两点弄清楚了，别的什么都不要演，什么都不要管，不像过去表演情绪看书什么，这个都不要。

　　焦菊隐才明白了，当初因为他是从外国的书上翻译来的那么一些东西，就是行动，但是了解得不全面，这回通过苏联专家这次，他了解了什么是形体动作方法，怎么克服表演情绪。而且紧跟着他发现了这个表演方法是中国戏曲里头特别牛的，这一下子就转入了民族化，当时的民族化，按剧院书记赵贤的话，就是"走民族化的道路"。焦菊隐发现了这个以后，他就提出来搞民族化试验，《五福》《蔡文姬》《武则天》三个戏，很长一个时期，有些人认为中国戏曲是城市主义的表演，或者说形式主义的表演，讲究这点做派怎么着，那点做派怎么着。焦菊隐反对，他说中国的戏曲是现实主义的表演，中国戏曲每个人物，凡是成功的演员，在台上都是有思想的，动作都是有对象的。他通过这三个戏不同的试验，发现了一个重要的问题，就是中国戏曲，随便举一个例子，比如柳迎春，薛仁贵回家了，离开家多少年回来了，忽然发现家里一双男鞋，于是大发脾气，叫柳迎春你给我死，柳迎春刚打扫出来不知道怎么回事，薛仁贵坐那儿生气，说这是怎么了，后来拿着鞋，"你看看去吧，"一看这个鞋乐了，是他儿子的。薛仁贵离家那年生的这个儿子，正好十八年。

她说这一点也不讲道理，上来就杀，就砍，我也气气他。底下那段戏，为什么你对我这样，薛仁贵说你看看这是谁的鞋，柳迎春说你说的就是它呀，我还以为你为什么生气呢，要说这个人，没有他我都活不了，白天我们在一起吃饭，到晚上还有一件事你想不到的，他说什么事，我跟他一个床睡觉，气得不行。后来才知道是他儿子，你想一想你走那年我怀孕了，他说有，你自个儿好好琢磨吧。这一场戏动作性非常强，演员没有一个憋情绪的，老是行动，没有一点把戏放下演情绪，全是动作，"我"（柳迎春）要气他（薛仁贵），"我"要了解，"我"要怎么样，全是动作，演员平静极了，拿这个平静的心态才能唱，如果憋了一脑门子情绪就没法唱了。

这就是焦先生发现的中国戏曲的特点，是现实主义的，是有人物行动的愿望的，不是装着在那儿表现什么思想的。斯坦尼提倡演员体验生活，进入人物，它叫内心体验。真正叫内心体验，从里到外都得变成人物，你就是那个人物。

他们就说中国戏曲是在产生行动的愿望的时候，一刹那间进入体验，比如柳迎春，"干什么这么大气，我也气气他，"这会儿的愿望，脑子里有想法，怎么气他，是表现，不是在里面想着。是表演，是唱腔，是研究用什么唱腔最好，研究用什么表演最合适。这样，各人有各人的特点，各人有各人的发现，每个人成名，各人有各人的特色，谁跟谁也不一样。因为他把主要的力量放在如何表演上，就在动作愿望开头那一点的时候，是体验。接着就表演了，唱腔怎么唱，哪样观众最欢迎，焦先生就想把这个规律用到话剧里头，这是一个很大的个性，这是向民族戏曲学习。所以他在这三个戏里边取得了很大的成就，但是最后没得着完整的结论，都处在试验中间，"文化大革命"爆发了。除了动作以外，动作包含着体验，包含着表演；产生愿望的时候是体验……

我谈一点《雷雨》。我出生那会儿，家庭经济条件比较好，我大伯父当过山东省督军，就当了一年，张宗昌带着军队包围了山东济南，限他三天以内全家出走，不加干预，过了三天就抢，就杀。把他五万军队留下来。我大伯父考虑敌不过他，三天之内带着全家就跑到天津租界做寓公。我就是这一年生的。我父亲行五，在我五岁的时候就死了，我母亲因为守寡，带着我们兄弟四个寄居在大伯父家，经济条件特别好，生活上得受气，看人脸子，因为你是吃人家的，喝人家的，刚去条件很高,后来慢慢降低,但是也在天津租界里头,经济条件算比较好的。

我小时候是在天津长大的,没上过小学,请了一个老师来教课,私塾老师,本来是给大伯父儿子请的,人家要教外文的,这个只会中文,就留下教我和我哥哥了。后来抗战前三年,我母亲觉得我们大了,就要求出去到北京上学,北京三年,七七事变,我大伯父打电报,我们家里从北京逃回天津。那时候美国电影很风行,有一个很出名的电影,叫《魂断蓝桥》,可能大家也知道。我经常去看电影,在电影院里看见一个女孩,这个女孩住的那个地方离租界的电影院不远,来回都路过她的门口,她在天津法租界里照相馆摆着大照片,报上登着大照片,天津市名闺什么小姐,上的是天津耀华中学,最出风头的中学,我上了一个志达中学。就常看见这个女孩,心里动过念想。三年以后,有一回她在街上跟我点头了,我写了信,一去到她门口,门口正在装饰办丧事,她爸爸死了。我为什么讲了这么一段,《雷雨》开始演的时候,曾经想到过(周朴元)跟侍萍年轻时候的爱情。有一段时期强调阶级斗争,就不敢这么(构)想了。

到后来又再演《雷雨》的时候,"文革"已经过去了,那会儿演戏就说不能老强调阶级上的斗争,周朴元跟侍萍还是有感情的。到天津排《茶馆》,晚上演《雷雨》,我就托人打听到了那个女孩的消息,我才明白她跟我为什么通了三封信就断了,她比我大六岁,后来她很不幸:她爸爸原是银行的副经理,她妈妈是第二个太太,他们家里边男孩儿中学毕业了都出洋留学,女孩上完高中就不让上了。她因为岁数,一直没嫁出去,她爸爸死了以后,她在家里的地位就一落千丈,做了绝育手术,日本投降以后嫁给一个国民党的什么大员。中华人民共和国成立后,这个男的被判刑,抓起来了。这个女的一直也没有工作,就又嫁给一个没落的少爷,给工厂看大门,两个人还住在马场道,很繁华,但不是当初的小洋楼了,是地下室,有一间屋,他们两个人住在那里。

后来了解情况的人跟我说,我说我想见她一面,他说不行,男的要知道你是个演员,你见了她面,他会打她。我说送她两张戏票看戏行不行,他说行。我演《茶馆》,她跟她丈夫看戏,我在休息的时候,在大幕缝里看她,还不太显老,穿着灰外套,嘴里边吃着零食坐那儿,这是我最后看见她一眼。这个感觉对我演《雷雨》有很大帮助。我想到侍萍,跟"侍萍"在台上交流的时候,这个思想在我脑子里来回变动,就有了真实感,我演《雷雨》那会儿也许赶上时候了,观众还是挺欢迎的。后来我岁数大了,换了别人演了。曹禺逝世的第六年决定重演六场,让我演三场,那会儿我下了点工夫,把过去演阶级斗争的那个都去掉了,观众很轰动,原来只演三场,后来整个全由我演了,演了以后观众还轰动,又加演五场,中央领导都来看戏,《雷雨》搞得很轰动。

在我这一生里头,《雷雨》演了将近四百场左右,经过三个不同的阶段:第一个阶段演阶级斗争,第二个阶段"文革"以后了,改好了,但是舞台上没有这样地动真情,第三个阶段我就光看别人台词,不想自己的词,准备的时候也是光看别人台词,交流之中怎么想的,怎么感觉的,跟生活的回忆连在一起,取得了很大的成功。后来别人演《雷雨》了,想不到的,台下笑场,笑得挺厉害,就是有好几段戏一演到那个地方就哈哈大笑,现在这个戏不太演了。可能所谓戏剧和时代有关系,现在人觉得挺好玩,那种恋爱的关系,现在好像不可想象。所以《雷雨》结局的(效果)不是太好。要是《茶馆》吧,刚才视频里介绍到,拍电影的时候,整个改了,生活多了,但是到最后一场没闹起来。于是之说没闹起来,因为最后一场是焦先生按照戏曲的办法排的,对着观众演,为了要让观众感觉到这个社会已经让人不能容忍了,他是采用戏曲的办法在那儿演,不是台上伤感地演,这是焦先生很大的试验了。

再有一条重要的原理,就是交流,我跟什么人说话,我跟什么事说话,我说这话的时候我心里头想着什么呢,如何交流,一个动作,一个交流,构成了中国戏曲表演里的两大核心,如何把这两个拿过来搁到话剧表演里头,去掉那些不必要的东西,话剧的表演能够大大地变样,这是焦先生的理想,可惜"文化大革命"来了,继续不下去了,没能得出完整的结论。我先说到这儿。

第二十八讲　摆脱苦难的方式是去帮助他人

主讲人：孙桂田
地　　点：大钟寺社区服务站
时　　间：2017 年 10 月 31 日　　下午

　　孙桂田，影视、话剧演员。

　　1942 年出生于北京。1997 年参演冯小刚执导的电影《甲方乙方》。2002 年在《家有儿女》中，扮演刘星的姥姥。2008 年在石琳主演的电视剧《家寓户小》中扮演一个刀子嘴豆腐心的"事儿妈"。2010 年，参演张译主演的电视剧《倒插门》。2011 年，参加辽宁卫视春晚，搭档郭冬临，出演小品《心甘情愿》。2012 年，第二次参加辽宁卫视春晚，搭档郭冬临、黄晓娟，出演小品《金牌月哥》。2013 年，出演电视剧《第三种幸福》，饰演奶奶；同年孙桂田加盟都市爱情喜剧《别跟我谈高富帅》，出演男主角的母亲。2014年，孙桂田出演赵艺然执导的微电影《母亲》，饰演母亲一角；同年获得第二届亚洲彩虹奖最佳女配角奖。

　　来的时候告诉我说是百家讲坛，我一听"讲坛"我就吓一跳，因为我的文化程度到不了讲坛的地步。聊天，神聊还行。

　　健康还凑合，我今年七十五岁，因为从小一直干活，我觉得干活的人身体最好。我经常跟别人说一句话，你想不想长寿？想长寿就得多干活，千万别懒。我呢，去年跟今年是遭遇了很大的不幸，我这次能够走出来也是劝着自己，再振奋起来。因为前一阶段呢，确实有点活不下去了,我唯一的儿子,今年4月8号走了,得的是癌症,四十五岁。他走了以后呢,我就整个一个人垮了,深深地体会到了白发人送黑发人这种痛苦是太难熬了,所以我就想,我说这么煎熬的日子,我恐怕坚持不了,我就自己把自个儿的装裹,将来准备去世以后要穿的衣服,床单子,枕头都自己缝上,包上一个包,告诉我的女儿,将来妈妈走的那天,这就是我要穿的衣裳。千万不要给我买那些装裹,我害怕。这是我的心里话。难受了这几个月以后,从9月份开始,跟着一些朋友,去了深圳,去了广州,去了顺德,还去了惠州,去了好多地方,承德。

最近一次去的是西安,都是参加救治孩子们,也劝大家捐款,我也捐款,不但要捐款,而且我们都是一对一地救助孩子。我呢已经救助了三个孩子,我说我尽量帮助他们,看着他们成长起来,一直负责到他们把病治好了。因为我是一个母亲,我失去了孩子,这种痛苦我自己知道,所以我就想,一个人的力量不行,得靠全民全社会的力量,大家都拿出一份爱心来,去救助贫困的孩子们,没有钱治病的孩子们。这样呢,让我们当母亲的少失去一个孩子。因为失去了孩子,家里边的父亲母亲没有办法再上班了,爷爷奶奶甚至生活不下去,这样直接影响了我们的社会工作,孩子是家中的宝,谁家都是拿着的,抱着的,当宝贝似的。一旦孩子没有了,天塌了,真是塌了。我经历了天塌了,我今天坐在这儿能忍住眼泪,就是不愿意把痛苦带给大家,一定要忍住。所以说我最近不怎么接戏,就把我自己所有闲暇时间用来救助孩子,让自己分担一些。到哪儿去都是很多人,你就是不愉快也得愉快着,前呼后拥着,也就这两个月,渐渐好起来了。因为女儿一句话:"我们相信你是坚强的妈妈,大家都管你叫姥姥,你是全民的姥姥。"所以我想我要坚强地活下去。今天到社区来我也是为了这个。我一听说到社区能够跟居民们聊聊天,是个落了地的活动,所以我很高兴地来了,也发散发散心里面的苦闷,跟大家聊聊天。

我说我这辈子是很幸运的,能够成为"大家的姥姥",不光是孩子叫我姥姥,六七十岁的也叫我姥姥,叫得我说我都成了老妖精了,所以说,这是挺幸运的,能够得到大家的爱戴。我也有不幸,好多了解我的人都说,我这一辈子能写一本小说。我自己的家庭呢,父亲是个盐商,民国期间,娶了三房媳妇,我母亲是最小的一房。当时母亲呢是延庆人,为什么能到这个家庭里来呢,就是因为父亲的这个家庭呢,大太太不生孩子,二太太也不生孩子,我母亲呢是作为什么呢——绣花女,过去不都讲究挂帘子、挂帐子,我母亲就到人家来绣花,跟大太太处得不错,就把我妈收房了,不为别的,就为了生孩子,这是在旧社会,新社会就没这事了。

母亲跟了我父亲以后就生了我。遗憾的是我不是男孩,我父亲也是命里该着没有儿子,娶了三房媳妇就留了我一个人,也没有兄弟姐妹。后来两岁多的时候母亲也去世了。怎么死的我也不知道,不记得,估计是生病了。十岁的时候,是父亲去世。自己四十岁的时候开始一个人,一直打光棍打到现在。这晚年呢,您说,七十多岁人了,又失去了儿子。您说我这一辈子,所以说,我是非常不幸的。这个矛盾,您说到底是幸运还是不幸?这老天爷折腾得我够瞧的,真是没法说。你要说你不幸运,你这人不知足,说你幸运吧我又经历了这么多苦难,所以我得出一个结论:这人还是得知足,我还算是幸运的,甭管怎么着今天我还健康地活着,还能够得到大家的爱戴,这是我花钱都买不来的,谢谢大家。

有的时候我坐公交车,好些人都问我,你怎么也坐公交车?我说我坐公交车长大的,您可不知道我小时候穷的,我等于十二岁就成了孤儿了,没人要了没人养了,结果跟着老家的舅舅去东北了,想不到的大学培养了我,也不叫大学,是所谓的文艺宣传队,当时学了三年的京戏,因为有角儿在上面压着,你永远得(在台上)站(着演)丫环,站了三年的丫环。有一次郭沫若写了一个本子,京戏,我在里边演玉兔。为什么让我演玉兔呢,当时兔子一溜小翻翻上去,当时还能翻,现在翻不了了,翻上去,趴在嫦娥身边也没有台词,翻过来翻过去。

三年多以后呢,因为自己老不长个,老师都说,恐怕祖师也没给你饭碗子。正好还有个话剧队,话剧队这边需要演孩子,就老借我过来演孩子。当时演歌剧《红霞》,借我过来拿红缨枪站岗。自个儿在那儿站岗,还哭,为什么呢,不想演话剧,当时不懂事。后来演来演去,演了十多年的话剧,结果觉得演话剧好,老师给我指了一个正确的路,老是演京剧,我今天都没有饭碗,所以听老师还是对的。

为什么说我是幸运的,我当时年轻的时候是演年轻的孩子,吃香在个矮。后来"文革"来了,都不让演老戏了,全演样板戏,所有戏都关张了。演样板戏我们也跟着起哄,因为当时都学过几年京戏,跟着演小常宝,演白珠(音),各地演出的。当时的情况台上的也唱,台下的也唱,有时候台下的比我们台上唱得都好,演得挺没劲的,又混了好多年,索性剧团解散了。我一想家里母亲在北京,还有大妈,大妈正好腿也折了需要人照顾,我家里还有个女儿,生了女儿了,所以就想办法想回来,老天爷也帮着我,我得了大脑炎,病毒性脑炎结果就住在同仁堂医院了,住了三个月,为什么住这么长时间,本来早就出院了,我欠人家钱人家不让我走,还得看着我,别跑了,还没给钱呢,跟单位商量得给人家住院的钱,好不容易给我保出来了,所以到今天一说社区街道我得感恩,要不然还出不了院呢,也得感谢这大脑炎,让我傻了有二年,也不是傻,好像返老还童似的,想干嘛干嘛,反正上商店买东西,人家说来一段,站那儿就给人家唱一段,跳一芭蕾舞,你说哪会跳芭蕾舞,给人家瞎转圈,在那儿待了两年。我爱人一想在兵团没事干,弄一个傻媳妇再要一个儿子吧,就傻了吧叽要了这个儿子,八个月的时候,抱着儿子回了北京,单位准许我提前退了。

回到北京以后,穷,你知道吧,怎么生活?我这儿一个大妈,一点文化没有,河南人,又是解放脚,但是人特别好。我这个大妈妈在我这个一生里头,给我教育特别大。她曾经是大太太,有人伺候,整天生活就是听戏,吃饭都是点饭庄子,拿食盒送来。自从我们穷了以后,老太太吃百家饭,我大妈挨着个地给人家看孩子,给人家谁看孩子,比如人家上班走了剩点米饭,老太太我们吃不了这给你,你不是说不让糟践,这家给点米饭,那家给点菜,我大妈到点一咕嘟,我从小就知道烫饭姓张越烫越香,就吃烫饭跟着我大妈活着。后来老人股骨头摔断了就靠我养着,还有一个孩子,还有我婆婆和孩子们,七张嘴等着要吃饭。

当时的政策哪有现在好,现在您看,只要您不懒,您上哪儿都能找到活儿干。那时候不行,你得有户口,你没有户口簿把你装回去就是好的,你有孩子,爱老在北京,就让你干了,但是没户口不让你干活儿,最后也是街道帮助我。你顶着老太太的名字你不是姓孙,你就姓马,就改马秀兰了,有时候人家叫马师傅,叫半天叫谁呢,对了,我姓马,整天弄这么一个大包裹皮,里面放五十个挂人儿的脑袋,坐在这儿跟你聊天,就得把这五十个人的鼻子嘴眼钉出来,要不然明天的饭怎么办。甭管上哪儿,那时候没有书包,就一大包袱皮。虽然是艰难,但是呢,起码是安定的,吃点儿苦没什么,能够跟母亲跟孩子们在一起。

　　后来我去的地方就是安定门地区的雨儿（音）胡同，最后挂人儿不好卖了，人家这个地方主要系画画，画卷篇，给宫灯厂画灯笼，我们主要画仿旧的画，仿旧的画就是拿一张画让你临摹下来，后面做完旧出口，哪有那么多画去卖，真画国家收藏起来，所以我们跟着画着好多的仿旧的画，在这个期间得到很大的锻炼。其实我没学过，就是人被逼到那个地步上了。我们使一个灯盒子，上面一块玻璃下面是一块灯泡，先把画搁在上面轻轻地拓下来，然后一步一步上色，要你的功底就是白描的功底，拿毛笔该细的细该粗的粗，尤其仕女的脸很细的一道淡淡的浅色，要美，经常一宿一宿地不睡觉，如果睡的话也得四点多了，就这样煎熬着。赶上改革开放了，我呢，不画画了，开了一个工艺品商店，卖一些卡片、贺年卡，还有什么生日卡、情人卡、祝福卡，挺受大家欢迎的。但当时也是小买卖，卖的都是一块钱两块钱的东西，往贵了说三块钱，你能赚多少钱？

　　但是日积月累的还是比咱们挣工资多得多了，我一下有了一万块钱，成了万元户了。生活就逐渐逐渐好起来了。九十年代，我正好碰到了米家山。怎么碰到的呢？就是我做生意的时候。因为我上无片瓦下无存土，我攒了一万攒了两万就买间房，我有地儿住了，我还得想着孩子，我还有三个孩子，所以就给三个孩子争取，买房就得借钱，买一个给他住，买一个给你住，买一个给我住……后来有人说你真有经济头脑，这真不是，我数学没及格过，经济头脑一点没有，就是没地儿住。米家山就看中我的小院了，要在这个小院拍戏。一聊天，听说我演过话剧，他说你跟着演电视剧。我说我没演过电视剧，他说没问题，你有演话剧的底子就能演电视剧。所以我就拍电视剧了。第一个戏我就演潘虹的妈妈，那么大的腕儿，我站在人家跟前都不敢说话，人家叫我妈，我说你别叫我妈，她说我得叫你妈，我说你多关照我，你得照着我。"孙老师唱京剧的，要起范儿怎么办？"米家山说，"在人家拍，不让人家演，不合适，反正也是演的瘫痪的，躺在那儿她能起到哪儿去？"后来第一场戏下来之后，副导演就跪在我旁边，"孙老师我们刚把心搁在肚子里头，绝对没问题，之前还怕你起范儿呢。"我说你怎么忘了我三年的京戏十多年的话剧，所以顺利地把这个戏拍下来了。那时候拍一天戏给二百，后来涨到三百，后来涨到四百、五百、涨到一千，慢慢涨，涨到后面就不涨了。跟小鲜肉没法比，现在小鲜肉拍戏一个戏就拿走一半。

比如投资三千万,起码一千八百万人家拿走了,剩下钱一百多号人分去吧,就显得能不给谁钱就不给谁钱了,剧组人吃马喂的一百来号人,你得租酒店,你得租汽车,设备什么的都得租的,也不容易,汽车也是租的。所以人家说,"老演员体谅人你们就少要点呗,"永远都是这句话,一进剧组就给你说,"孙老师不好意思,咱们这剧组没有钱,你只当帮个忙。"总是这句话。

另外我不是开过商店吗,也不指他们这两个钱了,只要有垫底的,实在钱分不过来了我这个钱再匀出二百,你别那个人来的不给人家钱,群众演员一等等一天,结果那场戏没拍,这不怨人家,没拍你也得给人家。导演说这钱怎么出呢,我说不是给我八百吗,我退出二百给他得了,别给他二百。副导演说那儿还有一个,一人一百呢,我一看后面还有一个站着呢,也没有钱,我再拿出一百给你吧。就这样,所以后来呢,每个剧组都知道,孙老师好说话,不要钱都行。我说你可别这么说,我得要点儿,实在不行还能分给大家点儿呢。可不容易了,拍戏。

您是没拍过戏,我拍《暖春》的时候在坝上,从早点四点钟起床,五点钟化妆,六点钟吃饭,一直在阳光下,从早晨拍到晚上,中午饭没准儿几点吃,得导演想起来。导演拍的时候,这儿好几个格子,你这么着你那么着,他这么着,他吃饱了,全组人都没吃饭呢。有一次瘆得慌——下午四点才吃饭,饿得大伙儿……后来我说不行了,因为这个导演拍来拍去也管我叫老妈了,我说你管我叫老妈了,我得嘱咐你,你是吃饱了,工作人员全是小伙子,我们四点爬起来,小伙子三点多钟就得爬起来,我说你再忙再出效率,一定按准点吃饭,我说这样从今以后我提醒你,一到点我赶紧提醒导演饭来了……

早晨四点钟起床,晚上十二点了还拍呢。我说还有戏吗?说你还有两场戏呢,我说制片人找来我把钱退给您不干了,为什么呢,还要命呢,真顶不住了。导演喊停了,我还哭呢,我说挣俩钱真不容易,都要中暑了。真是这样的,山顶上阳光晒的,一开始还化妆还往黑了抹,你看我现在黑得都洗不出来了。后来我一看退钱这事管用,就跟田老师商量着,"今天晚上你罢工,明天晚上我罢工。"一到晚上十点以后,就开始说不行了,真的不行了,头也晕没劲了,忘词了。你再拍我们真把钱退给你,就说收工收工,那帮小伙子都感谢我们。真是,吃饭的时候狼吞虎咽的，怎么着呢，因为就一盒饭，现在盒越来越大了，菜越来越多了，我都吃不了了。

我为什么拒绝古装戏？我穿里三层外三层，四点钟叫起来把头上梳起来，卡子就得二斤，化妆老盯着你，脑袋也歪着待着，老师你别这样坐着你头发歪了，早晨五点到晚上十点，等把头发卸下来的时候，就像脑袋去了二十斤的重量似的。您说您这一天有您戏没您戏，因为我们都不是腕儿，要是腕人家按照准点给你化妆，先把我们这些化上没事你旁边等着吧，这角儿可不能多待，等人家走了再找我们，最后您要是憋一泡尿就憋着，那时候没有尿不湿，找厕所没有，荒郊野外古装戏怎么上？你上一回厕所就得把衣服脱了，一层一层的，得跟着人去，不跟着人去你穿不上，你不知道有裤子有裙子，你不知道就得穿错了，难死了。后来我就说了，拒绝拍古装戏了。现代戏我就这头发，拿梳子一梳就精神了，古装戏不行，你从早上顶到晚上，后来实在忍不住了，该躺着就躺着，结果一起来就歪了，把化妆给气得，她们说孙老师你怎么这样呢，我们重新给你梳。我说你也不能晚点给我们梳，我们下午五点钟拍你下午再梳，所以我们也抗争，下午五点钟拍戏两点钟梳，一天七台戏你怎么背，我把词一张一张撕下来，你不能拿剧本，我到现场问好了导演，我说导演你变卦不变卦，你按顺序拍吗，碰到这样的导演你烧高香了。如果你头天晚上背好了，说这场不对第十场，结果服装没准备好，道具没有准备，剧组穷，到哪儿跟哪儿借……

拍《甲方乙方》，冯小刚为了接地气，左给我换一件衣裳不行，又换一件衣裳。延庆吃鸡住在我们村里，后来现场有一个老爷子，在那儿站着穿着一白背心，黑了吧叽不定穿了多长日子，"老爷子借您这背心穿穿，"给我了，"孙老师你把这个换上了。"娘啊，我还有点洁癖，你说你穿不穿，结果冯小刚说，"穿吧。"为了艺术，穿了。穿上以后，这个味！什么味都有，酱豆腐味，臭豆腐味，贴饼子味……但是一穿上它就找着感觉了，说话什么的感觉都对了。所以说艺术还真得是艺术。完了洗澡去吧，还没地儿洗，到晚上那一小盆水，盆这么大，坝上，河北怀来那地儿，很困难的，小屋子，弄一小盆水，顺着往下洗。就这一盆水，你想再洗，没热的。所以，拍戏很难很难的。

自打拍了《家有儿女》，我算找着好地儿了。因为怎么着？《家有儿女》在棚里拍，房子屋子都是搭的。你所有看到的房子都是三面，正面没有,正面摆三个机器。但是室内戏呢,要有点儿功夫,像演话剧一样,你的台词一点儿不能错。一到三号机子,原来一个机子,还能孙老师你为了这个词这边拍,拍那边的时候我背那边词去,三台机器就不行了,就跟话剧舞台上一样,一气儿拉到底。宋丹丹老师演我闺女,戏好,跟她一块搭戏真是舒服。但是她愿意改剧本,因为人家是搞艺术的,拍的时候拍出火花来,你别说改得真棒,就是比原来的剧本棒。到现场就说,"老妈,听着,我告诉你就这么说,记住了吗,记住了说一遍……"说完了,"行了,您过关了,"再跟老爷子说去……三个孩子的戏非常好,所以是个非常欢乐的大家庭。三百六十五集虽然说长,但是没遭罪,不像古装戏,没上河沟去。我有时候拍戏还掉河沟里呢,掉一回不行,哪儿没拍好,不光是演员的问题,你旁边来一过路的,重拍!过路的穿帮的,再一拍,哪儿忘开机了;再一拍,说话了……所以七条八条十几条很难说。你赶上往河里去的……你可不知道。但是这个也有好处,你知道我落了多少件背心,普通的背心我掉一次河里这背心就成泥的了。服装说扔了,我说别扔,我回去洗洗还穿呢。到今天我还穿着这背心呢。拍戏这点有好处,有时候拍戏你表现好,你再跟服装老师说说,你设计的服装真好看,我就喜欢这件,完了说你拿走吧,你看我身上的这件,一千六百多,这是徐帆穿的。我们一块拍戏,我演徐帆的婆婆,徐帆穿的哪件衣裳都好看,就我没一件好看的,后来服装老师说,"你演绎的就是这个角色,乡下来的。"后来告诉我说孙老师你人太好了,这么着挺对不起你的,我领着你到赞助服装的那儿要一件,我说徐帆那件好,他说你真会挑,就这个贵,纯羊绒的。我今天作节目才穿的。因为老演老太太,有时候不愿意穿剧组的衣服,不知道哪儿借的,所以我自己买。后来特想买件时髦的,买不着,花上千的买个衣裳,穿我觉得也糟践得慌,这都是白捡的,这就是有活动时穿。让我女儿看,我女儿说多少年了,你才拿出来。

还有一个问题请大家体谅一下,就是小鲜肉问题。这是个老大难。为什么(这么)说?有时候(有人)说,年轻人就是不好打交道,跟老演员好打交道,为什么老演员好打交道,老演员磨砺出来了,我们经历的苦难太多了,所以到今天很知足了,我能挣这多钱我就很知足了。人家小鲜肉没受过磨难,正值青春年少,帅哥靓姐,看着就是好看。你说一出去,我跟人家拍戏,我冷眼看人家,真好看,自个儿再一照镜子真难看。都不想照镜子。你说都是你一人演到底，都没人看了，还是愿意看年轻的。为什么叫年轻人？终究他们还年轻，他们体会不到一个剧组的艰难，体会不到社会的艰难。所以现在一个片子投资要上亿。我估计这个问题将来会得到解决的，你说不找小鲜肉拍戏，你这个片子卖给电视台不要，卖不出去，没人看。一没人看就赔本了，也拉不来广告，是不是？所以说，还得迁就着，这个问题得慢慢解决。从哪儿？从根上解决！电视台也为难。电视台都说，你说我片子卖不出去我也赚不了钱，所以说腕儿越来越涨钱，别的人越来越落钱，甚至不给钱。形成这个是很不好的，确实是老大难。别说别的，我都不拍了，我这不拍是心里苦，自打儿子走了以后我觉得我所有快乐都没有了，所以现在别再去受罪去了。我也七十五了，还有两个月就七十六了，所以有活动就参加参加，戏就不拍了，也不想挣这钱了。现在一想拍戏就心里发怵害怕，十七场戏，三十二场戏你都想象不到给你折腾的，台词下来了没有，机器对着你，你眼前搁一个大板，这儿录音机，这儿还有什么，你还得说得高高兴兴的，哪儿有人？没人就这一堆板子围着你，大板往这儿一搁，这儿给你弄着，这儿给你打着，人围着你一圈，一喊"开始"你就得哭是哭、笑是笑，太难了。要是两三天的戏串一下，没几场戏就去了，超过一百场的就不敢了，太累了。

我人生的经历，幸运就幸运在个儿矮，但是呢，因为一开始我年轻的时候演孩子，中间那段文艺没了，我也就歇业了干别的了，转行了。干了好几年乱七八糟的事，等着文艺又繁荣起来了，我演小老太太。这个正好，所以说是幸运的。人家要是大高挑，一米六几的个儿，我才一米五几。要是一米六几的个儿，我就唱角了。我老说我这辈子不够尺寸，就吃了这亏了。但是挺幸运，这就是我的人生，现在还是这样。有俩女儿，大女儿有俩孩子，小女儿现在，原来不让生，现在又说许生二胎了，马上响应号召生了二胎。

去年我多惨，前老伴儿在医院待着，儿子在医院住着，回家不敢哭，怕女儿受影响，医院怕儿子受影响，说儿子没事会好的。自己明知道自己一天一天等待儿子的死亡，医生都说了，胆管癌说了都是要命的，现在去美国也治不了，一个胰腺，一个胆管，所以你们想想这份煎熬，等着自个儿的亲人一天一天的。尤其最后一个月遭罪，儿子受的痛苦，甚至自己都想，明知有那一天，要不那一天就早点来，还是不忍心，一米八几的小伙子，又帅又好看又善良，儿子，最后人已经完全变形了，瘦得不成样子了。所以我就希望国家，还有全社会全世界的科学家们，多让人家挣点钱，让人家研究研究，别让大家得癌症。我儿子还好，起码活了四十五岁，现在还有很多年轻人，甚至还有孩子……为什么我这次到医院去救助孩子呢，我看到孩子以后那种痛苦比看到四十五岁的人遭难的时候还要那什么，孩子太可怜了，所以我就说，全社会一定要，一块钱不嫌少，十块钱不嫌多。在我们尽可能的情况下，多帮助帮助那些贫困的孩子们，住在医院里，真是没钱治病。现在医疗费用又高，你要不到医院去看你都不知道。

我这次在西安就是，十六个孩子等着在救治，有的一岁多，有的将近两岁，什么都不懂，还那么天真那么笑哈哈的，医院的人把礼物让我们送给每一个孩子，所以你就想到，如果这个孩子不救，面临的就是死亡，太让人心疼了。所以我就说，今后我活着，我一定要尽我的力量，尽量地多帮助一个孩子，我也希望大家，也都多多帮助孩子们。

胡同里开起了"百家讲坛"（代后记）

苏勤

"关键是得抓住大爷大妈的眼神，对于一个艺术家来说，这才是真本事。"

"《西游记》里的猪八戒要来咱们讲坛做讲座啦。"不久前的一个下午，六十七岁的任兴才在自己组建的微信群里招呼大家伙儿报名听讲座，主讲人是国家一级演员、1986 年版《西游记》中猪八戒的扮演者马德华。

任兴才所说的"讲坛"，全称为"胡同里的百家讲坛"。自从一年多前被任兴才的老伴成功"安利"了之后，任兴才就喜欢上了这个活动。说起讲坛所请的这些老艺术家，任兴才如数家珍，用北京话说是"门儿清"。

"不夸张地讲，我现在的生活主要就是'吃饭睡觉听讲坛'。"任兴才笑着对《瞭望东方周刊》说。

"胡同里的百家讲坛"由海淀区北下关街道办事处公共事业管理科主办，"互动北下关"官方微信运维中心承办。自 2015 年 4 月 23 日开讲以来，已成功举办了十六期，并成为北下关街道的品牌文化活动。

女高音歌唱家吴霜、《三国演义》中关公扮演者陆树铭、国家一级导演丁荫楠、电影中《刘三姐》的扮演者黄婉秋、朗诵艺术家殷之光等老一代艺术家，将表演、声乐、评书、电影等丰富多彩的艺术形式带到了胡同里的群众面前。

凭借全网直播等现代技术手段，讲坛也打破了时间和地域的限制，每一期内容的受众已经从现场的二百多名社区群众拓展到了数以万计的网络观众。

"这个活动丰富的艺术内涵正好满足了老百姓长期以来的文化需求。"北下关街道办事处副主任文思君对《瞭望东方周刊》说,"只有那些真正接地气的活动才能在群众中间有长久的生命力。"

"抓住大爷大妈的眼神"

回忆起2015年第一期讲坛的时候,著名女高音歌唱家吴霜直呼"不好讲"。观众大部分是周围胡同里居住的大爷大妈,进场的时候还互相打着招呼,"有些还拿着购物袋,一看就是准备去买菜的。"

这样的"生活现场",需要主讲人在内容和方式上额外花一些心思,才能"hold"住。

"关键是得抓住大爷大妈的眼神,对于一个艺术家来说,这才是真本事。"吴霜对《瞭望东方周刊》说道。

吴霜的另一个身份是"评剧皇后"新凤霞和著名剧作家吴祖光的女儿。她将讲座话题定为"父母的遗产",讲述起这些年的心路历程,而这样接地气的话题也让现场观众对老一辈艺术家有了更深刻的理解。

自那以后,"胡同里的百家讲坛"就固定了下来,涵盖的艺术形式也从歌唱和评书扩展到了影视和朗诵。通过与老一辈艺术家的面对面深入交流,社区群众得以重温评书和影视等经典,并对朗诵等艺术形式有了更清晰的认识。同时,观众也从这些艺术名家的心路历程中体会到了很多人生感悟。

任兴才对老艺术家们讲述的很多细节印象深刻,比如马德华在拍摄《西游记》"弼马温吹火烧八戒"的情节时,差一点被汽油烧伤。"戴着的面具上,眉毛和睫毛全烧掉了,十分惊险。"任兴才对本刊记者生动地转述。

讲坛请来的名家不仅在艺术上成就卓越,而且保持着谦逊的风度。在一些人的生命历程中,即使遇到低谷也仍然心怀乐观,这对现场的观众来说具有很强的感染力。

"以前的艺术家是深入生活,创作生活,然后才是表现生活,但现在的明星很多不是这样。"任兴才的老伴对本刊记者感叹,她也希望这样的活动能够将正能量传递下去,影响到更多年轻人。

随着讲坛的持续举办,参与人数不断增加,社区群众也提升了他们对新鲜事物的接受度。为了在有限的场地里顺利组织和开展活动，街道办事处通过北下关最具人气和影响力的微信公众号"互动北下关"，开辟了预约报名通道。

每次讲座结束后，组织方会鼓励现场的大爷大妈打开手机，"手把手"教他们如何通过公众号进行报名。

任兴才还专门建了微信群，将讲座内容拍摄成视频，让更多人看到。

凭借着胡同里大爷大妈们的口口相传和新近学会的新媒体传播，"胡同里的百家讲坛"成了北下关甚至是海淀区的品牌文化活动。

正所谓"酒香不怕巷子深"，讲坛的口碑也传到了北下关以外的地方。任兴才的微信群里不只是北下关街道的社区居民，还有人为了听讲座专门从北京石景山和丰台等地赶过来。

全社区的"庆典"

在组织讲座的过程中，活动主办方不断在内容和形式上尝试新的可能性，摸索出更适合社区居民接受的新路径。

从 2016 年开始，"胡同里的百家讲坛"开创性地启动了全网直播，通过手机客户端、微信平台和移动互联网技术，实现了观众全覆盖，打破了时空限制。这是"互联网＋"时代探索社区公共文化服务的全新尝试。

2016 年 10 月 26 日，讲坛请来了著名朗诵艺术家、北京朗诵艺术团团长、海淀区文联副主席殷之光。由于现场的大爷大妈们普遍对朗诵这一艺术形式了解不多，讲座改成了访谈的形式。就在这一问一答中，现场观众纷纷对朗诵产生了极大的兴趣。

殷之光于 1981 年创建了中国第一个以朗诵为专业的北京朗诵艺术团。朗诵团到全国各地为最基层的群众演出，为了节省经费，他曾带领艺术团成员挤过绿皮火车，啃过冷面包。

从 2005 年到 2014 年，殷之光还自掏腰包，资助了十届"殷之光杯"朗诵艺术大赛，培养了大批年轻的朗诵人才。

而街道办事处负责人看到现场观众对朗诵艺术的热情之后，提议在北下关将朗诵比赛继续办下去，这一想法也被殷之光赞许不已。

就这样，2017 年新年伊始，街道办事处举办了首届北下关"殷之光杯"朗诵大赛。另外,还组织成立了殷之光朗诵艺术团,这也是北京首家街道朗诵艺术团。

参与朗诵大赛的选手涵盖了各个年龄段,上至年过九旬的白发老人,下至刚刚五六岁的儿童。选手们来自各行各业,有着各自的故事与经历,也将自己的欢乐与辛酸通过朗诵的形式表现出来。经过初赛海选,共有二十五位选手脱颖而出。

而在 2017 年 1 月 10 日举办的决赛上,组委会邀请了朱琳、瞿弦和等多位朗诵艺术领域的权威专家,确保了大赛的专业性。原本只是大爷大妈的盛宴,现在扩展成为全社区群众广泛参与的"庆典"。

创建基层社区文化圈

经过不断尝试,北下关街道办事处初步形成了较为完整的基层社区文化圈。据文思君介绍,这也是对"1+3"公共文化政策文件的积极响应。

"1+3"公共文化政策文件,是指 2015 年上半年北京市印发的《关于进一步加强基层公共文化建设的意见》,以及《首都公共文化服务示范区创建方案》《北京市基层公共文化设施建设标准》《北京市基层公共文化设施服务规范》三份配套文件。

为了组织"胡同里的百家讲坛"和"殷之光杯"朗诵大赛,北下关街道的各个基层居委会也投入了不小的资金和精力,运用先进技术手段,逐步实现均等化和数字化等目标。

"中国正在逐步进入老龄化社会,而我们基层社区最终要建立的是一种'大养老'(囊括养老行业中所有关联服务内容及服务对象)的公共文化服务圈。"文思君对本刊说。

艺术名家走进胡同,是丰富老年文化生活的途径,也是基层社区公共文化服务不断发展的一个缩影。

来源:新华社《瞭望东方周刊》总第 673 期